Inhalt

Vorwort

Liebe Benutzer und Benutzerinnen dieses Übungsbuches!

Sie möchten sich im Selbststudium oder im Rahmen eines C1-Kurses mit diesem Übungsbuch auf die Prüfung „Goethe-Zertifikat C1" vorbereiten. Bevor Sie mit der Arbeit beginnen, finden Sie an dieser Stelle Antworten auf Ihre Fragen zur Prüfung und zur Arbeit mit diesem Buch.

Fragen und Antworten zum „Goethe-Zertifikat C1"

Was ist das Goethe-Zertifikat C1?

Das Goethe-Zertifikat C1 wurde vom Goethe-Institut entwickelt und dokumentiert Kenntnisse des Deutschen auf dem Niveau C1 (s. „Gemeinsamer europäischer Referenzrahmen für Sprachen"[1]). Das Goethe-Zertifikat C1 ersetzt seit Ende 2007 die „Zentrale Mittelstufenprüfung" (ZMP). Sie ist nicht zu verwechseln mit der TELC-C1-Prüfung, die sich in wesentlichen Punkten vom Goethe-Zertifikat C1 unterscheidet.

Wer kann das Goethe-Zertifikat C1 erwerben?

Alle Deutschlernenden auf fortgeschrittenem Sprachniveau.

Wo kann man die Prüfung ablegen?

Die Prüfung kann an allen Goethe-Instituten weltweit und vielen anderen lizenzierten Prüfungszentren abgelegt werden. (s. www.goethe.de/lrn/prf/)

Was sind die Voraussetzungen für die Teilnahme an der Prüfung?

Alle Lernenden mit fortgeschrittenen Deutschkenntnissen können an der Prüfung teilnehmen. Die Anmeldefrist beträgt 6 – 8 Wochen. Erkundigen Sie sich rechtzeitig über die Anmeldefristen bei Ihrem Prüfungszentrum vor Ort.
Weder der Besuch eines Kurses auf dem Niveau C1 noch eine erfolgreich abgelegte Prüfung auf einem anderen Niveau, z. B. B2, sind Voraussetzung.

Wozu berechtigt die Prüfung?

Die Prüfung wird als Nachweis für qualifizierte Deutschkenntnisse von vielen deutschen Firmen weltweit anerkannt. Sie berechtigt zur Teilnahme an einem Vorbereitungskurs für die „Deutsche Sprachprüfung für den Hochschulzugang (DSH)" zur Aufnahme eines Studiums in Deutschland und befreit an einer Reihe von Universitäten, Fachhochschulen und Studienkollegs von der sprachlichen Zulassungsprüfung.

Wie sieht die Prüfung aus?

Die Prüfung besteht aus einer schriftlichen Prüfung mit den Teilen *Leseverstehen*, *Hörverstehen*, *Schriftlicher Ausdruck* und der Prüfung *Mündlicher Ausdruck*, die als Paarprüfung durchgeführt wird. Jeder Prüfungsteil enthält 2 – 3 Teiltests.
Die Prüfung wird am Stück in der genannten Reihenfolge durchgeführt und dauert insgesamt 3,5 Stunden. Nach dem Leseverstehen gibt es eine Pause von 15 – 20 Minuten.

---

1 Gemeinsamer europäischer Referenzrahmen für Sprachen: lernen, lehren, beurteilen. Europarat. Rat für kulturelle Zusammenarbeit. Berlin / München u.a.: Langenscheidt 2001.

Welche Themen, welcher Wortschatz, welche Grammatik werden in der Prüfung verlangt?

Die Prüfungsinhalte umfassen einen reichen Wortschatz der gesprochenen und geschriebenen, der informellen und formellen Sprache (aber kein fachspezifisches Vokabular). Die thematischen Inhalte umfassen alle gesellschaftlich relevanten Bereiche, die Beherrschung auch komplexer grammatischer Strukturen wird vorausgesetzt, aber nicht explizit geprüft.

Welche Hilfsmittel darf man in der Prüfung benutzen?

Hilfsmittel, wie z. B. ein Wörterbuch oder ein Handy, sind generell nicht erlaubt.

Wie wird das Prüfungsergebnis berechnet?

In jedem der vier Prüfungsteile können maximal 25 Punkte erreicht werden. In den Prüfungsteilen Leseverstehen, Hörverstehen, Schriftlicher Ausdruck müssen insgesamt 60 % der möglichen Punkte, d. h. 45 von 75 erreicht werden. Stärkere Leistungen in einem Prüfungsteil können schwächere Leistungen in einem anderen Prüfungsteil der schriftlichen Prüfung ausgleichen. In der mündlichen Prüfung müssen 15 von maximal 25 Punkten erreicht werden. Die Gesamtnote errechnet sich dann aus dem Gesamtergebnis beider Prüfungsteile.

100 – 90 Punkte = sehr gut	79,5 – 70 Punkte = befriedigend	unter 60 Punkte = nicht bestanden
89,5 – 80 Punkte = gut	69,5 – 60 Punkte = ausreichend	

Was kostet die Prüfung?

Die Prüfungsgebühr, die Sie bei der Anmeldung bezahlen müssen, variiert je nach Prüfungsort.

Wie oft kann man die Prüfung wiederholen?

Sie können die Prüfung beliebig oft, in der Regel aber nur als Ganzes, wiederholen.

Wie können Sie sich auf die Prüfung vorbereiten?

Sie können einen C1-Kurs besuchen. Aber auch dieses Übungsbuch bereitet Sie umfassend auf die Prüfung vor. Darüber hinaus sollten Sie in den Wochen vor der Prüfung so viel wie möglich Deutsch lesen, hören, sprechen.

Fragen und Antworten zu diesem Übungsbuch

Was finden Sie in diesem Übungsbuch?

Jedem Prüfungsteil ist ein eigenes Kapitel gewidmet. Zu Beginn finden Sie ausführliche Informationen darüber, was Sie wissen und können müssen. Dann beginnt das Schritt-für-Schritt-Trainingsprogramm: „So geht's". Es enthält Informationen und Übungen zu den verschiedenen Aufgabentypen in der Prüfung, zahlreiche Übungen zu sprachlichen und inhaltlichen Details und Hinweise, wie Sie in der Prüfung Schritt für Schritt vorgehen können. Dazu gibt es Tipps zur Vorbereitung der Prüfung und zur Lösung der Aufgaben in der Prüfung. Am Ende jedes Kapitels finden Sie simulierte Prüfungsbeispiele, die Sie nun mit

Vorwort

Hilfe des Gelernten Schritt für Schritt lösen können. Dabei werden auch Modelllösungen aufgezeigt.

Außerdem enthält das Übungsbuch ein Kapitel „Texte schreiben – Texte gestalten", in dem Sie üben, einen guten Text zu schreiben, und ein Kapitel „Wortschatz" mit Übungen zur Erschließung von Wortbedeutungen und zu Nomen-Verb-Verbindungen. Darüber hinaus enthält es zehn Grammatikkapitel zur Wiederholung wichtiger grammatischer Schwerpunkte, die für die Prüfung relevant sind.

Am Ende finden Sie einen Lösungsschlüssel sowie die Transkription der Hörtexte.

Wie können Sie mit dem Übungsbuch arbeiten?

Sie können das Übungsbuch von vorne nach hinten durcharbeiten. Sie können aber auch „querlesen", d.h. jeden Prüfungsteil einzeln herausgreifen und bearbeiten, denn jedes Kapitel enthält alle Informationen und Aufgaben, die für diesen Prüfungsteil wichtig sind. Dazu gibt es Verweise auf andere Kapitel.

Beginnen Sie nicht erst ein paar Tage vor der Prüfung mit der Erarbeitung dieses Übungsprogramms, sondern planen Sie langfristig.

Schaffen Sie sich – wenn Sie im Selbststudium arbeiten – eine ruhige Arbeitsatmosphäre, denn die Goethe-C1 Prüfung und dieses Übungsprogramm erfordern Ihre ganze Konzentration.

Schauen Sie erst dann in die Lösungen, wenn Sie mit einer Übung fertig sind und Ihnen auch bei längerem Nachdenken nichts eingefallen ist. Auch in der Prüfung müssen Sie die Lösungen ganz allein finden.

Was brauchen Sie für die Arbeit mit diesem Übungsbuch?

Sie brauchen

- ein Schreibgerät,
- ein einsprachiges deutsches Wörterbuch,
- eine Nachschlagegrammatik („Mittelstufengrammatik")
- eine Zeitschaltuhr, um beim Hörverstehen und bei den Übungen zum Mündlichen Ausdruck die Zeit zu stoppen,
- ein Aufnahmegerät, um Ihre Aussprache zu trainieren und „Vortrag" (Mündlicher Ausdruck, Teil 1) zu üben,
- wenn möglich einen Lernpartner / eine Lernpartnerin für Partnerübungen,
- deutschsprachige Gesprächspartner / Gesprächspartnerinnen, um das Diskutieren (Mündlicher Ausdruck, Teil 2) zu üben und eventuell Ihre Textproduktion zu korrigieren.

Verlag und Autoren wünschen Ihnen viel Erkenntnisgewinn und Fortschritte bei der Arbeit mit diesem Übungsbuch und natürlich: Erfolg bei der Prüfung „Goethe-Zertifikat C1"!

Leseverstehen

Beschreibung dieses Prüfungsteils

Übergreifendes Prüfungsziel

Der Prüfungsteil Leseverstehen besteht aus drei Teilen mit unterschiedlichen Aufgaben.

Dabei sollen Sie zeigen, dass Sie

- längeren Texten Informationen entnehmen können,
- unterschiedliche Lesestile beherrschen,
- semantische und grammatische Zusammenhänge erkennen.

Diese Ziele entsprechen dem Niveau C1 des „Gemeinsamen europäischen Referenzrahmens"[1].

> Ich kann lange, komplexe Sachtexte verstehen. Ich kann Fachartikel und längere technische Anleitungen verstehen, auch wenn sie nicht in meinem Fachgebiet liegen.

Die Aufgaben

Leseverstehen, Teil 1

Sie erhalten einen längeren Lesetext (500 – 600 Wörter) und eine Kurzfassung dieses Textes. Die Kurzfassung enthält 10 Lücken, die Sie mit Informationen aus dem Lesetext ergänzen sollen.

> Indem Sie die Lücken mit den richtigen Informationen ergänzen, zeigen Sie, dass Sie einem Lesetext wichtige Aussagen entnehmen können.

Leseverstehen, Teil 2

Sie erhalten eine Liste von fünf thematischen Stichpunkten und vier kürzere Texte, in denen verschiedene Personen sich zu einem bestimmten Thema äußern. Sie sollen feststellen, welche der thematischen Stichpunkte in welchem der vier Texte enthalten sind, und die entsprechenden Informationen in ein Raster eintragen.

> Indem Sie die Stichpunkte den einzelnen Texten zuordnen, zeigen Sie, dass Sie die in den Texten enthaltenen Informationen und Meinungen erkennen können.

Leseverstehen

Leseverstehen, Teil 3

Sie erhalten einen Text (ca. 300 Wörter) mit 10 Lücken und zu jeder Lücke eine Multiple-Choice-Aufgabe mit vier Vorschlägen zur Textergänzung. Sie müssen die richtige Ergänzung markieren. Dabei geht es um die passende Lexik und um grammatische Strukturen.

> Indem Sie die richtige Lösung ankreuzen, zeigen Sie, dass Sie semantische Zusammenhänge erkennen und grammatische Korrektheit beherrschen.

Dauer

◌ Zum Lesen der Texte und Bearbeiten der Aufgaben haben Sie insgesamt 70 Minuten Zeit. Für die einzelnen Teile des Leseverstehens sollten Sie folgende Zeitvorschläge einhalten:

- Teil 1 – 25 Minuten
- Teil 2 – 30 Minuten
- Teil 3 – 15 Minuten

Die Reihenfolge, in der Sie die drei Teile des Leseverstehens bearbeiten, bleibt Ihnen überlassen.

Bewertung

◌ In jedem Prüfungsteil sollen Sie zehn Lösungen finden. Für jede richtige Lösung erhalten Sie:

- Teil 1 – einen Punkt (maximal 10 Punkte)
- Teil 2 – einen Punkt (maximal 10 Punkte)
- Teil 3 – einen halben Punkt (maximal 5 Punkte)

Das heißt: Sie können maximal 25 Punkte bekommen. Das entspricht 25 % der möglichen Gesamtpunktzahl. Bestanden haben Sie den Prüfungsteil Leseverstehen, wenn Sie mindestens 15 Punkte (= 60 %) erreicht haben.

Wichtige Hinweise

◌ Bei diesem Prüfungsteil dürfen Sie kein Wörterbuch benutzen.

◌ Sie müssen die Lösungen auf einen separaten Antwortbogen übertragen. Nur dieser Antwortbogen wird ausgewertet. Die Zeit dafür ist in den vorgegebenen Zeiten bereits enthalten, d.h. Sie erhalten dafür keine Extra-Zeit.

Überblick über die Prüfungsteile zum Leseverstehen:

Teile	Prüfungsziele	Textarten	Vorlagen	Aufgabentyp	Aufgaben-zahl	Punkte
LV 1	wesentliche Informationen eines Lesetextes erkennen	Zeitungstext, Zeitschriftentext, Sachbuch, Reportage	• 1 Lesetext • 1 Kurzfassung mit Lücken • 1 Antwort-bogen	Lückentext: Informationen ergänzen	10	10
LV 2	bestimmte Aussagen und Meinungen erkennen	persönlicher Bericht, Stellungnahme, Leserbrief, Kommentar	• 4 Texte • 1 Themen-liste • 1 Antwort-bogen	Themen zuordnen	10	10
LV 3	Text semantisch und grammatisch ergänzen	journalistischer Text	• 1 Text mit 10 Lücken • 10 Multiple-Choice-Aufgaben • 1 Antwort-bogen	Lücken ergän-zen (aus 4 Vorschlägen die richtige Ergänzung auswählen)	10	5
Dauer: 70 Minuten						

1 Gemeinsamer europäischer Referenzrahmen für Sprachen: lernen, lehren, beurteilen. Europarat. Rat für kulturelle Zusammenarbeit. Berlin / München u.a.: Langenscheidt 2001.

Leseverstehen, Teil 1

Beschreibung dieses Prüfungsteils

Was bekommen Sie?

○ Sie erhalten drei Vorlagen:

- einen längeren Lesetext (500 – 600 Wörter)
- eine Kurzfassung dieses Textes (ca. 150 Wörter mit 10 Lücken)
- einen Antwortbogen, in den Sie Ihre Lösungen eintragen

Was sollen Sie tun?

○ Sie sollen die Lücken im Kurztext mit Informationen aus dem Lesetext ergänzen. Die Kurzfassung und die Lücken folgen dem Aufbau des Lesetextes.

Wie müssen Sie lesen?

Sie müssen zuerst <u>global</u> lesen, d.h. die Hauptaussagen eines Abschnitts erfassen. Danach müssen Sie <u>selektiv</u> nach bestimmten Informationen suchen.

Was müssen Sie können, um diese Aufgabe zu lösen?

○ Sie müssen

- die wichtigsten Aussagen (Hauptaussagen) des Lesetextes verstehen und die entsprechenden Schlüsselwörter erkennen,
- die Aussagen der Kurzfassung auf die Aussagen des Lesetextes beziehen,
- erkennen, welche Wortart in welcher Form in die Lücke passt,
- Inhaltswörter aus dem Lesetext, die die gewünschte Information enthalten, wenn nötig, in eine andere Wortart umwandeln,
- die Lücken eventuell mit einem anderen passenden Inhaltswort ergänzen, wenn der Lesetext keine wörtliche Entsprechung enthält.

Aufgabentyp

○ Lücken ergänzen

Mögliche Lösungswege

Lösungsweg 1: Sie lesen zuerst den Originaltext, danach die Zusammenfassung mit den Lücken. Dann ergänzen Sie die Lücken in der Zusammenfassung mit Informationen aus dem Originaltext. Zum Schluss schreiben Sie Ihre Lösungen in den Antwortbogen.

1. Originaltext   2. Zusammenfassung   3. Antwortbogen

Lösungsweg 2: Sie lesen als erstes die Zusammenfassung und ergänzen die Lücken so, wie Sie es für richtig halten - zunächst mit Bleistift. Danach vergleichen Sie Lücke für Lücke mit dem Originaltext und korrigieren wo nötig. Zum Schluss schreiben Sie Ihre Lösungen in den Antwortbogen.

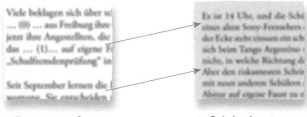

1. Zusammenfassung   2. Originaltext   3. Antwortbogen

Dauer

⚙ Für die Lösung dieser Aufgabe haben Sie 25 Minuten Zeit.

Wie wird diese Aufgabe bewertet?

⚙ Für jede inhaltlich richtig ausgefüllte Lücke erhalten Sie einen Punkt. Kleine Rechtschreib- oder Grammatikfehler (z. B. „Spezialitet" statt „Spezialität" oder falsche Adjektivendung) geben keinen Punktabzug.

Überblick Leseverstehen, Teil 1:

	Prüfungsziele	Textarten	Vorlagen	Aufgabentyp	Aufgaben-zahl	Punkte
LV 1	wesentliche Informationen eines Lesetextes wiedergeben	Zeitungstext, Zeitschriftentext, Sachbuch, Reportage	• 1 Lesetext • 1 Kurzfassung mit Lücken • 1 Antwort-bogen	Lückentext: Informationen ergänzen	10	10

Schritt für Schritt zur Lösung

In den folgenden Abschnitten erfahren Sie, wie Sie diesen Prüfungsteil erfolgreich lösen können. Wir beschreiben zunächst den Lösungsweg 1.

Lösungsweg 1

Thema des Textes und Schlüsselwörter erkennen

1. Bearbeitungsschritt

Beim Leseverstehen, Teil 1 ist es wichtig, schnell zu erkennen, worum es in dem Text geht. Lesen Sie deshalb zuerst immer die Überschrift. Dort finden Sie auch bereits wichtige Schlüsselwörter zum Thema.

So geht's

↳ Überlegen Sie nach dem Lesen der Überschrift:

- Was ist das Thema?
- Was wissen Sie darüber?
- Stellen Sie kurz Vermutungen an: Welche Aktionen könnten im Text beschrieben werden und welche Personen könnten dabei eine Rolle spielen?
- Überlegen Sie dann: Welche Wörter in der Überschrift sind Schlüsselwörter?

Leseverstehen, Teil 1

Beispiel

Weniger Nachmittagsunterricht
Kultusministerin fordert weniger Nachmittagsunterricht und Hausaufgaben nach Schulzeitverkürzung

Worum geht es in dem Text?

⚙ Während die Überschrift eines Zeitungsartikels so knapp wie möglich (und oft reißerisch) vor allem die Aufmerksamkeit der Leserinnen und Leser erregen soll, gibt der Untertitel weitere Informationen. Die sprachliche Form fasst dabei den Inhalt sehr komprimiert zusammen. Dadurch gehen bisweilen auch wichtige Informationen (etwa Zeit: ist etwas schon geschehen oder soll es erst geschehen) verloren.

↳ Die Kultusministerin eines Bundeslandes will weniger Nachmittagsunterricht und Hausaufgaben, weil es eine Schulzeitverkürzung gab.

↳ Es geht also um das Thema „Schule". Mit entsprechendem Wortschatz werden Sie im Text rechnen müssen.

Wer aber soll weniger Unterricht haben am Nachmittag? Natürlich nicht die Kultusministerin, sondern die Schüler und Schülerinnen, die jetzt zu viel Unterricht und Hausaufgaben haben, weil die Schulzeit verkürzt wurde.

Was wissen Sie darüber?

Vielleicht wissen Sie, dass in vielen Bundesländern die Schulzeit von insgesamt 13 Jahren bis zum Abitur auf 12 Jahre verkürzt wurde. Vielleicht wissen Sie das auch nicht. Dieses Nichtwissen wird jedoch für die Lösung der Aufgabe keine Rolle spielen, denn alle Informationen für die Lösung der Aufgabe müssen im Text selbst enthalten sein.

Wie lauten die Schlüsselwörter?

↳ Schlüsselwörter sind: Kultusministerin – weniger Nachmittagsunterricht – Hausaufgaben – Schulzeitverkürzung
↳ Sie stellen fest: Fast alle Wörter der Überschrift sind Schlüsselwörter, die für den Text wichtig sind.

Aufgabe 1

1. Lesen Sie die Überschrift.

Senioren auf dem langen Marsch zur Mehrheit
Anteil der Älteren zu Lasten der Jungen wächst langsam, aber immer mehr

2. Worum geht es in dem Text? Kreuzen Sie an.

☐ a. Senioren wollen die Mehrheit im Parlament.
☐ b. Es gibt immer mehr ältere und immer weniger junge Menschen.
☐ c. Viele Senioren marschieren lange.

3. Notieren Sie die Schlüsselwörter.

Diese Schlüsselwörter finden Sie dann auch im Text wieder.

4. Finden Sie Wörter in Überschrift und Untertitel, die dasselbe bedeuteten (Synonyme).

Senioren = ...

auf dem langen Marsch = ...

zur Mehrheit = ...

5. Formulieren Sie den Inhalt der Textüberschrift in eigenen Worten in einem Satz.

....

6. a. Notieren Sie die im folgenden Textabschnitt fehlenden Wörter.

| In allen Bundesländern wird sich der … (1) … der älteren Menschen in den nächsten dreißig Jahren verändern.
In Sachsen steigt der Anteil Älterer von 22, 3 Prozent auf 37,4 Prozent im Jahr 2040 an. Aber auch in den alten Bundesländern nimmt der Anteil der … (2) … zu, der Anteil der … (3) … ab. | 1 ....

2 ....
3 .... |

6. b. Notieren Sie nun die in diesem Textabschnitt fehlenden Wörter.

| In allen Bundesländern wird sich das Verhältnis zwischen … (1) … und Jung … (2) …, und dabei drastisch zu Lasten der Jungen verschieben. Für Sachsen wird ein … (3) … von derzeit 22, 3 Prozent auf 37, 4 Prozent im Jahr 2040 erwartet. | 1 ....
2 ....
3 .... |

7. Vergleichen Sie Ihre Lösungen in den Aufgaben 6a und 6b. Welche Unterschiede stellen Sie fest? Welche Aufgabe war einfacher, welche war schwieriger? Warum?

....

....

....

....

Sie haben erkannt, wie wichtig es für das erfolgreiche Lösen des Tests ist, den Inhalt der Überschrift genau zu verstehen. Dafür ist es hilfreich, wenn Sie den Inhalt gedanklich in einem eigenen Satz formulieren. Auf diese Weise finden Sie den Zugang zum Text. Auch enthält die Überschrift bereits wichtige Schlüsselwörter. Bei den Ausführungen zu Leseverstehen, Teil 3 finden Sie weitere Übungen zum Verstehen von Überschriften (S. 44 / 45).

Tipp: Formulieren Sie den Inhalt der Überschrift in Gedanken in einem eigenen Satz.

Hauptaussagen erkennen

2. Bearbeitungsschritt

Längere Texte sind in der Regel in Abschnitte gegliedert. In jedem Abschnitt wird ein wichtiger Aspekt des Gesamtthemas behandelt. Oder anders gesagt: Die Hauptaussagen eines Textes können Sie erkennen, wenn Sie die Hauptaussage der einzelnen Abschnitte erkennen.

Leseverstehen, Teil 1

So geht's

Aufgabe 2

1. Lesen Sie den folgenden Textauszug. Versuchen Sie nicht, jedes Wort zu verstehen. Lesen Sie den Text, wie in der Prüfung, global, das heißt: „Überfliegen" Sie den Text, um seinen Inhalt zu verstehen.

> „Lieber Jakob", schrieb Wilhelm Grimm im April 1838 an seinen Bruder, „ich habe das Unternehmen mit dem Wörterbuch nochmals überdacht. Wenn wir beide vier Jahre der Sache täglich widmen, so glaube ich, kommen wir schon zu Ende". Es war vermutlich der größte Irrtum im Leben der Brüder Grimm, die heute meist nur noch wegen ihrer Märchensammlung bekannt sind. Dabei beschäftigten sich die Sprachforscher nur einige Jahre ihres Lebens mit Hänsel und Gretel, Schneewittchen und Aschenputtel. Ihr eigentlicher Forschungsgegenstand, ja das Lebenselixier der beiden war das „Deutsche Wörterbuch".

2. Wo steht die Hauptaussage eines Abschnitts Ihrer Meinung nach? Kreuzen Sie an.

Vorstellung ~ introduction

- ☐ a. meistens am Anfang
- ☐ b. meistens in der Mitte
- ☒ c. meistens am Ende

3. Unterstreichen Sie jetzt die Textstelle(n), die die Hauptaussage des Textabschnitts oben enthalten.

4. Welche Aussage trifft die Hauptaussage dieses Textabschnitts am besten?

- ☐ a. Das „Deutsche Wörterbuch" war das wichtigste Projekt der Brüder Grimm.
- ☐ b. Die Brüder Grimm schrieben nicht nur Märchen auf, sondern verfassten auch das „Deutsche Wörterbuch".
- ☐ c. Wilhelm Grimm schrieb in einem Brief an seinen Bruder, dass sie das „Deutsche Wörterbuch" innerhalb von vier Jahren schreiben könnten.

Tipp: Schlüsselwörter in diesem Testteil sind meistens Nomen, es können aber auch Verben oder Adjektive sein, wenn sie wichtige Informationen enthalten.

5. Unterstreichen Sie in dem Textabschnitt oben alle Schlüsselwörter. Vergleichen Sie Ihre Schlüsselwörter dann mit der folgenden Liste. Streichen Sie diese Liste bis auf die vier wichtigsten Schlüsselwörter zusammen.

schrieb – Wilhelm Grimm – Bruder – Wörterbuch – vier Jahre – größte Irrtum – Brüder Grimm – Märchensammlung – bekannt – Sprachforscher – nur einige Jahre – eigentlicher Forschungsgegenstand – „Deutsche Wörterbuch"

3. Bearbeitungsschritt

Wortart des fehlenden Worts bestimmen

Auf dem Niveau C1 wird es Ihnen nicht schwer fallen, die Wortart des fehlenden Worts, das in eine Lücke gehört, zu erkennen. Oft ist ein Nomen oder ein Verb in die Lücke einzutragen, aber auch andere Wortarten können vorkommen.

Aufgabe 3

1. Notieren Sie alle Wortarten, die Ihnen einfallen.

....

....

2. Bestimmen Sie die Wortart des fehlenden Worts in den Lücken.

> Das Märchen „Hänsel und Gretel" der Brüder Grimm … (1) … alle, aber die wenigsten Menschen wissen heute noch, dass die beiden eigentlich … (2) … waren und einen … (3) … Teil ihres Lebens mit der Niederschrift des „Deutschen Wörterbuchs" verbrachten.

writing

1. *kennen*
2. *Sprachforscher*
3. *großen*

Umformen

Oft finden Sie im Original-Lesetext zwar das Wort, das die Information für die Lücke enthält. Bei der Ergänzung der Lücke müssen Sie aber darauf achten, dass das Wort grammatisch passt.

So geht's

↳ Bei Nomen und Adjektiven müssen Sie auf die richtige Endung, bei Verben zusätzlich auf die richtige Zeitform achten.

↳ Manchmal müssen Sie aber auch ein Wort des Original-Lesetextes in eine andere Wortart umwandeln, zum Beispiel Verben in Nomen, Nomen in Verben, Adjektive in Nomen, usw.

↳ Manchmal finden Sie für die gesuchte Information kein passendes Wort im Originaltext. Dann müssen Sie mit Synonymen arbeiten.

Aufgabe 4

1. Bilden Sie zu den folgenden Wörtern die Wortarten: Nomen, Verb, Adjektiv bzw. adjektivisch gebrauchtes Partizip.

Beispiel: die Sehnsucht, sich sehnen, sehnlich

entstehen, ...

die Zersplitterung, ...

zugesagt, ...

vorgeschlagen, ...

die Herausgabe, ...

2. Lesen Sie den folgenden Textabschnitt und die entsprechende Kurzfassung. Notieren Sie die in die Lücken 1-4 passenden Wörter, nachdem Sie die unterstrichenen Wörter im Ausgangstext umgewandelt haben.

Text

Attribut Adj. Partizip II =

Germanistik war im frühen 19. Jahrhundert kein Nischenfach, sondern hatte in dem durch Kleinstaaten zersplitterten Deutschland einen wichtigen Anteil an der Entstehung des Nationalbewusstseins. Unter dem Eindruck der napoleonischen Kriege war die deutsche Sprache zum Symbol der von vielen ersehnten politischen Einheit geworden. So sagten die Brüder Grimm gleich zu, als der Leipziger Verleger Karl Reimer ihnen im Jahr 1838 vorschlug, ein „neuhochdeutsches Wörterbuch" herauszugeben, das die deutsche Sprache von Martin Luther bis Johann Wolfgang Goethe dokumentieren sollte.

Kurzfassung

In Deutschland ... (1) ... nur langsam ein Nationalbewusstsein, da es in viele kleine Staaten ... (2) ... war. So war die deutsche Sprache zu einem Symbol für die politische Einheit geworden, die sich viele ersehnten. Das war der Grund für die schnelle ... (3) ... der Brüder Grimm, als der Verleger Karl Reimer ihnen den ... (4) ... machte, ein „neuhochdeutsches Wörterbuch" herauszugeben.

1 *entstehen* — Substantiv
2 *zersplittert* = Passiv-Vergang.
3 *Zusage* ~assurance, promise
4 *Vorschlag* ~ proposal

Leseverstehen, Teil 1

So sehen die Prüfungsseiten aus

Leseverstehen, Teil 1
Dauer: 25 Minuten

Ergänzen Sie in der folgenden Kurzfassung die fehlenden Informationen. Lesen Sie dazu den Artikel auf der gegenüberliegenden Seite. Tragen Sie Ihre Lösungen zuerst hier ein und übertragen Sie sie am Ende auf den Antwortbogen (1–10).

Viele beklagen sich über schlechten Unterricht. Deshalb haben zehn … (0) … aus Freiburg ihre eigene Schule gegründet, acht Lehrer sind jetzt ihre Angestellten, die sie auf das Fachabitur vorbereiten. Denn das … (1)… auf eigene Faust zu machen, erlaubt die so genannte „Schulfremdenprüfung" in Baden-Würtemberg.

Seit September lernen die Freiburger Schüler nun in eigener Verantwortung. Sie entscheiden selbst, wie sie mit dem … (2) … für die zahlreichen Prüfungen, die sie zusätzlich ablegen müssen, umgehen. Sie lernen für die einzelnen Fächer … (3) … in Stunden, sondern in Blöcken. Solch ein Block kann … (4) … Wochen dauern. Schließlich kontrolliert ein Schüler, ob die Gruppe das Richtige gelernt hat, zuletzt überprüft ein … (5) … das erarbeitete Wissen.

Die von den Schülern … (6) … Lehrkräfte loben den Fleiß der Gruppe, in den verschiedenen Fachgremien und Ämtern wird das … (7) … unterschiedlich bewertet. Die einen … (8) … das Engagement, die anderen warnen vor Mängeln in der … (9) … während der Vorbereitungsphase. Auch der Lehrerverband übt Kritik, denn heute sei der … (10) … an den Schulen viel attraktiver geworden.

0	*Schüler*
1	Abitur
2	(System) Stoff
3	nicht
4	mehrere
5	Lehrer
6	bezahlten
7	„Methodos-Modell"
8	loben
9	Betreuung
10	Unterricht

Handschriftliche Randnotizen: complain, employee, responsibility, praise, hard work, Lob Kritik, assess

Hier muss ich darauf achten, dass die Wörter grammatisch in die Lücke passen.

Die Freiburger Schule
Schüler gründen ihre eigene Schule

Es ist 14 Uhr, und die Schüler haben ihre Schuhe ausgezogen. Aus den Lautsprechern eines alten Sony-Fernsehers dröhnt blechern die Titelmusik von „The Tango Lesson", in der Ecke steht einsam ein schwarz verhülltes Klavier. Die Schüler tanzen und lachen, wenn sich beim Tango Argentino mal wieder ihre Beine verheddern. „Manchmal weiß
5 ich gar nicht, in welche Richtung damit", klagt Alwin Franke.

Aber den riskantesten Schritt hat Alwin Franke ohnehin schon hinter sich: Gemeinsam mit neun anderen Schülern aus Freiburg im Breisgau hat der 18-Jährige beschlossen, das Abitur auf eigene Faust zu erlangen. „Schulfremdenprüfung" heißt die Option im Landesschulgesetz Baden-Württemberg, die frustrierten Schülern einen Weg zur Flucht aus
10 dem System bietet. Seit September pauken nun die zehn Freiburger unter dem Namen „Methodos" fünf Tage die Woche in eigener Verantwortung Prüfungsfächer wie Mathe, Deutsch und Englisch. Montags bis freitags von 9 bis 17, samstags bis 14 Uhr. „Wir waren unzufrieden mit dem System", sagt Franke. „Wir wollen aktiver arbeiten und uns nicht mehr einfach nur berieseln lassen."

15 Eine enorme Zusatzbelastung sind die zahlreichen Prüfungen, welche die kleine Schülerschar zusätzlich zu bewältigen hat. Nach zwei Probewochen hat die Gruppe beschlossen, die herkömmlichen Stundenpläne aufzugeben. Statt nach je zwei Stunden das Fach zu wechseln, lernen sie in Blöcken. Je nach vorgegebener Stundenzahl können die Blöcke mehrere Wochen dauern. Den Stoff vermitteln sie sich in Referaten und Diskussionen
20 selbst. Ein ausgesuchter Schüler übernimmt die erste Inhaltskontrolle, die von ihnen bezahlten Lehrer werden regelmäßig einbestellt, um Irrtümern vorzubeugen und Prüfungssituationen zu simulieren.

Schon jetzt haben die Schüler mehr bewirkt als ihre eigene kleine Revolution. In den Gremien und Ämtern diskutieren Fachleute über das „Methodos-Modell". Das Engagement
25 sei vorbildlich, lobt der emeritierte Freiburger Pädagogik-Professor Manfred Pelz. „Das Schulsystem ist veraltet und erstarrt."

Doch die Hüter des alten Systems haben mit den Freiburger Freigeistern so ihr Problem. „Dieser Weg ist riskant und sicher nicht zur Nachahmung empfohlen", sagt Hansjörg Blessing vom Kultusministerium in Stuttgart. „Die Betreuung in der Vorbereitungsphase
30 ist keinesfalls so gut wie auf konventionellem Wege." Auch der Philologenverband im Ländle hält die Privatpennäler für eine Ausreißergruppe. „Es ist ein mutiger Schritt, aber auch ein unnötiger Irrweg", sagt der Vorsitzende Karl-Heinz Wurster. „Sie zeichnen ein Bild von Schule, das es so nicht mehr gibt." Man sei längst weg vom oft einschläfernden Frontalunterricht, in den Kursstufen habe man umgestellt auf Doppelstunden und Arbeitsgruppen, vielerorts gebe es nicht einmal mehr den Gong.

„Noch nie hat eine Gruppe Kants Pflichtbegriff bei mir so schnell erarbeitet", lobt Lehrer Gregor Fritz. Er ist einer von acht Lehrern, die sich auf die Ausschreibung der Schüler gemeldet und ein Vorstellungsgespräch im Café überstanden haben. Die Umkehrung der Verhältnisse sei gewöhnungsbedürftig, sagt er. „Es ist für alle Beteiligten eine neue
40 Erfahrung."

(454 Wörter)

Leseverstehen, Teil 1

So geht's

Thema des Textes und Schlüsselwörter erkennen

➲ Lesen Sie die Überschrift und mögliche Untertitel.

> ## Die Freiburger Schule
> ### Schüler gründen ihre eigene Schule

➲ Notieren Sie: Wovon handelt der Text?

....

➲ Notieren Sie die Schlüsselwörter aus der Überschrift.

....

Hauptaussagen erkennen

➲ Schauen Sie jetzt auf die Uhr und erarbeiten Sie sich den Inhalt des Textes in maximal 10 Minuten (sinnerfassendes Lesen). Bleiben Sie nicht an unbekannten Wörtern hängen. Weitere 10 Minuten brauchen Sie für die Lösung der Aufgabe.

Tipp: Üben Sie „schnelles" globales Lesen, indem Sie jeden Tag einen Text von etwa 400 Wörtern „nach Stoppuhr" lesen.

➲ Lesen Sie den Text Abschnitt für Abschnitt durch und notieren Sie die Hauptaussagen und die Schlüsselwörter nach jedem Abschnitt. Auf diese Weise üben Sie, den Inhalt des Textes Schritt für Schritt zu erschließen. In der Prüfungssituation haben Sie natürlich keine Zeit, die Hauptaussagen schriftlich festzuhalten, sie müssen sie aber gedanklich erfassen und im Text die entsprechenden Schlüsselwörter markieren.

➲ Lesen Sie jetzt den ersten Abschnitt. Formulieren Sie die Hauptaussage in einem ganzen Satz (siehe Beispiel) und notieren Sie die Schlüsselwörter.

○ **Erster Abschnitt**

Tipp: Hauptaussagen stehen meistens am Anfang oder am Ende eines Abschnitts.

> Es ist 14 Uhr, und die Schüler haben ihre Schuhe ausgezogen. Aus den Lautsprechern eines alten Sony-Fernsehers dröhnt blechern die Titelmusik von „The Tango Lesson", in der Ecke steht einsam ein schwarz verhülltes Klavier. Die Schüler tanzen und lachen, wenn sich beim Tango Argentino mal wieder ihre Beine verheddern. „Manchmal weiß ich gar nicht, in welche Richtung damit", klagt Alwin Franke.

Hauptaussage:

↳ *Die Schüler tanzen (Tango) und lachen dabei.*

Schlüsselwörter:

↳ *Schüler, tanzen*

➲ Bearbeiten Sie jetzt die folgenden Textabschnitte ebenso.

Aber den riskantesten Schritt hat Alwin Franke ohnehin schon hinter sich: Gemeinsam mit neun anderen Schülern aus Freiburg im Breisgau hat der 18-Jährige beschlossen, das Abitur auf eigene Faust zu erlangen. „Schulfremdenprüfung" heißt die Option im Landesschulgesetz Baden-Württemberg, die frustrierten Schülern einen Weg zur Flucht aus dem System bietet. Seit September pauken nun die zehn Freiburger unter dem Namen „Methodos" fünf Tage die Woche in eigener Verantwortung Prüfungsfächer wie Mathe, Deutsch und Englisch. Montags bis freitags von 9 bis 17, samstags bis 14 Uhr. „Wir waren unzufrieden mit dem System", sagt Franke. „Wir wollen aktiver arbeiten und uns nicht mehr einfach nur berieseln lassen."

Hauptaussage:

↳ ....

Schlüsselwörter:

↳ ....

Eine enorme Zusatzbelastung sind die zahlreichen Prüfungen, welche die kleine Schülerschar zusätzlich zu bewältigen hat. Nach zwei Probewochen hat die Gruppe beschlossen, die herkömmlichen Stundenpläne aufzugeben. Statt nach je zwei Stunden das Fach zu wechseln, lernen sie in Blöcken. Je nach vorgegebener Stundenzahl können die Blöcke mehrere Wochen dauern. Den Stoff vermitteln sie sich in Referaten und Diskussionen selbst. Ein ausgesuchter Schüler übernimmt die erste Inhaltskontrolle, die von ihnen bezahlten Lehrer werden regelmäßig einbestellt, um Irrtümern vorzubeugen und Prüfungssituationen zu simulieren.

Hauptaussage:

↳ ....

....

Schlüsselwörter:

↳ ....

Schon jetzt haben die Schüler mehr bewirkt als ihre eigene kleine Revolution. In den Gremien und Ämtern diskutieren Fachleute über das „Methodos-Modell". Das Engagement sei vorbildlich, lobt der emeritierte Freiburger Pädagogik-Professor Manfred Pelz. „Das Schulsystem ist veraltet und erstarrt."

Hauptaussage:

↳ ....

Schlüsselwörter:

↳ ....

◉ Fünfter Abschnitt

> Doch die Hüter des alten Systems haben mit den Freiburger Freigeistern so ihr Problem. „Dieser Weg ist riskant und sicher nicht zur Nachahmung empfohlen", sagt Hansjörg Blessing vom Kultusministerium in Stuttgart. „Die Betreuung in der Vorbereitungsphase ist keinesfalls so gut wie auf konventionellem Wege." Auch der Philologenverband im Ländle hält die Privatpennäler für eine Ausreißergruppe. „Es ist ein mutiger Schritt, aber auch ein unnötiger Irrweg", sagt der Vorsitzende Karl-Heinz Wurster. „Sie zeichnen ein Bild von Schule, das es so nicht mehr gibt." Man sei längst weg vom oft einschläfernden Frontalunterricht, in den Kursstufen habe man umgestellt auf Doppelstunden und Arbeitsgruppen, vielerorts gebe es nicht einmal mehr den Gong.

Hauptaussage:

↳ ....

Schlüsselwörter:

↳ ....

◉ Sechster Abschnitt

> „Noch nie hat eine Gruppe Kants Pflichtbegriff bei mir so schnell erarbeitet", lobt Lehrer Gregor Fritz. Er ist einer von acht Lehrern, die sich auf die Ausschreibung der Schüler gemeldet und ein Vorstellungsgespräch im Café überstanden haben. Die Umkehrung der Verhältnisse sei gewöhnungsbedürftig, sagt er. „Es ist für alle Beteiligten eine neue Erfahrung."

Hauptaussage:

↳ ....

Schlüsselwörter:

↳ ....

➲ Lesen Sie nun noch einmal die Hauptaussagen, die Sie zu den sechs Abschnitten notiert haben, um sich den Gesamtinhalt des Textes in Erinnerung zu rufen. In der Prüfungssituation können Sie noch einmal die unterstrichenen Schlüsselwörter anschauen.

3. Bearbeitungsschritt

Kurzfassung lesen, dabei schon einige Lücken ergänzen

➲ Lesen Sie jetzt die Kurzfassung des Textes auf S. 16 ganz durch.
Möglicherweise fällt Ihnen bei der einen oder anderen Lücke sofort die Lösung ein. Notieren Sie sie bitte gleich neben dem Text. Es werden aber sicher noch einige Lücken übrig bleiben, die Sie genau analysieren müssen. Im Folgenden erfahren Sie, was Sie dabei beachten müssen.

4. Bearbeitungsschritt

Die einzelnen Lücken bearbeiten

➲ Lesen Sie nun die Kurzfassung bis zum Satzende nach der ersten Lücke.

> Viele beklagen sich über schlechten Unterricht. Deshalb haben zehn ... (0) ... aus Freiburg ihre eigene Schule gegründet, acht Lehrer sind jetzt ihre Angestellten, die sie auf das Fachabitur vorbereiten.

Lücke (0) ist das Beispiel, das Ihnen zeigen soll, wie es geht. Deshalb ist die Lösung schon angegeben:

↳ Deshalb haben zehn *Schüler* aus Freiburg ihre eigene Schule gegründet.

Aus der Überschrift wussten Sie schon, worum es im Text geht. Das Wort „Schüler" hätten Sie selbst sofort gewusst. So leicht sind aber nicht alle Lücken zu füllen.

◉ Lesen Sie nun weiter: Lücke (1)

> Denn das … (1) … auf eigene Faust zu machen, erlaubt die so genannte „Schulfremden-prüfung" in Baden-Würtemberg.

↳ Ihr Lösungsvorschlag: ………………………………………………………

Wie können Sie die richtige Lösung finden?

So geht's

a. Sie überlegen: Das fehlende Wort muss ein Nomen sein, denn es gibt einen Artikel: „das … (auf eigene Faust) zu machen."
b. Sie erinnern sich an die Hauptaussage im zweiten Abschnitt: *Zehn Schüler lernen seit September auf eigene Faust, weil …*
c. Sie suchen im Originaltext nach Wortentsprechungen und finden dort die Formulierung „… das **Abitur** auf eigene Faust erlangen …"
d. Sie überlegen, ob das Wort „Abitur" in die Kurzfassung passt: „… denn das *Abitur* auf eigene Faust zu machen" – es passt.
e. Hier gibt es sogar noch einen kürzeren Weg: In der Kurzfassung steht im vorange-gangenen Satz schon das Wort „Fachabitur", das in Lücke 1 noch einmal aufgegrif-fen wird.

◉ Schreiben Sie die Lösung in das Prüfungsbeispiel auf S. 16.

◉ Lesen Sie nun weiter: Lücke (2)

> Seit September lernen die Freiburger Schüler nun in eigener Verantwortung. Sie entscheiden selbst, wie sie mit dem … (2) … für die zahlreichen Prüfungen, die sie zusätzlich ablegen müssen, umgehen.

↳ Ihr Lösungsvorschlag: ………………………………………………………

Wie können Sie die richtige Lösung finden?

So geht's

a. Sie überlegen: Das fehlende Wort muss ein Nomen sein, denn Sie haben den Artikel: „mit dem … für die zahlreichen Prüfungen."
b. Sie finden das Stichwort „zahlreiche Prüfungen" im Lesetext, Zeile 15.
c. Sie erinnern sich an die Hauptaussage des dritten Abschnitts: *Sie lernen in Blöcken … Den Stoff vermitteln sie sich selbst.*
d. Sie probieren, ob das Wort „Stoff" (der Stoff) in die Lücke passt: ↳ „wie sie mit dem *Stoff* für die zahlreichen Prüfungen … umgehen." Es passt!

Tipp: Suchen Sie in der Kurzfassung und im Original-Lesetext ähn-liche Wortgruppen und analysieren Sie das jeweilige Satzumfeld.

Vielleicht haben Sie bei dem fehlenden Wort auch an das Wort „Belastung" gedacht. Dem Sinn nach wäre das auch möglich: „… Belastung für die zahlreichen Prüfungen, die …" Aber es passt nicht. Warum? (Denken Sie an den Artikel: die Belastung).

➋ Schreiben Sie die Lösung in das Prüfungsbeispiel auf S. 16.

➋ Lesen Sie nun weiter: Lücke (3)

> Sie lernen für die einzelnen Fächer … (3) … nach Stunden, sondern in Blöcken.

↳ Ihr Lösungsvorschlag: ....

Wie können Sie die richtige Lösung finden?

So geht's

a. Sie machen es sich einfach, und es klappt: zu „sondern" gehört „nicht" oder „kein" im Vorsatz, also: „Sie lernen für die einzelnen Fächer *nicht* in Stunden, sondern in Blöcken."
b. Sie suchen die Bestätigung für Ihre Lösung im Orginaltext und zwar – Sie erinnern sich – im dritten Abschnitt. Dort haben Sie wahrscheinlich auch das entsprechende Schlüsselwort unterstrichen: Statt nach … <u>Stunden</u> … <u>wechseln</u> , lernen sie in <u>Blöcken</u> …. Wenn Sie den Satz umformulieren, erhalten Sie: ↳ Sie lernen *nicht* in Stunden, sondern …

In diesem Fall haben Sie also kein genau passendes Wort im Originaltext gefunden. Sie mussten den Sinn verstanden haben, um die Lösung zu finden.

➋ Schreiben Sie die Lösung in das Prüfungsbeispiel auf S. 16.

➋ Lesen Sie nun weiter: Lücke (4)

> Solch ein Block kann … (4) … Wochen dauern.

↳ Ihr Lösungsvorschlag: ....

Wie können Sie die richtige Lösung finden?

So geht's

a. Sie stellen fest: Grammatisch ist der Satz vollständig: „Solch ein Block kann Wochen dauern." Also fehlt eine zusätzliche Information.
b. Stellen Sie eine Frage, die mit dem fehlenden Wort in der Lücke beantwortet werden kann.
   ↳ Ihre Frage zu diesem Satz:

   ....

c. Suchen Sie nun die Antwort im Text (Sie sind immer noch im dritten Abschnitt, in dem es um die neue Unterrichtsorganisation geht.): Dort finden Sie: „… können die Blöcke mehrere Wochen dauern."

   Sie hätten hier natürlich auch sofort nach dem Schlüsselwort „Wochen" im Originaltext schauen können. Aber nicht immer finden Sie das fehlende Wort direkt beim Schlüsselwort. Gehen Sie dann so vor, wie hier beschrieben.

➋ Schreiben Sie die Lösung in das Prüfungsbeispiel auf S. 16.

Tipp: Wenn Sie feststellen, dass der Satz auch ohne Lücke grammatisch vollständig ist: Stellen Sie eine Frage nach der Lücke. Wahrscheinlich fehlt dann ein Adjektiv oder ein Adverb.

➡ Lesen Sie nun weiter: Lücke (5)

> Schließlich kontrolliert ein Schüler, ob die Gruppe das Richtige gelernt hat, zuletzt überprüft ein … (5) … das erarbeitete Wissen.

↳ Ihr Lösungsvorschlag: ....

Wie können Sie die richtige Lösung finden?

Diesmal ist es wieder besonders leicht.

So geht's

a. Sie fragen sich: Was für eine Wortart, was für ein Satzteil wird gesucht?
   „Schließlich kontrolliert ein Schüler …, zuletzt überprüft ein …"
   Wer überprüft? ↳ Es wird also ein Nomen / ein Subjekt gesucht.
b. Das Lösungswort können Sie sich nun schon denken (↳ *ein Lehrer*), aber Sie finden
   es auch im Originaltext, wenn Sie die richtigen Schlüsselwörter unterstrichen haben: „… Lehrer … Prüfungssituationen … simulieren".

Die Lücken 2 – 5 bezogen sich auf den dritten Abschnitt. In der Hauptaussage dieses
Abschnitts sind bereits alle Antworten enthalten: *Die Schüler lernen den Stoff nicht in
Stunden, sondern in Blöcken von mehreren Wochen. Ein Lehrer überprüft schließlich, ob
sie das Richtige gelernt haben.*

➡ Schreiben Sie die Lösung in das Prüfungsbeispiel auf S. 16.

➡ Lesen Sie nun weiter: Lücke (6)

> Die von den Schülern … (6) … Lehrkräfte loben den Fleiß der Gruppe, …

↳ Ihr Lösungsvorschlag: ....

Wie können Sie die richtige Lösung finden?

So geht's

a. Vielleicht kennen Sie das Wort „Lehrkräfte" nicht. Aber: Über den Wortstamm „lehr-"
   können Sie die Bedeutung finden: ↳ Eine Lehrkraft ist *ein Lehrer / eine Lehrerin.*
b. Sie überlegen: Was ist das Subjekt? Sie finden: ↳ „Lehrkräfte".
c. Sie überlegen: Wo steht der Artikel zu „Lehrkräfte"?
   ↳ Ganz am Anfang: „Die … Lehrkräfte". Zwischen dem Artikel und dem Nomen steht
      noch ein Partizipialattribut: „von den Schülern"
d. Sie überlegen: Was wird im Text über die Lehrer gesagt? Im letzten Satz des dritten
   Abschnitts steht: „… die von ihnen (den Schülern) bezahlten Lehrer …" ↳ Die Lehrer
   werden von den Schülern bezahlt.
e. In die Lücke passt nur ein Wort: ↳ Die Lösung: „Die von den Schülern *bezahlten*
   Lehrkräfte …"

➡ Schreiben Sie die Lösung in das Prüfungsbeispiel auf S. 16.

➡ Lesen Sie nun weiter: Lücke (7)

> … in den verschiedenen Fachgremien und Ämtern wird das … (7) … unterschiedlich
> bewertet.

↳ Ihr Lösungsvorschlag: ....

Tipp: Überlegen Sie, was für ein Satzteil gesucht wird. Stellen Sie entsprechende Fragen, um das Lösungswort zu finden.

Tipp: Über den Wortstamm kann man oft die Bedeutung eines unbekannten Wortes finden.

Tipp: Partizipialattribute werden häufig in Zusammenfassungen benutzt. Man erkennt sie daran, dass zwischen Artikel und Nomen weitere Wörter stehen.

Tipp: Überlegen Sie, was für ein Satzteil gesucht wird. Stellen Sie entsprechende Fragen, um das Lösungswort zu finden.

Leseverstehen, Teil 1

Tipp: Wenn Sie in einem Abschnitt nur „die halbe Lösung" finden, dann suchen Sie im nächsten Abschnitt weiter.

Wie können Sie die richtige Lösung finden?

So geht's

a. Sie überlegen: Welcher Satzteil fehlt? ↳ Der Artikel vor der Lücke weist auf ein Nomen hin, das auch das Subjekt sein muss.

b. Sie suchen im Text die Schlüsselwörter „Fachgremien und Ämter". Die Begriffe kommen im vierten Abschnitt vor. „In **den Gremien und Ämtern** diskutieren Fachleute über das Methodos-Modell." Das bedeutet: Es wird über das Methodos-Modell gesprochen: Die einen finden es gut, die anderen schlecht. ↳ Die Lösung ist also das Wort *Methodos-Modell* .

Vielleicht kennen Sie das Verb „bewerten" nicht? Sie können die Bedeutung erschließen: Im vierten und fünften Abschnitt werden Urteile, Meinungen von Fachleuten genannt, d.h. die Fachleute beurteilen = „bewerten" das, was die Schüler machen.

Tipp: Wenn Sie ein Wort in der Textzusammenfassung nicht verstehen, dann suchen Sie die Erklärung im Originaltext.

➲ Schreiben Sie die Lösung in das Prüfungsbeispiel auf S. 16.

➲ Lesen Sie nun weiter: Lücke (8) und Lücke (9)

> Die einen … (8) … das Engagement, die anderen warnen vor den Mängeln in der … (9) … in der Vorbereitungsphase.

↳ Ihr Lösungsvorschlag: (8) ....

(9) ....

Wie können Sie die richtige Lösung finden?

So geht's

Lücke (8):

Tipp: Nach viele, alle steht das Verb im Plural. Nach niemand, jede, jemand steht das Verb im Singular.

a. Sie lesen: „Die einen … die anderen": Damit wird ein Gegensatz benannt: Sie lesen: „… die anderen warnen" ↳ Also fehlt im ersten Hauptsatz ein Verb, und zwar ein Gegensatz zu „warnen". In Verbindung mit „Engagement" kann es eigentlich nur das Verb „loben": sein. ↳ Sie überprüfen ihre Lösung: „Die einen *loben* das Engagement, die anderen warnen …"

b. Sie überprüfen Ihre Lösung am Lesetext: Zeile 25 finden Sie: „Das Engagement sei vorbildlich, **lobt** der …".

c. Sie können aber auch gleich im Lesetext Entsprechungen zur Kurzfassung suchen und finden: „Das Engagement sei vorbildlich, lobt …" Aber jetzt müssen Sie aufpassen: „Die einen …" ist eine Pluralform, das heißt: ↳ Die Lösung ist *loben*.

Lücke (9)

↳ Ihre Lösung: ....

➲ Notieren Sie nun bei dieser Lücke selbst, wie Sie die Lösung gefunden haben.

So geht's

Tipp: Die Bestimmung der Wortart, die in die Lücke passt, hilft oft, die Lösung zu finden, auch wenn man ein Wort (hier z.B. „Mängel") nicht versteht.

....

....

....

➲ Schreiben Sie die Lösung in das Prüfungsbeispiel auf S. 16.

➲ Lesen Sie nun weiter: Lücke (10)

> Auch der Lehrerverband übt Kritik, denn heute sei der … (10) … an den Schulen viel attraktiver geworden.

↳ Ihre Lösung: ....

➲ Notieren Sie auch bei dieser Lücke selbst, wie Sie die Lösung gefunden haben.

So geht's

....

....

....

➲ Schreiben Sie die Lösung in das Prüfungsbeispiel auf S. 16.

5. Bearbeitungsschritt

Kurzfassung mit den Lösungen still lesen

➲ Lesen Sie nun die ganze Kurzfassung mit den Lösungen (S. 16) noch einmal durch. Bewegen Sie dabei still die Lippen mit. Diese Methode hilft Ihnen zu spüren, ob eine Lösung stimmt oder nicht. Kümmern Sie sich erst einmal nicht um eventuell falsche Lösungen, denn Sie haben nicht mehr viel Zeit.

6. Bearbeitungsschritt

Antwortbogen ausfüllen

➲ Tragen Sie nun Ihre fertigen Lösungen in den Antwortbogen ein.

1	
2	
3	
4	
5	
6	
7	
8	
9	
10	

7. Bearbeitungsschritt

Unsichere Lösungen überprüfen

➲ Überprüfen Sie noch einmal die Lösungen, bei denen Sie sich nicht sicher sind. Achten Sie auf die Zeit: Sie müssen sich entscheiden! Tragen Sie dann die restlichen Lösungen in den Antwortbogen ein.

○ Notieren Sie hier noch einmal die Bearbeitungsschritte für Lösungsweg 1.

Lösungsweg 1

1. Bearbeitungsschritt	....
2. Bearbeitungsschritt	....
3. Bearbeitungsschritt	....
4. Bearbeitungsschritt	....
5. Bearbeitungsschritt	....
6. Bearbeitungsschritt	....
7. Bearbeitungsschritt	....

Lösungsweg 2

Wenn Ihr Deutsch sehr gut ist, das heißt: Wenn Sie Lesetexte sehr gut verstehen und auch die „Mittelstufen-Grammatik" beherrschen, können Sie möglicherweise den Test auf dem Lösungsweg 2 lösen. Probieren Sie diesen Lösungsweg aber auf jeden Fall vorher mehrmals aus, damit Sie ganz sicher sind, dass Sie den Test auf diesem Weg schaffen.

So geht's

1. Bearbeitungsschritt

Thema erkennen

Sie lesen die Überschrift des Lesetextes und klären das Thema des Textes.

2. Bearbeitungsschritt

Kurzfassung lesen

Dann lesen Sie die Kurzfassung und notieren gleich Wörter für die Lücken, die Ihrer Meinung nach passen. Sollten Sie bei einer Lücke keine schnelle Lösung finden, dann lassen Sie diese vorerst unbearbeitet.

3. Bearbeitungsschritt

Lesetext lesen

Nun lesen Sie den Lesetext und kontrollieren dabei Ihre Eintragungen in der Kurzfassung.

4. Bearbeitungsschritt

Bestimmte Textstellen suchen

Suchen Sie dann selektiv im Originaltext nach solchen Textstellen, die Ihnen beim Ausfüllen der bisher frei gebliebenen Lücken helfen können.

5. Bearbeitungsschritt

Antwortbogen ausfüllen

Vergessen Sie nicht, den Antwortbogen auszufüllen.

Leseverstehen, Teil 2

Beschreibung dieses Prüfungsteils

Was bekommen Sie?

⚬ Sie erhalten sechs Vorlagen:

– vier kürzere Lesetexte (je ca. 150-200 Wörter), in denen sich vier verschiedene
  Personen zu einem bestimmten Problem äußern (z.B. Leserbrief, Kommentar,
  Stellungnahme)
– eine Liste von fünf thematischen Stichpunkten
– ein Raster, in das Sie die Lösungen eintragen

Was sollen Sie tun?

⚬ Sie sollen herausfinden, in welchen der vier Texte Aussagen zu den genannten thematischen Stichpunkten enthalten sind. Diese Aussagen sollen Sie in Stichwörtern
in das Lösungsraster eintragen. Dabei kann ein Text gar keine oder maximal drei
Äußerungen zu einem Stichpunkt enthalten. Insgesamt kann es maximal 10 Aussagen
zum Thema, d.h. 10 Lösungen geben.

Wie müssen Sie lesen?

⚬ Sie müssen die Kurztexte <u>selektiv</u> nach den thematischen Stichpunkten
durchsuchen.

Was müssen Sie können, um diese Aufgabe zu lösen?

⚬ Sie müssen

– die Bedeutung der fünf thematischen Stichpunkte genau verstehen,
– die vier Texte zügig nach Aussagen zu diesen Stichpunkten „absuchen" (= selektives
  Lesen) und entsprechende Aussagen erkennen,
– die gefundenen Aussagen in Stichwörter umwandeln.

Aufgabentyp

⚬ Kurzinformationen in Form von Stichwörtern notieren

Mögliche Lösungswege

Lösungsweg 1: Sie suchen einen Text nach dem anderen nach den einzelnen
Stichpunkten ab und notieren die Aussagen, die Sie finden im Antwortbogen.

Lösungsweg 2: Sie suchen jeden Text auf einmal nach allen fünf Stichpunkten ab und notieren die Aussagen. Zum Schluss tragen Sie die Aussagen in den Antwortbogen ein.

| 5 Stichpunkte | Text A | Text B | usw. | Antwortbogen |

1. Bewertung von Studiengebühren
Text A ....
Text B ....
Text C ....
Text D ....
2. Gründe für ein Studium
Text A ....
Text B ....
...

Dauer

⚙ Für die Lösung dieser Aufgabe haben Sie 30 Minuten Zeit.

Wie wird diese Aufgabe bewertet?

⚙ Für jede richtige Zuordnung bekommen Sie einen Punkt. Es kann Punkteabzug geben.

| richtiges Stichwort | – | richtige Zuordnung | ↳ | 1 Punkt |
| teilweise richtiges Stichwort | – | richtige Zuordnung | ↳ | 0,5 Punkte |

Überblick Leseverstehen, Teil 2:

	Prüfungs-ziele	Textarten	Vorlagen	Aufgaben-typ	Anzahl Lösungen	Punkte
LV 2	Aussagen zu einem bestimmten Thema erkennen	persönlicher Bericht, Stellung-nahme, Leser-brief, Kommentar	• 4 Kurztexte • 1 Themenliste • 1 Antwort-bogen	Themen zuordnen	10	10

Schritt für Schritt zur Lösung

In den folgenden Abschnitten erfahren Sie, wie Sie diesen Prüfungsteil erfolgreich lösen können. Wir beschreiben zunächst den Lösungsweg 1.

Lösungsweg 1

1. Bearbeitungsschritt

Thema der Lesetexte erkennen

In den vier Lesetexten geht es um ein Thema, zu dem sich verschiedene Personen äußern. Die fünf thematischen Stichpunkte, nach denen Sie suchen sollen, sind Unterpunkte dieses Themas. In den Lesetexten gibt es dazu insgesamt 10 Aussagen.

Beispiel

1. Bewertung von Studiengebühren
2. Gründe für ein Studium
3. Ideale Wohnform für Studierende
4. Erwartung der Eltern
5. Eigene Finanzierung des Lebensunterhalts

◉ Lesen Sie die fünf Stichpunkte und überlegen Sie:

Zu welchem Thema äußern sich die Personen in den Lesetexten?

↳ Ihr Lösungsvorschlag: ....

Wie können Sie die richtige Lösung finden?

So geht's

⚙ Achten Sie auf die Schlüsselwörter. Die Schlüsselwörter „Studiengebühren", „Studium", „Studierende" verweisen auf das Thema „Studienbedingungen".

Die Bestätigung finden Sie im Einleitungstext zu den Lesetexten. Er lautet:

> Neben den Kosten für Krankenkasse, Unfallversicherung usw. gibt es die Studiengebühr von 500 Euro. So teuer ist das Studium an hessischen Hochschulen in diesem Wintersemester! Seit der Einführung von Gebühren an deutschen Universitäten nimmt die Zahl der Studierenden an den meisten hessischen Hochschulen leicht ab. Wir haben bei den Betroffenen nachgefragt: Wie finanzieren Sie Ihr Studium?

Die Bedeutung der einzelnen Stichpunkte klären

2. Bearbeitungsschritt

Die thematischen Stichpunkte haben meist Nominalstil. Das bedeutet: Satzverkürzung, meist mit Hilfe von präpositionalen Ergänzungen und Genitivattributen (s. Grammatikkapitel 2, S. 216).
Möglicherweise ist Ihnen bei dem einen oder anderen Stichpunkt nicht immer sofort klar, was genau gemeint ist.

⚙ Die genaue Bedeutung dieser Stichpunkte erkennen Sie am besten, wenn Sie die nominale Form durch eine entsprechende Frage auflösen.

Tipp: Lösen Sie die nominale Form auf, indem Sie diese in eine Frage umwandeln.

Beispiel

1. Bewertung von Studiengebühren

Die ausformulierte Frage lautet: Wie werden Studiengebühren (in den Texten) bewertet?

Es geht also darum, was die Leute über Studiengebühren denken. Finden Sie sie gut oder schlecht? Zu hoch oder zu niedrig?
Vielleicht wissen Sie nicht, was „Gebühren" sind? Wenn Sie ein Wort in den Stichpunkten nicht kennen, werden Sie es in einer Kombination mit anderen Wörtern in den Texten finden, so dass Sie verstehen, worum es geht. In diesem Fall kommt zum Beispiel das Wort „Geld" in den Texten vor.

Tipp: Wenn Sie ein Wort in den Stichpunkten nicht kennen, finden Sie es in anderer Form im Text.

Aufgabe 1

1. Überlegen Sie: Welches Thema wird mit den folgenden Stichpunkten angesprochen?

1. Ziel
2. Dauer
3. Teilnehmer
4. Ort
5. Kosten

Thema: ....

2. Welche Fragen könnten Sie formulieren? Kreuzen Sie an.

Ziel
- [ ] a. Was ist mein Ziel bei diesem Kurs?
- [ ] b. Welche Ziele hat der Kurs?
- [ ] c. Wie kommt der Kurs zum Ziel?

Dauer
- [ ] a. Wann beginnt der Kurs?
- [ ] b. Wie viele Tage, Wochen, Monate dauert der Kurs?
- [ ] c. Um wie viel Uhr beginnt der Kurs, wann hört er auf?

Teilnehmer
- [ ] a. Wie viele Teilnehmer gibt es in dem Kurs?
- [ ] b. Woher kommen die Teilnehmer?
- [ ] c. Was sagen die Teilnehmer?

Ort
- [ ] a. Woher kommen die Teilnehmer?
- [ ] b. In welcher Stadt wird der Kurs angeboten?
- [ ] c. Wo findet der Kurs statt?

Kosten
- [ ] a. Was kostet der Kurs?
- [ ] b. Sind die Kosten hoch?
- [ ] c. Ist der Kurs zu teuer?

Übung 2 hat Ihnen sicher keine besonderen Probleme bereitet. Schwieriger ist die Umformung in Fragen bei den Stichpunkten in Übung 3.

3. Worum geht es in den folgenden Ausdrücken mit Genitivattribut? Formulieren Sie die entsprechenden Fragen.

Beispiel

Einfluss der Eltern ↳ *Welchen Einfluss haben die Eltern?*

a. Lieblingsessen der Politiker ↳ ....

b. Ziele des Vereins ↳ ....

c. Grund des Streits ↳ ....

4. Worum geht es in den folgenden Ausdrücken mit präpositionaler Ergänzung? Formulieren Sie die entsprechenden Fragen.

Beispiel
Wunsch an den Verein
↳ *Was wünscht man sich / Was wünschen die Leute sich von dem Verein?*

a. Überlegungen bei der Planung ↳ ....

b. große Vorteile für sich selbst ↳ ....

c. Vorstellungen über die Zukunft ↳ ....

5. Worum geht es in den folgenden Formulierungen mit Genitivattribut und präpositionaler Ergänzung?

a. Vorstellungen der Deutschen über die weitere Zukunft ↳ ....

b. Vorstellungen der Deutschen über ihre Zukunft ↳ ....

c. Überlegungen der Architekten bei der zukünftigen Planung
↳ ....

Bei den Aufgaben 5a und 5b mussten Sie genau überlegen: Was ist der Unterschied zwischen den beiden Formulierungen? Im ersten Fall geht es ganz allgemein um die Vorstellungen der Deutschen über die Zukunft (der Welt z. B.) Im zweiten Fall geht es um die Vorstellungen der Deutschen über ihre eigene persönliche Zukunft.

> **Tipp:** Achten Sie bei den thematischen Stichpunkten auf die genaue Formulierung!

Textstellen suchen

3. Bearbeitungsschritt

Wenn Ihnen die Bedeutung der fünf thematischen Stichpunkte klar ist, kommt „das Screening", das heißt: Jetzt lesen Sie jeden der vier Texte zügig durch und suchen dabei nach Textstellen, in denen etwas zum ersten der fünf Themenschwerpunkte gesagt wird. Dabei helfen Ihnen die entsprechenden Schlüsselwörter.

Aufgabe 2

Stichpunkt:
Lieblingsessen der Politiker (Was essen Politiker am liebsten?)

1. Suchen Sie im folgenden Text die Textstellen, in denen etwas zum Thema „Essen" gesagt wird, und markieren Sie die Schlüsselwörter.

> Gestern Peking, heute London, morgen Washington! Tagsüber stehen Verhandlungen auf dem Programm, die, wie es heißt, in einer angenehmen Atmosphäre stattfanden – aber hinter verschlossener Tür wird bisweilen schon Klartext geredet – Forderungen werden aufgetischt und müssen verdaut werden. Nicht immer einfach, und auch das Arbeitsessen entspricht nicht immer dem eigenen Geschmack. Gern bekennt die Kanzlerin gegenüber dem Autor des Buches, was sie am liebsten mag, wenn sie dann endlich wieder zu Hause angekommen ist. Ihre Leibspeise ist und bleibt deftige Hausmannskost: Grünkohleintopf mit Mettwurst, eine Delikatesse aus Norddeutschland, die manche nur mit dem einen oder anderen Schnaps verdauen können. …

2. Überlegen und notieren Sie: Um welchen Politiker geht es im Text?

....

Die Frage lautete: Was essen Politiker am liebsten? Konkret auf den Text bezogen lautet sie nun: Was isst diese Politikerin am liebsten? Es wird also ganz konkret nach bestimmten Speisen gefragt. Kreuzen Sie die richtige Lösung an.

☐ a. deftige Hausmannskost
☐ b. Grünkohl mit Mettwurst

3. Unterstreichen Sie im folgenden Text die Stellen, an denen etwas über die Zukunftsvorstellungen der Deutschen gesagt wird.

Herr Seibold hat schon Karriere gemacht. Er ist 34, arbeitet bei der Dresdner Bank als Filialleiter, wohnt in einem wunderbaren Haus mit Frau und zwei Kindern. Was erwartet er, welche Pläne hat er für die Zukunft oder ist er zufrieden mit dem, was er bereits erreicht hat? „Gerne würde ich noch einmal einen Sprung nach oben machen, ich bin ehrgeizig", erklärt er und lächelt dabei überzeugend. „Ja, sicher werde ich auf der Leiter noch ein bisschen nach oben klettern, obwohl ich nicht gerne aus unserem Haus ausziehe, um in eine andere Stadt zu gehen. Und auch für die Kinder wäre das nicht ideal. Aber unsere Zentrale ist ja hier, wahrscheinlich würde ich nicht umziehen müssen." Ansonsten stellt er keine weiteren Forderungen an seine Zukunft. „Ich habe eine wunderbare Familie, wir sind gesund und glücklich. Na ja, die Bankenkrise hat natürlich allen Menschen in diesem Land schon ein wenig Angst gemacht, und überall, nicht nur im Bankengewerbe, sorgen sich die Leute, wie lange der eigene Arbeitsplatz in der Zukunft noch sicher ist. Aber ich mache mir darüber keine großen Sorgen, ich bin gut in meinem Job, und wer gut ist, davon bin ich überzeugt, wird auch immer eine Arbeit finden."

4. Im Text haben Sie verschiedene Äußerungen über die Zukunft gefunden: Äußerungen von Herrn Seibold über seine eigene Zukunft sowie allgemeine Aussagen über die Zukunft in Deutschland.

Ergänzen Sie die Lücken in den folgenden Aussagen (es fehlt jeweils ein Wort).

a. Herr Seibold ist sicher, dass er weiterhin .... macht.
b. Er wäre notfalls bereit, ...
c. Viele Menschen glauben, dass die Arbeitsplätze in Deutschland nicht .... sind.
d. Herr Seibold macht sich keine .... um die Zukunft.
e. Er ist gut in seinem Job und wird immer eine neue .... finden.

Es gibt also fünf Aussagen über Zukunftsvorstellungen im Text. Wenn Sie in der Prüfung in einem der Texte so viele Aussagen zu einem einzigen Stichpunkt finden, dann sollten Sie überlegen, ob Sie die Aufgabenstellung richtig verstanden haben, denn: In einem Text kann es nur bis zu drei Aussagen zu jedem Stichpunkt geben.

Tipp: Wenn Sie mehr als drei Aussagen zu einem Stichpunkt finden, überprüfen Sie noch einmal, ob Sie die Aufgabenstellung richtig verstanden haben.

5. Lesen Sie die Aufgabenstellung in Übung 3 noch einmal und kreuzen Sie die Frage an, die ihr genau entspricht.

a. Welche Vorstellungen hat Herr Seibold über seine Zukunft?
b. Welche Vorstellungen haben Deutsche über die Zukunft ihres Landes?
c. Welche Vorstellungen haben Deutsche über ihre Zukunft?

6. Notieren Sie jetzt die Aussage in Übung 4, die der Aufgabenstellung in Übung 3 tatsächlich entspricht.

....

Stichwörter formulieren

4. Bearbeitungsschritt

Wenn Sie in einem der Texte Äußerung(en) zu den Stichpunkten gefunden haben, dann tragen Sie das Ergebnis gleich in das Lösungsraster ein. Dort sollen Sie jedoch keine ganzen Sätze schreiben, sondern nur Stichwörter, die die Hauptinformation enthalten.

Wie können Sie die Stichwörter richtig formulieren?

Im Unterricht haben Sie gelernt, dass Stichwörter zu einem Thema meist in Form von Infinitiven oder in nominaler Form notiert werden. Das ist richtig, wenn Sie zum Beispiel eine Gliederung schreiben oder beim Hören Notizen machen. Bei dem Aufgabentyp, um den es hier geht, gilt das jedoch nicht unbedingt. Wenn Sie, wie hier, bestimmte Textstellen verkürzt, also in Stichwörtern, wiedergeben sollen, dann können Sie sich oft an das vorgegebene Satzmuster halten. Der einfachste Weg ist in diesem Fall, die im Text enthaltene Äußerung durch Streichungen auf ihren wesentlichen Kern zu reduzieren. Versuchen Sie es mit der folgenden Aufgabe.

Aufgabe 3

1. Reduzieren Sie folgende Aussagen auf die Kernaussage, d.h.: Streichen Sie alle Wörter durch, die nicht unbedingt notwendig sind, um die Hauptinformation zu vermitteln. Notieren Sie dann das Ergebnis in Stichwörtern.

a. „Gerne würde ich noch einmal einen Sprung nach oben machen".

↳ ....

b. Ansonsten stellt er keine weiteren Forderungen an seine Zukunft.

↳ ....

c. „Na ja, die Bankenkrise hat natürlich allen Menschen in diesem Land schon ein wenig Angst gemacht … überall sorgen sich die Leute, wie lange der eigene Arbeitsplatz noch sicher ist."

↳ ....

d. „Wer gut ist, davon bin ich überzeugt, wird auch immer Arbeit finden."

↳ ....

> **Tipp:** Streichen Sie alle Satzteile, die nicht die Träger der Hauptinformation sind, durch.

Um Textinhalte in Stichwörtern wiederzugeben, gibt es mehrere Möglichkeiten.

Sie können zum Beispiel …
- die Wörter, die die Hauptinformation tragen, notieren.
- Komposita bilden, Beispiel c: *Bankenarbeitsplätze*.
- Sätze verkürzen, Beispiel d: *Gute Leute …* (statt: Wer gut ist, …).
- Verbformen ändern, Beispiel d: *Gute Leute finden Arbeit* (statt: werden … finden).
- komplexe Formulierungen mit Hilfe von Nominalisierungen vereinfachen.

Stichwörter ins Lösungsraster eintragen

5. Bearbeitungsschritt

Zum Schluss tragen Sie die endgültigen Stichwörter ins Lösungsraster ein.

Leseverstehen, Teil 2

So sehen die Prüfungsseiten aus

Leseverstehen, Teil 2
Dauer: 30 Minuten

Lesen Sie die Texte A – D. In welchen Texten gibt es Aussagen zu den thematischen Stichpunkten 1 – 5?
1. Bewertung von Studiengebühren
2. Gründe für ein Studium
3. Ideale Wohnform für Studierende
4. Erwartung der Eltern
5. Eigene Finanzierung des Lebensunterhalts

In jedem Text kann es ein, zwei oder drei Aussagen zu einem Stichpunkt geben, in allen vier Texten zusammen aber nicht mehr als zehn. Schreiben Sie Ihre Antworten direkt in den Antwortbogen auf S. 36.

0 Beispiel: Bezahlung der Miete

Text A	....
Text B	*Freund zahlt den größten Teil*
Text C	*Eltern bezahlen*
Text D	....

Neben den Kosten für Krankenkasse, Unfallversicherung usw. gibt es die Studiengebühr von 500 Euro. So teuer ist das Studium an hessischen Hochschulen in diesem Wintersemester! Seit der Einführung von Gebühren an deutschen Universitäten nimmt die Zahl der Studierenden an den meisten hessischen Hochschulen leicht ab. Wir haben bei den Betroffenen nachgefragt: Wie finanzieren Sie Ihr Studium?

Text A

Peter Wenger hat sich einen Teil seines Traums nun verwirklicht: Mit Beginn des Semesters studiert der Zwanzigjährige an der Frankfurter Goethe-Universität Amerikanistik und Pädagogik. Um sich seinen Traum zu erfüllen, hat er schon während der Schulzeit fleißig gespart. Das Geld, das er als Geschenk von Oma und Opa zur Konfirmation erhielt, wanderte gleich auf sein Sparkonto bei der Bank, ebenso das meiste vom Verdienst bei Ferienjobs. „Ich kann bescheiden leben", erklärt er. „Ich muss nicht jeden Abend raus, und aus teuren Klamotten hab ich mir nie etwas gemacht." So legte er lieber sein Geld an, um Zinsen zu bekommen. „Für mein Studium müsste es reichen". Damit meint er natürlich nur die Studiengebühren, denn Peter lebt in Frankfurt und wohnt weiterhin bei den Eltern – Kosten für Miete und den Lebensunterhalt entfallen folglich. „Ja, ich weiß, dass ich damit privilegiert bin. Gerade deshalb will ich aber auch das Studium schnell durchziehen, um meinen Eltern nicht allzu lange auf der Tasche zu liegen. " Mit 24 spätestens will Peter sein Studium beendet haben und dann ins Berufsleben einsteigen. „Was ich da genau machen werde, weiß ich noch nicht. Auf jeden Fall etwas mit Menschen und Sprachen, denn das hat mich schon immer fasziniert.

Text B

Beispiel

Seyhan Hakimi kann sich nicht vorstellen, während des Studiums noch bei den Eltern zu leben oder etwas von ihnen für ihren Lebensunterhalt anzunehmen. Sie wohnt zusammen mit ihrem **Freund**, der schon im Berufsleben steht und **den größten Teil der Miete** für die Drei-Zimmer-Wohnung **zahlt**. „Nein, abhängig fühle ich mich nicht, wir sind seit zwei Jahren zusammen, wir wollen auch heiraten. Und auch meine Eltern finden das ganz gut", lacht sie. „Sie mögen Tim und sind wahrscheinlich auch ganz froh, dass ich bereits in festen Händen bin." Kein typisches Studentenleben, Lernen, Party, neue Leute kennen lernen, Spaß. „Nein", erklärt sie, „Party hatte ich zur Genüge, als ich auf meinen Studienplatz wartete." Da jobbte sie tagsüber in einer Werbeagentur, abends verdiente sie dazu in einer Kneipe, zwei Jahre lang, denn so lange musste sie auf ihren Studienplatz in Medizin warten. Seyhan will Kinderärztin werden, jetzt ist sie für das dritte Semester in Frankfurt immatrikuliert. In der Werbeagentur arbeitet sie auch heute noch täglich zwei bis vier Stunden. „Das reicht, um die Studiengebühren und den Lebensunterhalt zu finanzieren." Begeistert ist Seyhan von den Studiengebühren nicht, aber es käme ihr nie in den Sinn, dagegen zu protestieren. „In allen Ländern muss man für sein Studium bezahlen, warum soll das in Deutschland anders sein?"

Text C

Alice Täufer musste ein Darlehen aufnehmen, um die Studiengebühren und den Semesterbeitrag bezahlen zu können, allerdings nicht bei einer Bank. „Meine Eltern haben mir die Gebühren erst einmal vorgeschossen, aber irgendwann muss ich das Geld schon zurückbezahlen." Alice ist 22 und studiert im vierten Semester Informatik an der TU Darmstadt. Sie lebt in einer WG und preist die Vorzüge ihrer Wohngemeinschaft. „Wir sind drei Mädels und ein Kerl, wir haben alle die gleichen Probleme. Können uns gegenseitig helfen, zusammen lernen. Oder auch raus gehen, das gehört ja auch zum Studium dazu, beim Abtanzen den Stress rauslassen." Sie lächelt. „Nein, eigentlich hatte ich bisher keine Probleme mit meinem Studium, ich bekomme zwar kein Bafög, da meine Eltern gut verdienen, aber **Papa und Mama zahlen die Miete** und all das, was ich zum Leben brauche, über einen Nebenjob musste ich mir bisher keine Gedanken machen." Das ändert sich jetzt, denn den Vorschuss der Eltern soll sie möglichst bald zurückbezahlen. Sie erwarten von ihrer Tochter, dass sie ihr Studium ohne Trödelei durchzieht. „Ich verstehe sie ja, meine Schwester beginnt demnächst mit dem Studium." Sagt Alice und erzählt von ihrem Plan, Computer-Unterricht für Senioren anzubieten. „Das hat gut angefangen über Inserate im Internet, ich denke, das wird schon klappen."

Beispiel

Text D

Marouan Nadrani wohnt bei der Familie seines Onkels, der vor 13 Jahren aus Marokko nach Deutschland kam, und es hier zu kleinem Wohlstand gebracht hat. Der Onkel betreibt ein Obst- und Gemüsegeschäft und für ihn ist es selbstverständlich, seinem Neffen zu helfen. Marouan empfindet das Leben in der Familie nicht immer ideal, aber er weiß zu schätzen, dass er so kostengünstig studieren kann. „Ich bekomme kein Bafög, mein Vater kann mir das Studium nicht finanzieren. Aber ohne Studium kommt man heutzutage nicht sehr weit, ich will eine Familie und will meinen Kindern eine gute Zukunft bieten können." Marouan hat ein Darlehen bei der LTH-Bank für Infrastruktur aufgenommen, um die Semestergebühren zu bezahlen. Dass man für ein Studium bezahlen muss, sieht er ein, denn so sei das überall. Allerdings bedauert er schon, nicht früher damit begonnen zu haben, als noch keine Beiträge anfielen. Marouans Kreditgeld geht von der Bank direkt an die Universität, er sieht nichts davon, dennoch ist er dankbar für die Bewilligung. „Ich habe sonst keine Chance, die Gebühren zu bezahlen". Marouans Deutsch ist fast fehlerfrei, ein leichter französischer Akzent klingt durch. Er hat sich für das fünfte Semester Maschinenbau in Darmstadt immatrikuliert und hofft, in drei Semestern sein Examen zu bestehen. Dann will er zurück in seine Heimat. Bis dahin arbeitet er – wann immer es seine Zeit erlaubt – regelmäßig im Laden des Onkels mit.

Leseverstehen, Teil 2

Lösungsraster zum Leseverstehen, Teil 2 (11–20)

1. Bewertung von Studiengebühren

Text A	Er spart das Geld (in ein Sparkonto bei der Bank) von Konfirmationen und Ferienjobs
— Text B	Sie ist nicht begeistert. ~enthusiastic
Text C	(Sie musste ein Darlehen aufnehmen, und das Geld ihre Eltern zurückbezahlen)
— Text D	sieht Studiengebühren ein / hätte lieber studiert, als es noch keine gab

2. Gründe für ein Studium

✓ Text A	Um sich seinen Traum zu erfüllen Es ist seiner Traum. (Amerikanistik und Pädagogik)
✓ Text B	(Sie will Kinderärztin sein)
Text C	—
✓ Text D	Ohne Studium kommt man nicht weit Gute Zukunft für Kinder / Familie

3. Ideale Wohnform für Studierende

Text A	(Er wohnt weiterhin bei den Eltern)
Text B	(Sie wohnt mit ihrem Freund, der im Berufsleben steht, und der) den größten Teil der Miete zahlt.
✓ Text C	Sie lebt in einer WG (Wohngemeinschaft) / Eltern zahlen die Miete
Text D	

4. Erwartung der Eltern

Text A	Mit 24 das Studium beenden und ins Berufsleben einsteigen
Text B	(Sie zu heiraten)
✓ Text C	Das Sie ihr Studium ohne Trödelei durchzieht.
Text D	

5. Eigene Finanzierung des Lebensunterhalts

Text A	Eltern bezahlen die Kosten für Miete und Lebensunterhalts.
✓ Text B	3/4 Stunden in einer Werbeagentur Sie arbeitet und finanziert der Lebensunterhalt
✓ Text C	Eltern finanzieren den Lebensunterhat Sie plan Computer-Unterricht für senioren anzubieten.
✓ Text D	Er arbeitet regelmäßig im Geschaft seiner Onkels

Hier muss ich darauf achten, dass ich nicht mehr als 10 Lösungen habe.

So geht's

Die Aufgabenstellung fängt mit dem Satz an: „Lesen Sie die Texte A – D".

↳ Sie wissen aber schon, dass Sie in der Prüfung zuerst etwas anderes lesen müssen, damit sie die Aufgabe sinnvoll lesen können.

Bevor Sie die Texte lesen, müssen Sie die fünf Stichpunkte, zu denen Sie in den Texten Aussagen finden sollen, lesen. Also beginnen Sie damit!

Stichpunkte lesen, Thema der Lesetexte erkennen

1. Bearbeitungsschritt

Diese Aufgabe haben Sie schon mit den Aufgaben auf S. 28 / 29 gelöst.

➲ Lesen Sie dort noch einmal nach.

Die Bedeutung der einzelnen Stichpunkte klären

2. Bearbeitungsschritt

Wenn Ihnen die Bedeutung der einzelnen Stichpunkte ganz klar ist, wissen Sie, zu welchen Themen Sie in den Texten Aussagen suchen müssen.

Die Bedeutung des ersten Stichpunkts haben Sie schon mit der Aufgabe auf S. 29 geklärt.

➲ Lesen Sie dort noch einmal nach.

➲ Welche Technik haben Sie benutzt, um die Bedeutung des ersten Stichpunkts genau zu klären? Notieren Sie.

....

➲ Klären Sie nun die Bedeutung der Stichpunkte 2 – 4, indem Sie diese Technik anwenden.

2. Gründe für ein Studium

↳ ....

3. Ideale Wohnform für Studierende

↳ ....

4. Erwartung der Eltern

↳ ....

Manchmal ist es nicht so leicht, die richtige Frage zu stellen.

➲ Welche der folgenden Fragen trifft den Inhalt von Stichpunkt 5? Kreuzen Sie an.

5. Eigene Finanzierung des Lebensunterhalts

☐ a. Wie wird der eigene Lebensunterhalt (der Studierenden) finanziert?
☐ b. Finanzieren die Studierenden ihren Lebensunterhalt selbst?
☐ c. Wie finanzieren die Studierenden ihren Lebensunterhalt selbst?

Leseverstehen, Teil 2

3. Bearbeitungsschritt

Das Beispiel lesen

Damit Sie genau wissen, was Sie tun sollen, wird Ihnen auf dem Prüfungsblatt (S. 34) ein Beispiel gezeigt.
➲ Sehen Sie sich das Beispiel an.

0 Beispiel: Bezahlung der Miete

A	....
B	*Freund zahlt den größten Teil*
C	*Eltern bezahlen*
D	....

Das Beispiel zeigt, wie Sie die Stichwörter in das Lösungsraster eintragen sollen. Das Thema des Beispiels trägt die Ziffer 0, das heißt: Sie sollen es nicht weiterbearbeiten. In den Texten selbst sind diejenigen Textstellen, auf die sich das Beispiel bezieht, markiert, hier in den Texten B und C (S. 35).
An diesem Beispiel können Sie auch erkennen, wie der Satz, der die Hauptaussage enthält, für das Lösungsraster reduziert wird.

4. Bearbeitungsschritt

Zu den einzelnen Stichpunkten Textstellen suchen

Am Anfang dieses Kapitels (S. 27/28) haben Sie erfahren, dass es zwei Lösungswege für diesen Prüfungsteil gibt. Bei Lösungsweg 1 bearbeiten Sie jeden thematischen Stichpunkt einzeln und suchen nach Aussagen dazu in den vier Lesetexten. Bei Lösungsweg 2 wird jeder Lesetext sofort nach allen fünf Stichpunkten abgesucht. Sie müssen selbst entscheiden, welcher Lösungsweg für Sie besser geeignet ist.

Lösungsweg 1

So geht's

Tipp: Unterstreichen Sie die gefundenen Aussagen.

↳ Sie lesen den ersten Stichpunkt und gehen jeden einzelnen Text zügig nach Aussagen zu diesem Stichpunkt durch: Sie lesen selektiv. Unterstreichen Sie gefundene Aussagen.

> **1.** Bewertung von Studiengebühren
>   (Wie werden die Studiengebühren bewertet?)

➲ Nach welchem Schlüsselwort müssen Sie in den Texten suchen? Kreuzen Sie an.

☐ Ich suche nach dem Wort „Bewertung".
☐ Ich suche nach dem Wort „Studiengebühren".

Tipp: Suchen Sie in den Texten nach den Schlüsselwörtern aus der Aufgabenstellung. Aber: Nicht alle Schlüsselwörter kommen in den Texten vor. Es gibt auch Umschreibungen oder Synonyme.

In **Text A** finden Sie folgende Textstelle:

> So legt er lieber sein Geld an, um Zinsen zu bekommen. „Für mein Studium müsste es reichen". Damit meint er natürlich nur die Studiengebühren, …

In der Aufgabe geht es um die Bewertung von Studiengebühren, d.h. es geht um Peters Meinung. Äußert Peter hier seine Meinung zu den Studiengebühren?

➲ Lesen Sie die Textstelle noch einmal aufmerksam durch und kreuzen Sie die richtige Interpretation der Textstelle an:

☐ a. Peter meint, dass die Zinsen für die Studiengebühren reichen.
☐ b. Peter sagt, was er über Studiengebühren denkt.

Sie haben erkannt, dass Peter hier nicht seine Meinung zu Studiengebühren äußert, sondern etwas darüber sagt, woher er das Geld für die Studiengebühren hat (aus den Zinsen). In Text A gibt es also keine Aussage zu diesem Stichpunkt.

● Lesen Sie nun **Text B**. Dort finden Sie folgende Textstelle zum Thema „Studiengebühren":

enthusiastic

> „Das reicht, um die Studiengebühren und den Lebensunterhalt zu finanzieren." Begeistert ist Seyhan von den Studiengebühren nicht, aber es käme ihr nie in den Sinn dagegen zu protestieren. „In allen Ländern muss man für sein Studium bezahlen, warum soll das in Deutschland anders sein?"

Auch bei dieser Textstelle wird deutlich, wie wichtig es ist, dass Sie nicht nur den Satz mit dem Wort „Studiengebühren" lesen. Sie müssen das ganze Textumfeld lesen, also auch den vorangehenden Satz wie in Text A oder die folgenden Sätze wie hier in Text B. Nur so können Sie sicher sein, dass Sie alles erfasst haben, was in dem Text zum Thema „Studiengebühren" gesagt wird.

Stichwörter ins Lösungsraster eintragen

● Welche Formulierung wählen Sie nun für Ihren Eintrag ins Lösungsraster? Kreuzen Sie an.

Text B
- [ ] a. Seyhan ist nicht begeistert.
- [ ] b. S. ist nicht begeistert.
- [ ] c. S. ist nicht begeistert, aber protestiert nicht.

● Vergleichen Sie mit der Lösung auf S. 235.

● Lesen Sie nun **Text C**. Was stimmt Ihrer Meinung nach? Kreuzen Sie an.

- [ ] a. Alice äußert ihre Meinung zu den Studiengebühren.
- [ ] b. In diesem Text gibt es keine Meinungsäußerung zu den Studiengebühren.

● Wenn Sie a. markiert haben, begründen Sie bitte.

....

● Vergleichen Sie mit der Lösung auf S. 235.

● Lesen Sie nun **Text D**. Dort finden Sie folgende Textstelle:

> Marouan hat ein Darlehen bei der … Bank aufgenommen, um die Semestergebühren zu bezahlen. Dass man für ein Studium bezahlen muss, sieht er ein, denn so sei das überall. Allerdings bedauert er schon, nicht früher damit begonnen zu haben, als noch keine Beiträge anfielen. …

● Markieren Sie die Textstellen, die für die Lösung wichtig sind, mit Pfeilen.

● Kreuzen Sie an, welche Formulierung(en) Sie hier ins Lösungsraster eintragen würden. Sie können auch zwei Stichwörter eintragen (in dieselbe Zeile!).

- [ ] a. überall für ein Studium bezahlen
- [ ] b. sieht Studiengebühren ein
- [ ] c. bedauert, nicht früher begonnen zu haben
- [ ] d. hätte lieber studiert, als es noch keine Gebühren gab

Tipp: Achten Sie auf Verneinungen, sie verändern die Aussage.

Tipp: Lesen Sie nicht nur den Satz, in dem das gesuchte Schlüsselwort vorkommt, sondern auch einen oder zwei Sätze davor und danach.

5. Bearbeitungsschritt

Tipp: Namen können Sie abkürzen.

Tipp: Tragen Sie die gefundenen Aussagen immer gleich ins Lösungsraster ein.

➔ Vergleichen Sie mit der Lösung auf S. 235. Haben Sie die richtige Lösung gefunden?

An diesem Beispiel können Sie auch sehen, wie man längere Textstellen für den Eintrag ins Lösungsraster vereinfachen kann.

> „Allerdings bedauerte er schon, nicht früher damit begonnen zu haben, als noch keine Beiträge anfielen."

↳ Lösung: d. hätte *lieber studiert, als es noch keine Gebühren gab*

↳ Sie lesen den zweiten Stichpunkt.

2. Gründe für ein Studium
(Welche Gründe für die Aufnahme eines Studiums nennen die Personen?)

➔ Notieren Sie jetzt, wie Sie vorgehen, um die Lösung zu finden.

Ich lese .... und suche ....

Ich lese auch ....

Dann überlege ich, ob ....

Text A
➔ Markieren Sie die Textstelle in Text A, in der Peter sich über seine Gründe äußert.

➔ Welche Formulierung für das Lösungsraster finden Sie besser? Kreuzen Sie an.

☐ a. Peter hat sich einen Teil seines Traums erfüllt
☐ b. Erfüllung seines Traums

➔ Begründen Sie Ihre Entscheidung.

....

Text B
➔ Markieren Sie die Textstelle in Text B, in der Seyhan sich über ihre Gründe äußert.

➔ Was schreiben Sie in das Lösungsraster?

....

Diese Lösung ist Ihnen sicher leicht gefallen, denn die Aussage ist eindeutig. Aber das Beispiel zeigt auch, dass es nicht genügt, nur nach den Schlüsselwörtern zu suchen, wie z.B. „Studium" oder „studieren". Sie müssen generell auf inhaltliche Aussagen zum Thema achten. Die Schlüsselwörter sind aber eine wichtige Hilfe.

Text C
In diesem Text finden Sie viele Äußerungen mit dem Schlüsselwort „Studium".
– Alice ... studiert im siebten Semester Informatik ...
– ... raus gehen, das gehört ja auch zum Studium ...
– ... ich hatte bisher keine Probleme mit meinem Studium ...
– ..., dass sie ihr Studium ohne Trödelei durchzieht ...

➜ Überlegen Sie: Werden hier Begründungen für ein Studium genannt? Schreiben Sie bei Text C etwas zu diesem Stichpunkt ins Lösungsraster?

Text D
In Text D gibt es einen Hinweis darauf, warum Marouan studiert, aber der Hinweis ist ziemlich versteckt.

➜ Notieren Sie die Textstelle, in der Marouan sich zu den Gründen für sein Studium äußert.

....

....

➜ Formen Sie die Textstelle in eine Notiz für das Lösungsraster um.

....

↳ Sie lesen den dritten Stichpunkt.

3. Ideale Wohnform für Studierende

➜ Notieren Sie hier noch einmal die Frage, die Sie zu diesem Stichpunkt auf S. 37 formuliert haben.

....

➜ In welchen Texten gibt es Aussagen zu diesem Thema? Kreuzen Sie an.

☐ Text A   ☐ Text B
☐ Text C   ☐ Text D

➜ Markieren Sie die Textstellen.

➜ Wie lauten Ihre Einträge ins Lösungsraster?

3. Ideale Wohnform für Studierende	
Text A	
Text B	
Text C	
Text D	

↳ Sie lesen den vierten Stichpunkt.

4. Erwartungen der Eltern

➜ Notieren Sie hier noch einmal die Frage, die Sie zu diesem Stichpunkt auf S. 37 formuliert haben.

....

In welchen Texten gibt es Aussagen zu diesem Thema? Kreuzen Sie an.

☐ Text A   ☐ Text B
☐ Text C   ☐ Text D

➜ Markieren Sie die Textstellen.

❯ Wie lauten Ihre Einträge ins Lösungsraster?

4. Erwartung der Eltern	
Text A	
Text B	
Text C	
Text D	

↳ Sie lesen den fünften Stichpunkt.

5. Eigene Finanzierung des Lebensunterhalts

❯ Überfliegen Sie die vier Texte möglichst schnell. Zu welchen Texten gehören diese Stichwörter? Notieren Sie.

Text ......: arbeitet täglich zwei bis vier Stunden
Text ......: arbeitet in den Ferien
Text ......: arbeitet im Geschäft des Onkel mit
Text ......: will Computerkurse anbieten

Tragen Sie alle Ihre Lösungen ins Lösungsraster auf S. 36 ein.

6. Bearbeitungsschritt

Kontrolle

Wenn Sie alle Texte gelesen und alle Antworten eingetragen haben, kontrollieren Sie, ob Sie auch wirklich zehn Antworten aufgeschrieben haben. Wenn Sie mehr oder weniger als 10 haben, versuchen Sie, die Fehlerquelle zu finden.

❯ Notieren Sie hier noch einmal die Bearbeitungsschritte für Lösungsweg 1.

Lösungsweg 1

1. Bearbeitungsschritt ....

2. Bearbeitungsschritt ....

3. Bearbeitungsschritt ....

4. Bearbeitungsschritt ....

5. Bearbeitungsschritt ....

6. Bearbeitungsschritt ....

Lösungsweg 2

Haben Sie ein gutes Gedächtnis? Bleiben Sie in einer Prüfungssituation ruhig und werden nicht nervös? Dann können Sie auch dem Lösungsweg 2 folgen.
Nur der 4. Bearbeitungsschritt ist anders als im Lösungsweg 1.

4. Bearbeitungsschritt

Jeden Text nach Äußerungen zu den fünf Stichpunkten absuchen

Sie prägen sich die fünf thematischen Stichpunkte gut ein. Dann lesen Sie Text A und überprüfen, zu welchem der fünf Stichpunkte es Äußerungen in diesem Text gibt. Diese unterstreichen sie. Dann lesen Sie Text B und machen es genauso, dann Text C usw.

Leseverstehen, Teil 3

Beschreibung dieses Prüfungsteils

Was bekommen Sie?

◌ Sie erhalten drei Vorlagen:

– einen Lesetext (ca. 300 Wörter) mit 10 Lücken
– eine Multiple-Choice-Aufgabe mit 4 Auswahl-Antworten für jede Lücke
– einen Antwortbogen, in dem Sie Ihre Lösungen ankreuzen

Was sollen Sie tun?

◌ Sie sollen aus den Auswahl-Antworten das richtige Wort auswählen, das in die Lücke passt. Die Reihenfolge der Multiple-Choice-Aufgaben folgt dem Lesetext.

Wie müssen Sie lesen?

◌ Sie müssen den Lesetext <u>detailliert</u> lesen, um entscheiden zu können, welche Auswahl-Antwort in die Lücke passt.

Was müssen Sie können, um diese Aufgabe zu lösen?

◌ Sie müssen

– semantische und grammatische Textzusammenhänge erkennen
– und die fehlenden Wörter oder Ausdrücke aus dem Kontext erschließen können.

Aufgabentyp

◌ Richtige Lösung ankreuzen

Lösungsweg

◌ Sie lesen und bearbeiten den Lückentext abschnittsweise.

Dauer

◌ Für die Lösung dieser Aufgabe haben Sie 15 Minuten Zeit.

Wie wird diese Aufgabe bewertet?

◌ Für jede richtig ausgefüllte Lücke erhalten Sie 0,5 Punkte.

Überblick: Leseverstehen, Teil 3:

	Prüfungsziel	Textarten	Vorlagen	Aufgabentyp	Aufgaben zahl	Punkte
LV 3	erkennen, welches vor- geschlagene Wort in die Lücke passt	journalisti- scher Text	• 1 Text mit 10 Lücken • 10 Multiple- Choice- Aufgaben • 1 Antwort- bogen	Lückentext ergänzen (aus 4 Vor- schlägen die richtige Ergänzung auswählen)	10	5

Schritt für Schritt zur Lösung

In den folgenden Abschnitten erfahren Sie, wie Sie diesen Prüfungsteil erfolgreich lösen können.

1. Bearbeitungsschritt

Thema des Textes erkennen

Zuerst sollten Sie sich klar machen, worum es in dem Text geht. Lesen Sie deshalb als erstes die Überschrift. Da es sich um einen journalistischen Text handelt, gibt es oft zwei Überschriften: Haupttitel und Untertitel. Sie müssen das Thema möglichst schnell erfassen, denn Sie haben nicht viel Zeit für diese Aufgabe.

So geht's

Sie stellen sich folgende Fragen:
Wovon handelt der Text?
Welchem Themenbereich kann man den Text zuordnen, z. B:
  – Lokalnachrichten
  – Kulturelles
  – Politik
  – Sport
  – Medien
  – Medizin
  – Gesellschaft
  – Computer
  – Automobil / Transport
  …

Beispiel

> ### Blutiger Kampf um einen Parkplatz
> Ex-Manager und Monteur schlagen sich gegenseitig krankenhausreif

So geht's

↳ Sie stellen sich die Frage:

Worum geht es in dem Text?

↳ Im Text geht es offensichtlich um eine Auseinandersetzung zwischen zwei Personen, die um einen Parkplatz streiten. Dabei geht es recht brutal zu.

⚙ In Hauptüberschrift und Untertitel wird der Inhalt eines Artikels sehr knapp zusammengefasst, oft werden dabei Nominalisierungen mit präpositionalen Ergänzungen verwendet. Bei der Beantwortung dieser ersten Frage müssen Sie also besonders auf die Präpositionen achten.
In unserem Beispiel erkennen Sie das deutlich: Thema ist nicht ein Kampf **auf** einem Parkplatz, sondern: Die Kontrahenten streiten sich **um** einen Parkplatz, das könnte z. B. auch in einer Tiefgarage oder in einem Parkhaus geschehen.

Tipp: Achten Sie bei den Überschriften besonders auf die Präpositionen.

Welcher Themenbereich wird angesprochen?

↳ Es ist anzunehmen, dass es sich im nachfolgenden Text nicht um einen Text aus dem Sportteil, sondern um einen Text aus dem Teil „Lokale Nachrichten" handelt. Typisch für diese Zeitungsrubrik sind Berichte über Unfälle, Raubüberfälle, Mord und Totschlag usw.

Jetzt sind Sie auf den Textinhalt eingestimmt.

Aufgabe 1

Welche Informationen über Textinhalt und Themenbereich geben Ihnen die folgenden Überschriften? Notieren Sie.

Überschrift 1:

Kleinwagen bieten weniger Schutz
Unfallsimulationen belegen geringere Belastbarkeit von Kleinwagenkarosserien

Worum geht es in dem Text?

....

Themenbereich:

....

Überschrift 2:

Fitness für das ganze Dorf
100 Jahre SV Kleinblechingen

Worum geht es in dem Text?

....

Themenbereich:

....

Überschrift 3:

Theorie des Café Central
Alfred Polgars Essay über eine altehrwürdige Wiener Institution entstand vor mehr als 80 Jahren

Worum geht es in dem Text?

....

Themenbereich:

....

Überschrift 4:

Das stille Wunder
Gebärdensprache ist keine Pantomime

Worum geht es in dem Text?

....

Themenbereich:

....

2. Bearbeitungsschritt

Tipp: Lösen Sie die Aufgabe abschnittsweise.

Den Text abschnittsweise bearbeiten

⚙ Wenn Sie das Thema global erfasst haben, ist es in diesem Prüfungsteil nicht nötig, dass Sie den ganzen Text erst einmal ganz durchlesen. Dabei verlieren Sie zu viel Zeit, die Sie zum Nachdenken über die einzelnen Lösungen brauchen. Um die Lösungen zu finden, müssen Sie einzelne Textstellen detailliert lesen.

⚙ Jedoch: Wie jeder Text ist auch der Text, der Ihnen in diesem Prüfungsteil vorgelegt wird, in Abschnitte gegliedert, und jeder Abschnitt behandelt einen inhaltlichen Aspekt des Themas. Deshalb sollten Sie immer einen ganzen Textabschnitt lesen, bevor Sie beginnen, die Lücken zu ergänzen, denn die Lösungen ergeben sich oft aus dem satzübergreifenden Kontext.

Aufgabe 2

1. Lesen Sie zunächst die folgende Überschrift.

Von Ziegenböcken und Spionen
Wie die Wiener zum Kaffee kamen

Worum geht es in dem Text?

....

Themenbereich:

....

2. Lesen Sie nun den ersten Textabschnitt.

> Die Ursprünge des Kaffees sind nicht genau geklärt. Weder der Zusammenhang mit der äthiopischen Provinz *Kaffa*, noch die Abstammung des Wortes Kaffee von dem arabischen Wort *qahwah* – das ...(21)... „Wein" bedeutet – verraten, wer zuerst auf die Idee kam, aus den Beeren des Kaffeestrauchs das dunkle Getränk zu brauen, das heute auf der ganzen Welt geschätzt wird.

3. Fassen Sie den Textabschnitt in eigenen Worten zusammen.

....

4. Überlegen Sie: Was passt sinngemäß in die Lücke? Welche Wortarten / welche Satzglieder passen in die grammatische Struktur des Satzes?

Inhaltlich wären hier zum Beispiel möglich:
a. eine Zeitangabe (in dieser Zeit, früher, damals)
b. eine Ortsangabe (dort, in Arabien)
c. ein Modalpartikel (eigentlich, allerdings, ursprünglich)
d. ein Adjektiv (stark, frisch, gut)

5. Ihr Lösungsvorschlag: Lücke (21)

....

6. Begründen Sie Ihren Lösungsvorschlag. Begründen Sie auch, warum die anderen
Lösungen Ihrer Meinung nach nicht passen.

a. passt / passt nicht, weil ....

....

b. passt / passt nicht, weil ....

....

c. passt / passt nicht, weil ....

....

d. passt / passt nicht, weil ....

....

Wie können Sie die richtige Lösung finden?

So geht's

a. Sie überlegen: Was für ein Wort passt im Kontext grammatisch in die Lücke?
   ↳ Sie stellen fest: Vor der Lücke steht ein Relativpronomen, nach der Lücke steht ein
   Nomen, danach folgt ein Verb.
b. Sie erkennen die Satzstruktur: ↳ Es ist ein Relativsatz: „qahwah – das „Wein"
   bedeutet" – ; der Relativsatz ist vollständig.
c. Sie überlegen: Passt die Zeitangabe (a)? Sie passt nicht, denn dann müsste das Verb
   im Präteritum stehen: – „das früher / damals „Wein" bedeutete –"
d. Passt die Ortsangabe (b)? – „das dort / in Arabien „Wein" bedeutet" – sie passt nicht,
   denn qahwah bedeutet heute Kaffee.
e. Sie überlegen: Könnte das fehlende Wort ein Adjektiv sein? z. B. – „das starker / guter
   „Wein" bedeutet" – das ist eher unwahrscheinlich.
f. Sie überlegen: Das Wort könnte auf die ursprüngliche Bedeutung hinweisen,
   z. B. – „das *ursprünglich* „Wein" bedeutet" – oder den Gegensatz hervorheben,
   z. B. – „das *eigentlich* „Wein" bedeutet". Beides ist möglich.

Sie erkennen: Bei den Lösungen müssen inhaltliche und grammatische Gesichtspunkte
berücksichtigt werden. Darauf kommen wir später noch einmal zurück.

7. Lesen Sie nun den zweiten Textabschnitt.

> Eine alte Erzählung aus Kleinasien … (22) … von einem Ziegenhirten im Jemen. Eines
> Nachts, als er die Ziegenherde hütete, bemerkte er, dass seine Ziegenböcke anstatt zu schlafen
> wie wild geworden herumsprangen und dabei einen riesigen Lärm veranstalteten.

8. Fassen Sie den Textabschnitt in eigenen Worten zusammen.

....

....

9. Überlegen Sie: Was passt sinngemäß in die Lücke? Welche Wortarten / welche Satzglieder passen in die grammatische Struktur des Satzes?

....

10. Ihr Lösungsvorschlag: Lücke (22)

....

Wie können Sie die richtige Lösung finden?

So geht's

a. Sie überlegen: Welche Wortart fehlt? ↳ In diesem Satz fehlt eindeutig das Verb (Position 2).
b. Mögliche Verben: „Eine alte Erzählung … erzählt / berichtet von einem Ziegenhirten …". Beide Verben passen, aber die Wortwiederholung *Erzählung / erzählt* ist stilistisch nicht so gut.
   ↳ Lösung: „Eine alte Erzählung aus Kleinasien *berichtet* von einem Ziegenhirten …

11. Lesen Sie nun den dritten Textabschnitt.

> Der Ziegenhirte fand heraus, … (23) … dieses merkwürdige Verhalten der Ziegenböcke anscheinend mit den Früchten eines Strauches zusammenhing, der in der Umgebung des Weideplatzes mehrfach vorhanden war.

12. Fassen Sie den Textabschnitt in eigenen Worten zusammen.

....

....

13. Überlegen Sie: Was passt sinngemäß in die Lücke? Welche Wortarten / welche Satzglieder passen in die grammatische Struktur des Satzes?

....

....

14. Ihr Lösungsvorschlag: Lücke (23)

....

Wie können Sie die richtige Lösung finden?

So geht's

a. Sie überlegen: Welche Wortart fehlt?
b. Sie stellen fest: Vor dem fehlenden Wort steht ein Komma. ↳ Wahrscheinlich leitet es einen Nebensatz ein.
c. Das Verb steht am Ende des eingeschobenen Satzes ↳ also handelt es sich tatsächlich um einen eingeschobenen Nebensatz.
d. Sie fragen: Was fand der Ziegenhirte heraus? ↳ „Er fand heraus, *dass* dieses merkwürdige Verhalten mit den Früchten eines Strauchs zusammenhing, …"

15. Lesen Sie nun den vierten Textabschnitt.

> Der Ziegenhirte schnitt einen Zweig von dem Strauch ab und ging … (24) … zu einem Gelehrten in einem nahen Dorf.

16. Notieren Sie den Inhalt dieses Satzes in eigenen Worten:

....

....

17. Überlegen Sie: Was passt sinngemäß in die Lücke? Welche Wortarten, welche Satzglieder passen in die grammatische Struktur des Satzes?

....

....

18. Ihr Lösungsvorschlag: Lücke (24)

....

Wie können Sie die richtige Lösung finden?

So geht's

a. Sie überlegen: Welche Wortart fehlt?
b. Sie stellen fest: ↳ Der Satz ist auch ohne das fehlende Wort grammatisch vollständig: „Der Ziegenhirt schnitt einen Strauch ab und ging zu einem Gelehrten in einem nahen Dorf."
c. Sie überlegen: Was könnte in die Lücke passen? Stellen Sie mögliche Fragen:
Wie ging er? ↳ *langsam*; diese Lösung ist inhaltlich nicht wahrscheinlich.
Wann ging er? ↳ *danach, dann, sogleich*; diese Lösungen sind möglich.
Womit ging er zu dem Gelehrten? ↳ *mit dem abgeschnittenen Zweig*. Es soll aber nur ein Wort ergänzt werden. ↳ „und ging *damit* zu einem Gelehrten". Die Wortart ist also ein Verweiswort, in diesem Fall ein Pronominaladverb (s. Grammatikkapitel 9, S. 230).

19. Lesen Sie nun den fünften Textabschnitt.

> Der Gelehrte stellte viele Experimente mit den Beeren des Wunderstrauches an. Am Ende entdeckte er, dass man aus den Früchten des Strauches ein dunkles Getränk herstellen konnte, das nicht nur schmeckte, sondern auch eine anregende … (25) … auf den Geist hatte. Der Kaffee ist …. (26) … dem 17. Jahrhundert im ganzen arabischen Raum sehr beliebt. „Kaffee ist das Gold des einfachen Mannes. Wie Gold gibt er ihm ein Gefühl von Luxus und Adel," sagte der algerische Freiheitskämpfer Scheich Abd al-Kadir im Jahr 1857 über den Kaffee.

20. Fassen Sie den Textabschnitt in eigenen Worten zusammen.

....

....

21. Überlegen Sie: Was passt sinngemäß in die Lücke (25)? Welche Wortarten / welche Satzglieder passen in die grammatische Struktur des Satzes?

....

....

22. Ihre Lösung: Lücke (25)

....

Wie können Sie die richtige Lösung finden?

So geht's

➲ Notieren Sie bei Lücke (25) selbst, wie Sie die Lösung gefunden haben.

....

....

....

....

....

23. Überlegen Sie: Was passt sinngemäß in die Lücke (26)? Welche Wortarten / welche Satzglieder passen in die grammatische Struktur des Satzes?

....

....

24. Ihre Lösung: Lücke (26)

....

So geht's

➲ Notieren Sie auch bei Lücke (26) selbst, wie Sie die Lösung gefunden haben.

....

....

....

....

....

💡 Erinnern Sie sich!

Im ersten Schritt haben Sie geübt, wie Sie anhand der Überschrift schnell herausfinden können, wovon der Text handelt.

Im zweiten Schritt haben Sie geübt, wie Sie selbst herausfinden können, welches Wort in eine Textlücke passen könnte. Dafür haben Sie die inhaltlichen Aussagen des Abschnitts geklärt, den Inhalt in eigenen Worten notiert und Sie haben analysiert, welche Wortart in die Lücke passen könnte. Vielleicht ist es Ihnen bei der einen oder anderen Lücke schwer gefallen, das richtige Wort ohne Hilfen zu finden.

In der realen Prüfungsaufgabe wird Ihnen die Lösung leichter gemacht: Zu jeder Lücke im Text erhalten Sie vier Lösungsvorschläge (Auswahl-Antworten). Sie müssen nur die richtige Lösung auswählen.

Im dritten Schritt geht es darum, wie Sie aus den jeweils vier Lösungsvorschlägen die richtige Lösung herausfinden. Lesen Sie dafür noch einmal die Geschichte von der Entdeckung des Kaffees.

Tipp: Überlegen Sie immer zuerst selbst, was in die Lücke passt.

Aufgabe 3

Beispiel

1. Lesen Sie noch einmal den ersten Textabschnitt.

> Die Ursprünge des Kaffees sind nicht genau geklärt. Weder der Zusammenhang mit der äthiopischen Provinz *Kaffa*, noch die Abstammung des Wortes Kaffee von dem arabischen Wort *qahwah* – das … (21) … „Wein" bedeutet – verraten, wer zuerst auf die Idee kam, aus den Beeren des Kaffeestrauchs das dunkle Getränk zu brauen, das heute auf der ganzen Welt geschätzt wird.

Die vier Auswahlantworten lauten:

a. damals
b. ursprünglich
c. überhaupt
d. wahrscheinlich

2. Ihre Lösung: Kreuzen Sie an.

a   b   c   d

Wie können Sie die richtige Lösung finden?

So geht's

Setzen Sie jede Auswahl-Antwort probeweise in die Lücke ein und überlegen Sie, ob sie passt.

a damals

„– das damals Alkohol bedeutet" ↳ Sie merken, dass das Wort nicht passt:
Bei *damals* müsste das Verb in einer Vergangenheitsform stehen. (s. auch S. 47)

b ursprünglich

Dieses Wort zeigt an, dass es sich um eine frühere Bedeutung des Wortes *qahwah* handelt. Das würde gut zu dem Wort „Abstammung" im Text passen.

c überhaupt

Dieses Wort würde in eine Frage passen wie z. B.: Was bedeutet Kaffee überhaupt? Im Kontext des Textes ist es nicht möglich.

d wahrscheinlich

wahrscheinlich bezeichnet eine Vermutung. Auch in diesem Fall müsste das Verb in der Vergangenheit stehen, denn gegenwärtig muss man über die Bedeutung des arabischen Wortes *qahwah* keine Vermutungen anstellen.

↳ Die Lösung ist also: **b** *ursprünglich*

➲ Bearbeiten Sie nun die folgenden Lücken. Wie in der Prüfung werden für jede Lücke vier Auswahl-Antworten gegeben.

➲ Vergleichen Sie die Auswahl-Antworten bei jeder Lücke mit Ihren Lösungen in Aufgabe 2 (S. 46 – 50), und kreuzen Sie die richtige Lösung an.

➲ Im Lösungsschlüssel können Sie nachlesen, warum die anderen Auswahl-Antworten falsch sind.

Lücke (22):

> Eine alte Erzählung aus Kleinasien … (22) … von einem Ziegenhirten im Jemen. Eines Nachts, als er die Ziegenherde hütete, bemerkte er, dass seine Ziegenböcke anstatt zu schlafen wie wild geworden herum sprangen und dabei einen riesigen Lärm veranstalteten.

Auswahl-Antworten:
a. berichtet
b. sagt
c. erklärt
d. beschreibt

Lücke (23):

> Der Ziegenhirte fand heraus, … (23) … dieses merkwürdige Verhalten der Ziegenböcke anscheinend mit den Früchten eines Strauches zusammenhing, der in der Umgebung des Weideplatzes mehrfach vorhanden war.

Auswahl-Antworten:
a. wofür
b. dass
c. ob
d. warum

Lücke (24):

> Der Ziegenhirte schnitt einen Zweig von dem Strauch ab und ging … (24) … zu einem Gelehrten in einem nahen Dorf.

Auswahl-Antworten:

a. dabei
b. dadurch
c. damit
d. darüber

Lücke (25):

> Der Gelehrte stellte viele Experimente mit den Beeren des Wunderstrauches an. Am Ende entdeckte er, dass man aus den Früchten des Strauches ein dunkles Getränk herstellen konnte, das nicht nur schmeckte, sondern auch eine anregende ... (25) ... auf den Geist hatte.

Auswahl-Antworten:

a. Effekt
b. Erfolg
c. Aktion
d. Wirkung

Lücke (26):

> Der Kaffee ist ... (26) ... dem 17. Jahrhundert im ganzen arabischen Raum sehr beliebt. „Kaffee ist das Gold des einfachen Mannes. Wie Gold gibt er ihm ein Gefühl von Luxus und Adel", sagte der algerische Freiheitskämpfer Scheich Abd al-Kadir im Jahr 1857 über den Kaffee.

Auswahl-Antworten:

a. bis
b. von
c. seit
d. nach

Die Auswahl-Antworten: Was ist dabei zu beachten?

Mit den Aufgaben 2 und 3 haben Sie verschiedene Auswahl-Antworten bearbeitet, wie sie in der Prüfung „Goethe-Zertifikat C1" vorkommen.

Bei den Auswahl-Antworten kann man drei verschiedene Aufgabentypen erkennen.

Beispiele

1. Wortschatzaufgabe

➲ Lesen Sie den Textabschnitt. Welches Wort passt in die Lücke? Kreuzen Sie an.

> Das erste Kaffeehaus der Welt wurde im Jahr 1554 in Konstantinopel, dem heutigen Istanbul, eröffnet. Dort trafen sich von Beginn an die Intellektuellen der Stadt, um beim Kaffee ... (1) ... Gespräche zu führen und sich auf diese Art und Weise gegenseitig zu neuem Schaffen anzuregen.

Auswahl-Antworten:

a. gegeneinander
b. übereinander
c. miteinander
d. zueinander

↳ Die richtige Lösung ist c. „um beim Kaffee *miteinander* Gespräche zu führen ...".

Bei einer Wortschatzaufgabe geht es darum, das richtige Wort zu finden. Es gibt keine grammatische Komponente.

2. Kombination Wortschatz und Grammatik

➜ Lesen Sie den Textabschnitt. Welches Wort passt in die Lücke? Kreuzen Sie an.

> Die Christen … (2) … den Kaffee lange Zeit für ein ausschließlich muslimisches Getränk. Als aber Papst Clemens III. am Ende des 16. Jahrhunderts seine Liebe zu diesem Getränk entdeckte, änderte sich die Situation schlagartig: Der Kaffee wurde schnell auch zu einem in der Christenheit anerkannten und beliebten Getränk.

Auswahl-Antworten:
a. fanden
b. hielten
c. betrachteten
d. dachten

↳ Die richtige Lösung ist b: „Die Christen *hielten* den Kaffe lange Zeit für …"

Die vier Verben könnten zwar inhaltlich denselben Gedanken ausdrücken, und alle vier Verben haben Präteritumform. Das für diesen Satz richtige Verb können Sie nur finden, wenn Sie erkennen, dass dem gesuchten Verb eine präpositionale Ergänzung mit der Präposition *für* folgen muss „ … für ein muslimisches Getränk", und wenn Sie wissen, dass das Verb *hielten / halten* die feste Präposition *für* hat: *halten für*.
Bei dieser Aufgabe spielen also Lexik und Grammatik eine Rolle.

3. Grammatikaufgabe

➜ Lesen Sie den Textabschnitt. Welches Wort passt in die Lücke? Kreuzen Sie an.

> Somit entstanden ab dem 17. Jahrhundert auch in Europa allerorten die ersten Kaffeehäuser: 1645 in Venedig, 1671 in Hamburg, 1672 in Paris. In der österreichischen Hauptstadt Wien – heute ein Zentrum der Kaffeehauskultur – dauerte es allerdings bis zum Jahr 1685, bis das erste Kaffeehaus seine Pforten für die Kundschaft öffnete. Es war der armenische Kaufmann Johannes Diodato, der die kaiserliche Lizenz für den alleinigen Betrieb des „türkischen Getränks", wie die Wiener den Kaffee anfangs nannten, bekam. … (1) … populärer als die Ergebnisse der Historiker ist eine andere, wenn auch nicht nachweisbare, Geschichte.

Auswahl-Antworten:
a. Doch
b. Dagegen
c. Im Gegensatz dazu
d. Andererseits

↳ Die richtige Lösung ist a. „*Doch* populärer als die Erkenntnisse der Historiker ist eine andere … Geschichte".

Die vier Auswahl-Antworten drücken gleichermaßen einen Gegensatz aus. Bei der Entscheidung, welches Wort in die Lücke passt, hilft die Grammatik: ↳ Nur *doch* kann auf der Nullposition im Satz stehen. *Dagegen / Im Gegensatz dazu / Andererseits* stehen auf Position 1, das Verb folgt auf Position 2: Dagegen / Im Gegensatz dazu / Andererseits ist eine andere Geschichte populärer als …

Aufgabe 4

1. Überlegen Sie: Geht es bei den folgenden Lücken nur um Wortschatz oder nur um Grammatik? Oder geht es um ein Zusammenspiel von beidem? Kreuzen Sie an.

> Die populärste Legende, die erklären soll, wie der Kaffee nach Wien gekommen ist, spielt zur Zeit der türkischen Belagerung Wiens im Jahr 1683. Die Aussichten auf einen Sieg standen sehr schlecht für Wien. Es fehlte … (1) … einer genügenden Zahl von Soldaten, die Bevölkerung litt Hunger, die Pest wütete und dezimierte immer größere Teile der Bevölkerung.

a. auf   Es geht um:
b. an   ☐ Wortschatz
c. mit   ☐ Grammatik
d. zu   ☐ Beides

> Um Hilfe von anderen europäischen Armeen zu bekommen, musste man mit den Heerführern kommunizieren. Das war aber fast unmöglich, denn die Türken hatten den Ring um die Stadt Wien … (2) … . Doch dem für Österreich tätigen polnischen Soldaten Georg Franz Kolschitzky, der in früherer Zeit als Spion im türkischen Lager tätig war, gelang es, den Armeen, die Wien zu Hilfe kommen sollten, unerkannt geheime Botschaften zukommen zu lassen.

a. gebaut   Es geht um:
b. hergestellt   ☐ Wortschatz
c. eröffnet   ☐ Grammatik
d. geschlossen   ☐ Beides

> So gelang es Wien, sich zu befreien und die Türken zu vertreiben. Bei ihrer Flucht ließen die türkischen Soldaten mehrere Säcke mit einer unbekannten Frucht, die an Bohnen erinnerte, zurück. Die Wiener hielten sie für Kamelfutter. Kolschitzky erkannte jedoch die Kaffeebohnen wieder, denn im türkischen Lager hatte er den Kaffee bereits kennen gelernt. Für seine Verdienste … (3) … ihn nach dem Krieg der Wiener Stadtrat ein Kaffeehaus zu eröffnen.

a. berechtigte   Es geht um:
b. erlaubte   ☐ Wortschatz
c. genehmigte   ☐ Grammatik
d. ermöglichte   ☐ Beides

> Doch anders als in der Geschichte von Georg Franz Kolschitzky, der den Kaffee nach Wien gebracht haben …(4) …., war das Getränk schon vor den Kriegen gegen die Türken in Wien bekannt. Bereits bei der Eröffnung der türkischen Botschaft in Wien im Jahr 1665 – also fast 20 Jahre vor dem Krieg – servierte der Botschafter Kara Mehmet Pascha seinen Gästen Kaffee, Eiskaffee und andere Kaffeespezialitäten.

a. muss   Es geht um:
b. soll   ☐ Wortschatz
c. kann   ☐ Grammatik
d. mag   ☐ Beides

2. Kreuzen Sie auch Ihre Lösungen an.

Leseverstehen, Teil 3

So sieht die Prüfungsseite aus

Leseverstehen, Teil 3
Dauer: 15 Minuten

Lesen Sie den Text. Er hat 10 Lücken (21–30). Wählen Sie aus den Auswahl-Antworten a–d das Wort, das in die Lücke passt. Markieren Sie ihre Lösung im Antwortbogen.

Köpfe befreien
Eine Marburger Studie belegt die Rückkehr vieler Studenten zu Mutter Natur, um vom Uni-Stress abzuschalten

„Wandern wird bei Studierenden immer beliebter."
(0) sind sie „Trendsetter", sagt der Marburger Natursoziologe Rainer Brämer, der jetzt die Profilstudie Wandern 2007 (21) hat. Dazu wurden knapp 1300 Studierende aus Frankfurt, Kassel, Marburg, Darmstadt und zehn weiteren Hochschulstandorten durch Pädagogikstudenten der Philipps-Universität befragt. Zwei Drittel der Hochschüler sagen, dass sie gerne wandern. Ausgesprochene Wandermuffel (22) sich nur bei den Juristen und den Wirtschaftswissenschaftlern.

Zwei (23) Gründe gibt es für den bemerkenswerten Wandel: Das Wandern (24) nicht mehr als spießig. Und es bietet echte Erholung von der dauernden „Kopf-Sitz-Arbeit" in Bibliotheken, Seminaren und vor Bildschirmen: „Der Kopf klärt sich am besten, wenn man nach draußen in die Natur geht", weiß Wanderforscher Brämer. Wer sich oft im Grünen (25), könne sich besser konzentrieren. Beim Blick über weite Landschaften komme man wieder ins richtige Lot.

Das haben inzwischen offenbar auch die Studierenden bemerkt. (26) Jugendliche immer weniger vom Fußsport halten, entscheiden sie sich nach dem Uni-Start immer mehr dafür. Übertroffen wird das Wandern nur noch durch das vermeintlich so langweilige Spazieren, das mit knapp 90 Prozent von fast allen Jungakademikern (27).

Allerdings lockt die sportliche Anstrengung beim Wandern viele Studierende kaum. (28) passt, dass sie schöne Aussichten zwar genießen, mühsame Aufstiege zu Gipfeln aber möglichst (29). Auch mit großen Wandergruppen oder gar gemeinschaftlichem Singen kann man den Jungakademikern nicht kommen. Erstaunlich viele Hochschüler – (30) vierzig Prozent – sind am liebsten allein in Wald und Flur.

Faktisch wandern die Studierenden hingegen lange nicht so viel, wie sie gerne möchten. Im Durchschnitt kommen die Jungakademiker auf sieben bis acht, meist vierstündige Wanderungen, im Jahr. Dass sie nicht öfter im Grünen sind, begründen die Hochschüler vor allem mit dem Studienstress, Nebenjobs und dem Zeitfresser Bildschirm.

Beispiel (0)
a. darüber
b. damit
c. dafür
d. davon

21.
a. beigelegt
b. hingelegt
c. vorgelegt
d. zugelegt

22.
a. gibt
b. finden
c. treffen
d. ergehen

23.
a. vermeidbare
b. drastische
c. erhebliche
d. wesentliche

24.
a. ist
b. gilt
c. hält
d. erachtet

25.
a. bewege
b. aufhielt
c. sei
d. spazieren gehe

26.
a. weil
b. obwohl
c. da
d. falls

27.
a. geschätzt wird
b. geliebt ist
c. gemocht hat
d. beliebt ist

28.
a. Darüber
b. Damit
c. Dadurch
d. Dazu

29.
a. verhindern
b. verleugnen
c. vermeiden
d. verursachen

30.
a. nämlich
b. allerdings
c. eigentlich
d. überhaupt

Antwortbogen

21	a	b	c	d
22	a	b	c	d
23	a	b	c	d
24	a	b	c	d
25	a	b	c	d

26	a	b	c	d
27	a	b	c	d
28	a	b	c	d
29	a	b	c	d
30	a	b	c	d

➲ Bearbeiten Sie nun diese Prüfungsaufgabe. Gehen Sie dabei in folgenden Schritten vor.

Thema des Textes erkennen

1. Bearbeitungsschritt

➲ Lesen Sie die Überschrift und beantworten Sie die Fragen:
Wovon handelt der Text?

....

Welcher Themenbereich wird angesprochen?

....

Den Text abschnittsweise bearbeiten

2. Bearbeitungsschritt

➲ Lesen und bearbeiten Sie den Text in Abschnitten. Überlegen Sie bei jeder Lücke, welche Lösung Sie einsetzen würden, wenn es keine Auswahl-Antworten gäbe. Beachten Sie dabei immer auch die grammatische Struktur des Satzes. Sie gibt Ihnen wichtige Hinweise zum gefragten Lösungswort.

➲ Notieren Sie am Rand des Prüfungsblatts
– mögliche Wortarten, die in die Lücke passen,
– Ihren Lösungsvorschlag.

Ihren Lösungsvorschlag mit den Auswahl-Antworten vergleichen

3. Bearbeitungsschritt

➲ Lesen Sie dann abschnittsweise die Auswahl-Antworten für jede Lücke und vergleichen Sie mit Ihren Vermutungen. Wenn Ihre Vermutung falsch ist, dann helfen Ihnen die Auswahl-Antworten, die richtige Lösung zu finden.

Wenn Sie bei einer Lücke die richtige Lösung nicht finden, gehen Sie zur nächsten Lücke, damit Sie nicht zu viel Zeit verlieren. Sie können dann am Schluss nochmals über diese Lücke nachdenken.

Tipp: Bleiben Sie an Lücken, bei denen Sie unsicher sind, nicht hängen. Kommen Sie lieber am Ende noch einmal darauf zurück.

4. Bearbeitungsschritt

Tipp: Bewegen Sie beim abschließenden lautlosen Lesen des Textes Ihre Lippen mit. Das hilft Ihnen, die Korrektheit Ihrer Lösung zu spüren.

Den ganzen Text mit den Lösungen lesen

➲ Lesen Sie zum Schluss den ganzen Text noch einmal still mit den markierten Lösungen. Sind Sie mit Ihren Lösungen zufrieden?

Da Sie in diesem Augenblick nicht in der Prüfung sitzen, sondern ein Übungsbuch durcharbeiten, können Sie Ihre Lösungen jetzt mit den Lösungen im Lösungsschlüssel vergleichen.

➲ Machen Sie vorher noch einmal die Probe, analysieren Sie Ihre Lösungen in Bezug auf die folgende Frage:

Bei welchen Aufgaben geht es ...

– nur um Wortschatz?
– nur um Grammatik?
– um beides?

Im Lösungsschlüssel finden Sie dann auch Antworten auf diese Fragen.

5. Bearbeitungsschritt

Die Lösungen im Antwortbogen markieren

➲ Vergessen Sie nicht, zum Schluss die Lösungen im Antwortbogen zu markieren. Achten Sie in der Prüfungssituation darauf, dass Ihre Markierungen eindeutig sind. Im Zweifelsfall wird die Lösung nicht gewertet.

➲ Notieren Sie hier noch einmal die Bearbeitungsschritte für das Leseverstehen, Teil 3.

1. Bearbeitungsschritt ....

2. Bearbeitungsschritt ....

3. Bearbeitungsschritt ....

4. Bearbeitungsschritt ....

5. Bearbeitungsschritt ....

Hörverstehen

Beschreibung dieses Prüfungsteils

Übergreifendes Prüfungsziel

Der Prüfungsteil Hörverstehen besteht aus zwei Teilen mit unterschiedlichen Aufgaben. Dabei sollen Sie zeigen, dass Sie

– längere Hörtexte in natürlichem Sprechtempo verstehen können,
– unterschiedliche Hörstile beherrschen.

Diese Ziele entsprechen dem Niveau C1 des „Gemeinsamen europäischen Referenzrahmens"[1].

Ich kann längeren Redebeiträgen folgen, auch wenn diese nicht klar strukturiert sind und wenn Zusammenhänge nicht explizit ausgedrückt sind.

Die Aufgaben

Hörverstehen, Teil 1
Sie hören ein Telefongespräch von circa 7-9 Minuten. Dazu erhalten Sie ein Aufgabenblatt mit Fragen, die Sie stichwortartig beantworten und Sätzen, die Sie ergänzen sollen.

Bei der Lösung dieser Aufgabe zeigen Sie, dass Sie einem Hörtext bestimmte Informationen (selektiv) entnehmen können.

Hörverstehen, Teil 2
Sie hören eine Rundfunksendung (z. B. Interview, Reportage, Magazinbeitrag) von ca. 10 Minuten mit längeren, monologischen Redebeiträgen. Dazu erhalten Sie ein Aufgabenblatt mit 10 Multiple-Choice-Aufgaben. Dabei sollen Fragen beantwortet oder Sätze ergänzt werden.

Indem Sie die richtige Lösung finden, zeigen Sie, dass Sie die Hauptaussagen eines längeren Hörtextes verstehen.

Hörverstehen

Dauer

Für beide Hörverstehensaufgaben haben Sie insgesamt 40 Minuten Zeit.

Bewertung

In jedem Prüfungsteil sollen Sie zehn Lösungen finden. Für jede richtige Lösung erhalten Sie:

• Teil 1 – einen Punkt (maximal 10 Punkte)
• Teil 2 – 1, 5 Punkte (maximal 15 Punkte)

Das heißt: Sie können maximal 25 Punkte bekommen. Das entspricht 25% der möglichen Gesamtpunktzahl. Bestanden haben Sie den Prüfungsteil Hörverstehen, wenn Sie mindestens 15 Punkte (= 60%) erreicht haben.

Wichtige Hinweise

Bei diesem Prüfungsteil dürfen Sie kein Wörterbuch benutzen.

Sie müssen die Lösungen auf einen separaten Antwortbogen übertragen. Nur dieser Antwortbogen wird ausgewertet. Sie haben dafür zusätzlich fünf Minuten Zeit.

Überblick über die Prüfungsteile zum Hörverstehen:

Teile	Prüfungsziele	Textarten	Vorlagen	Aufgabentyp	Aufgaben-zahl	Punkte
HV 1	Informationen aus einem Gespräch notieren (selektives Hören) und in Stichworten wiedergeben	Telefongespräch aus dem privaten oder geschäftlichen Bereich	• 1 Hörtext • 1 Aufgaben-blatt • 1 Antwort-bogen	Fragen beant-worten, Sätze ergänzen (Notizen ma-chen)	10	10
HV 2	Hauptaussagen und Details erkennen	Rundfunksendung: Bericht, Reportage, Interview, …	• 1 Hörtext • 1 Aufgaben-blatt • 1 Antwort-bogen	die richtige Aussage ankreuzen (drei Auswahl-Antworten)	10	10
Dauer: 40 Minuten						

1 Gemeinsamer europäischer Referenzrahmen für Sprachen: lernen, lehren, beurteilen. Europarat. Rat für kulturelle Zusammenarbeit. Berlin / München u.a.: Langenscheidt 2001.

Beschreibung dieses Prüfungsteils

Was bekommen Sie?

⚙ Sie hören

– ein Telefongespräch von ca. 7-9 Minuten. Sie hören das Gespräch nur **einmal**.

⚙ Sie erhalten zwei Vorlagen:

– ein Aufgabenblatt mit insgesamt 10 Aufgaben. Die Aufgaben bestehen aus Fragen, die beantwortet und Sätzen, die ergänzt werden sollen. Auf dem Aufgabenblatt ist Platz für Ihre Notizen.
– einen Antwortbogen, auf dem Sie Ihre endgültigen Lösungen eintragen.

Wie müssen Sie hören?

⚙ Sie müssen <u>selektiv</u> auf bestimmte Informationen im Hörtext achten. Schlüsselwörter zu diesen Informationen liefern Ihnen die Aufgabenformulierungen auf dem Aufgabenblatt. Die Aufgaben folgen dem Aufbau des Dialogs.

Was müssen Sie können, um diese Aufgabe zu lösen?

⚙ Sie müssen

– „schnell hören", d.h. die Schlüsselwörter im Hörtext schnell identifizieren können,
– sich gut konzentrieren können, da Sie das Gespräch nur einmal hören,
– mit den Intonationsregeln im Deutschen vertraut sein, um in einem Gespräch mit hohem Informationsgehalt die für die Lösung entscheidenden Informationen zu erkennen.

Aufgabentyp

⚙ Richtige Lösungen in Stichworten notieren

Wie läuft die Prüfung ab?

Die schematische Darstellung verdeutlicht den Prüfungsablauf.

	Hören	
vor	**während**	**danach**
➲ Thema erkennen ➲ Aufgaben lesen ➲ Schlüsselwörter markieren	➲ auf Schlüsselwörter achten ➲ Notizen machen	➲ Notizen überprüfen und überarbeiten ➲ Lösungen in den Antwortbogen schreiben
ca. 1,5 Min.	ca. 7–9 Min.	ca. 3 Min.

Dauer

⚙ Für diese Prüfung stehen insgesamt 12 Minuten zur Verfügung. (Zur genaueren Zeitplanung, s. S. 76 f.)

Wie wird diese Aufgabe bewertet?

⚙ Für jede richtige Lösung erhalten Sie einen Punkt.

Überblick Hörverstehen, Teil 1:

Teil	Prüfungsziel	Textarten	Vorlagen	Aufgabentyp	Aufgaben-zahl	Punkte
HV 1	Informationen aus einem Gespräch notieren und in Stichworten wiedergeben	Telefongespräch aus dem privaten oder geschäftlichen Bereich	• 1 Hörtext • 1 Aufgabenblatt • 1 Antwortbogen	Fragen beantworten, Sätze ergänzen (Notizen machen)	10	10

Schritt für Schritt zur Lösung

In den folgenden Abschnitten erfahren Sie, wie Sie diesen Prüfungsteil erfolgreich lösen können.

Thema des Gesprächs erkennen

1. Bearbeitungsschritt

Um die Aufgabe lösen zu können, ist es wichtig, dass Sie vor dem Hören wissen, worum es in dem Gespräch geht. Wichtig ist auch zu wissen, wer mit wem spricht, z. B.: Ist es ein persönliches oder ein geschäftliches Gespräch? Wenn Sie das erkannt haben, können Sie sich nicht nur auf den Inhalt des Gesprächs, sondern auch auf die Art und Weise, wie die Personen miteinander sprechen, einstellen.

Der Aufbau des Prüfungsverlaufs hilft Ihnen bei der Klärung dieser Fragen.

- Zu Beginn des Hörverstehens wird auf der CD zunächst erklärt, was Sie in diesem Prüfungsteil tun sollen. Wenn Sie mit diesem Übungsbuch gearbeitet haben, dann wissen Sie darüber schon Bescheid.

- Dann hören Sie die Einleitung zum Hörtext. Dabei werden der Grund für das Gespräch sowie die Namen der Personen, die miteinander sprechen, genannt.

- Danach werden Sie aufgefordert, die Aufgaben auf dem Aufgabenblatt und das Beispiel zu lesen. Dafür haben Sie ca. 90 Sekunden Zeit. Die Aufgaben geben Ihnen Aufschluss über weitere Inhaltspunkte.

Im Folgenden schauen wir uns die Einleitung zum Hörtext noch etwas genauer an.

So geht's

↳ Nach dem Hören der Einleitung überlegen Sie:

- Wer spricht?
- Worum geht es in dem Gespräch?
- Welcher Themenbereich wird angesprochen, z. B.:
  - Gespräch auf einem Amt / bei einer Behörde
  - Gespräch während eines Festes oder Kongresses
  - Gespräch zwischen Fachleuten, Arbeitskollegen, …

Hörverstehen, Teil 1

– Gespräch über gesellschaftliche Phänomene, etwa Politik, …
– ein privates Gespräch über Hobbys, Sport, …
– …

So geht's

Beispiel

1 🎧 ➜ Hören Sie das Beispiel.

Wer spricht?
↳ Herr Krieger und Frau Grabowski.

Worum geht es in dem Gespräch?
↳ Herr Krieger hat Probleme mit dem Computer und ruft die Service-Hotline an.
Es ist also ein halb-offizielles Gespräch.

Themenbereich:
↳ Es geht um Computer.

Nun wissen Sie, welcher Wortschatzbereich für das Verstehen des Hörtextes wichtig ist.

Aufgabe 1

Welche Informationen über das Gespräch erhalten Sie in den folgenden Gesprächseinleitungen? Notieren Sie schnell in Stichworten.

2 🎧 **1.** Hören Sie Einleitung 1. *introduction*

Wer spricht?
↳ *Herr Lehuau und Frau Wisters Augestellte*

Worum geht es in dem Gespräch?
↳ ....

Themenbereich:
↳ *Reise – Urlaub*

2 🎧 **2.** Hören Sie Einleitung 2.

Wer spricht?
↳ *Herr Klau × Her Scholtz*

Wo befinden sich die beiden Gesprächspartner?
↳ *Unfallort (Autounfall hatte) × Firma-Büro*

Themenbereich:
↳ *Autounfall*

2 🎧 **3.** Hören Sie Einleitung 3.

Worum geht es in dem Gespräch?

↳ *Eine Frau möchte ihres Kind in Kindergarten anmelden.*

Themenbereich:

↳ *Kindergartenanmeldung*

2 🎧 **4.** Hören Sie Einleitung 4.

Wer spricht?

↳ *Frau Werner × F. Mulmer*

Worum geht es in dem Gespräch?

↳ *F. W. möchte ihre Auto …*

Themenbereich:

↳ *Autoanmeldung*

2 🎧 **5.** Hören Sie Einleitung 5.

Wer spricht?

↳ *Freizeitforscher*

Worum geht es in dem Interview?

↳ *Interview Freizeitforschung – Urlaub in Inland und Ausland –*

Themenbereich:

↳ *Freizeitforschung / Freizeit und Urlaubsverhalten.*

⚙ Mit der Einleitung zum Hörtext erhalten Sie also sehr wichtige Informationen, die Sie auf das nun folgende Gespräch einstimmen: Sie wissen etwas über die Gesprächspartner und können sich auf das Thema, um das es geht, einstellen.

Aufgabenstellungen lesen und Schlüsselwörter unterstreichen

2. Bearbeitungsschritt

Nachdem Sie die Einleitung gehört haben, erhalten Sie 90 Sekunden Zeit, um das Aufgabenblatt durchzulesen. Dort finden Sie verschiedene Aufgabenstellungen.

Aufgabe 2

1. Welche Aufgabentypen erkennen Sie in den folgenden Aufgaben zu einem Hörtext?

	Aufgabentyp
a. Wo befindet sich Herr Mustermann?	
b. Möbel sind keine .... Produkte.	
c. Mit welchem Argument wollte der Verkäufer die Interviewerin überzeugen?	
d. Auch in Deutschland geht es nicht mehr ohne	
e. Sind die Kunden erst mal im Geschäft, ...	
f. Viele Hersteller platzieren ihre Küchen	
g. Für wen ist die ausgefallene Küche gedacht?	

manufactured product

unusual, weird

⚙ Die Aufgabentypen, die Sie in Übung 1 identifiziert haben, können beim Hörverstehen, Teil 1 vorkommen.

Worauf Sie bei der Lösung achten müssen, beschreibt die nächste Aufgabe.

2. Ergänzen Sie die Aufgabentypen.

– Bei einer .... muss man oft frei in mehreren Stichworten oder in ganzen Sätzen antworten.
– Bei einer .... in einem Satz muss man meist nur ein Wort ergänzen, das grammatisch in die Lücke passt.
– Wenn man einen Satz ...., muss man oft einen ganzen Satzteil oder einen Nebensatz ergänzen. Dabei muss man darauf achten, dass die Lösung grammatisch zur vorgegebenen Struktur passt.

Sie haben bereits erfahren, dass Sie zum Lesen der Aufgaben nur 90 Sekunden haben – die Zeit ist also sehr knapp! Das heißt: Sie müssen zügig und sehr konzentriert lesen. Dabei müssen Sie gleichzeitig die Schlüsselwörter, auf die Sie beim Hören achten müssen, unterstreichen.

langlebig ~ longlive

Aufgabe 3

1. Lesen Sie die Aufgaben noch einmal und markieren Sie die Schlüsselwörter.

✗ a. Wo befindet sich Herr Mustermann? *auf der Möbelmesse in Köln*
✗ b. Möbel sind keine kurzlebigen Produkte. *convince, persade*
✗ c. Mit welchem Argument wollte der Verkäufer die Interviewerin überzeugen? *und große Name*
– d. Auch in Deutschland geht es nicht mehr ohne *EK (Einkauf Preise) / Design*
✗ e. Sind die Kunden erst mal im Geschäft, *sollen sie informiert werden*
✗ f. Viele Hersteller platzieren ihre Küchen *nicht nur für Frauen aber auch für*
✓ g. Für wen ist die ausgefallene Küche gedacht? *automatisches Denken Männer von Männer*

(die Couch ist für den ganzen Leben)

"in den Kochshows /im Fernsehen"

Tipp: Überlegen Sie nicht zu lange, wenn Sie eine Aufgabe nicht sofort verstehen.

"Frau XY"

Wenn Sie beim ersten Durchlesen eine Aufgabe nicht sofort verstehen, verlieren Sie keine Zeit damit! Unterstreichen Sie mögliche Schlüsselwörter und gehen Sie zur nächsten Aufgabe.

(e) denn kann man sie überzeugen ~ persade, convince

🎧3 **2.** Hören Sie jetzt das Interview mit Herrn Mustermann, der in München ein Kücheneinrichtungsgeschäft besitzt.

Schreiben Sie nicht mit, hören Sie nur konzentriert zu. Achten Sie auf die Schlüsselwörter und die Informationen, die den Aufgaben entsprechen.
Ein akustisches Signal, das Sie vor den entsprechenden Textstellen hören, hilft Ihnen, die Schlüsselwörter zu erkennen.

3. Lesen Sie nun die Transkription des Hörtextes auf S. 247. Markieren und nummerieren Sie die entsprechenden Stellen.

Sie stellen fest: Manchmal müssen Sie nur ein bestimmtes Wort, manchmal mehrere Wörter oder ganze Satzteile erkennen.

3. Bearbeitungsschritt | **Gehörte Informationen notieren**

Aufgabe 4

Sie hören jetzt ein Interview mit Herrn Mercks und Herrn Boundier von ETBD.

[handwritten: ~ introduction]

4 🎧 **1.** Hören Sie die Einleitung zum Interview und notieren Sie.

Wer spricht? *[handwritten: (Vorsitzende) ~ observieren (Journalist)]*

↳ *[handwritten: Herr Mercks v. ein H. Ehrbrecht]*

Worum geht es in dem Gespräch?

↳ *[handwritten: Geschäftspolitik]*

Themenbereich:

↳ *[handwritten: Wirtschaft]*

2. Lesen Sie Aufgabe 1 zum folgenden Hörtext und markieren Sie die Schlüsselwörter. Lesen Sie dann den Interviewabschnitt 1.

[handwritten: Abschnitt]

[handwritten: ✓] **1.** Warum gibt Herr Mercks ein Interview?

[handwritten: Signal nach außen und in das Unternehmen hinein]

> „ Es geht nicht um nationalen Einfluss, sondern um den Erfolg von ETBD. Herr Boundier und ich kennen uns schon seit mehr als 25 Jahren. Dass wir für dieses Interview hier zusammensitzen, ist ein Signal nach außen und in das Unternehmen hinein. In der Vergangenheit wurde zu viel von deutschen oder französischen Interessen gesprochen. Das ist vorbei. Wir haben beide dasselbe Verständnis und schon einiges erreicht. ETBD ist ein europäisches Unternehmen."

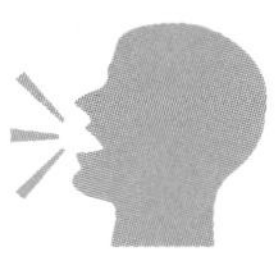

🔊 Interviewabschnitt 1

3. Zum Textverständnis: In welcher der folgenden Aussagen könnten Sie die Antwort auf die Frage in Aufgabe 1 finden? Kreuzen Sie an

☐ a. Es geht Herrn Mercks um nationalen Einfluss.
☐ b. ETBD soll Erfolg haben.
☐ c. Herr Mercks möchte mit dem Interview allen ein Signal geben.
☐ d. Das Interview soll deutschen und französischen Interessen dienen.

4. Ihr Lösungsvorschlag zu Aufgabe 1:

↳ ....

Wie können Sie die richtige Lösung finden?

So geht's

a. in Aufgabe 1 müssen Sie eine Frage beantworten, und zwar müssen Sie den Grund nennen ↳ Warum gibt Herr Mercks ein Interview?
b. Wenn Sie den Grund nennen sollen, erwarten Sie vielleicht ein Schlüsselwort wie *weil* oder *deshalb / darum / deswegen*. Dieses Schlüsselwort gibt es aber nicht. ↳ Sie müssen also auch auf Inhalte achten, in denen Gründe implizit, das heißt indirekt, genannt werden.
c. Herr Mercks sagt, „Dass wir für dieses Interview hier zusammensitzen, ist ein Signal nach außen und in das Unternehmen hinein." ↳ Herr Mercks möchte also ein Signal nach außen und in das Unternehmen hinein geben. Das ist der Grund.

Tipp: Nicht immer enthält der Hörtext eindeutige Schlüsselwörter. Manchmal sind die Antworten versteckt. Sie müssen also die Inhalte gut verstehen.

↳ Sie notieren: *Signal nach außen und in das Unternehmen hinein*

[handwritten: ~ outwards (on the outside) ≠ nach innen ~ indoors, inside]

5. 🎧 **5.** Hören Sie jetzt den Interviewabschnitt 1.

6. Lesen Sie die Hörtextaufgabe 2. Unterstreichen Sie die Schlüsselwörter.

✓ **2.** Der französische Staat ist einer der ... *Hauptaktionäre*

6. 🎧 **7.** Hören Sie jetzt den Interviewabschnitt 2. Er ist sehr kurz.

8. Zum Textverständnis: In welcher der beiden Aussagen könnten Sie die Lösung finden?

☐ a. Der französische Staat will Hauptaktionär werden.
☐ b. Die Hauptaktionäre sind der französische Staat, die Lambert-Gruppe und Basler.

9. Ihr Lösungsvorschlag zu Aufgabe 2:

↳ ....

Wie können Sie die richtige Lösung finden?

So geht's

a. Sie überlegen: Wie ist die Aufgabe formuliert? ↳ Diese Aufgabe ist als Aussagesatz formuliert, in dem (wahrscheinlich) ein Wort fehlt.
b. ↳ Es muss ein Nomen fehlen, denn vor der Lücke steht der Artikel „der".
c. Sie finden im Satz jedoch bereits ein Subjekt: „Der französische Staat ist ...".
↳ Die Formulierung „einer der ..." lässt erkennen, dass das fehlende Wort ein Nomen im Genitiv sein muss.
d. Selbst wenn Sie die Frage des Journalisten nicht gut verstanden haben, weil Sie nicht alle Wörter kannten, haben Sie doch erfahren, dass es bei ETBD drei Hauptaktionäre gibt: Sie haben an der Intonation des Sprechers erkannt, dass er etwas zu „Hauptaktionäre" erklärte, etwas einschob, nämlich: „– der französische Staat und die Lambert-Gruppe sowie Basler –". Dieser Einschub war an den beiden kleinen Pausen zu erkennen, die der Sprecher machte, bevor er die Frage zu Ende führte. Das Wort, das fehlt, ist also ↳ *Hauptaktionäre*.

Tipp: Wichtige Informationen werden stärker betont. Am Satzende geht die Stimme nach unten, ebenso bei W-Fragen. Bei Ja-/ Nein-Fragen geht die Stimme nach oben.

10. Lesen Sie die Hörtextaufgabe 3. Unterstreichen Sie die Schlüsselwörter.

✓ **3.** Die Arbeitsgruppe soll im ... *Mai* ... ihre Ergebnisse vorlegen.

7. 🎧 **11.** Hören Sie jetzt den Interviewabschnitt 3.

12. Zum Textverständnis: In welcher der Aussagen könnten Sie die Lösung finden?

☐ a. Die Arbeitsgruppe hat zwei Aufgaben.
☐ b. Die Hauptaktionäre haben im Mai eine Hauptversammlung.
☐ c. Die Arbeitsgruppe legt die Ergebnisse auf der Hauptversammlung vor.

13. Ihr Lösungsvorschlag zu Aufgabe 3:

↳ ....

Wie können Sie die richtige Lösung finden?

So geht's

a. Sie überlegen: Es soll eine Lücke ergänzt werden. Vor der Lücke steht die Präposition „im". ↳ Die Präposition *im* kann auf einen Ort oder einen Zeitpunkt hinweisen.

b. Sie achten beim Hören auf die Schlüsselwörter „Arbeitsgruppe", „im", „Ergebnisse".

c. Sie hören zuerst: „Die Hauptaktionäre haben eine Arbeitsgruppe gebildet." Danach hören Sie: Die Arbeitsgruppe soll auf der Hauptversammlung „im Mai" ihre Ergebnisse vorlegen. ↳ Sie tragen ein: *Mai*

14. Lesen Sie die Hörtextaufgabe 4. Unterstreichen Sie die Schlüsselwörter.

✓ 4. Zweite Aufgabe der Arbeitsgruppe? *(Das Gleichgewicht (weight) zwischen D a F bei Balance zwischen beide Großaktionären den zu erhalten*

8 🎧 **15.** Hören Sie jetzt den Interviewabschnitt 4.

16. Zum Textverständnis: In welcher der Aussagen könnten Sie die Lösung finden?

☐ a. Deutsche und französische Großaktionäre sind gleich wichtig.
☐ b. Deutsche und französische Großaktionäre sollen gleiches Gewicht haben.
☐ c. Es soll gleich viele französische und deutsche Großaktionäre geben.
☐ d. Es gibt gleich viele französische und deutsche Großaktionäre. Das soll so bleiben.

17. Ihre Lösung zu Aufgabe 4:

↳ ....

Wie können Sie die Lösung finden?

So geht's

18. Notieren Sie jetzt selbst, wie Sie die Lösung zu dieser Aufgabe finden.

....
....
....
....
....

19. Lesen Sie die Hörtextaufgabe 5. Unterstreichen Sie die Schlüsselwörter.

✓ 5. Herr Mercks findet es gut, dass die Politik *nicht versucht, die Entscheidungen zu beeinflussen.*

9 🎧 **20.** Hören Sie jetzt den Interviewabschnitt 5.

21. Ihre Lösung zu Aufgabe 5:

↳ ....

Wie können Sie die Lösung finden?

So geht's

22. Notieren Sie selbst, wie Sie die Lösung zu dieser Aufgabe finden.

....

....

....

....

....

4. Bearbeitungsschritt

Ihre Notizen bearbeiten

💡 Erinnern Sie sich!

Im ersten Schritt haben Sie geübt, wie Sie sich mit Hilfe der Einleitung zum Hörtext schnell auf das Thema einstimmen können.

Im zweiten Schritt haben Sie erfahren, welche Aufgabentypen es gibt, und Sie haben Schlüsselwörter in den Aufgaben unterstrichen.

Im dritten Schritt haben Sie das selektive Hören geübt, und Sie haben erprobt, wie Sie die Lösungen finden und notieren können.

Im vierten Schritt geht es darum, Ihre Notizen, die Sie während des Hörens gemacht haben, zu überprüfen und eventuell zu überarbeiten.

So geht's

↳ Sie lesen jede Aufgabe mit Ihrer Notiz und überlegen, ob die Form Ihrer Notiz korrekt ist, das heißt: ob die Notiz, die Sie geschrieben haben, zur Aufgabe passt und als Lösung eingetragen werden kann.

Das bedeutet:
↳ Wenn Sie eine Lücke im Satz ergänzen sollen:
Überprüfen Sie, ob Ihre Lösung grammatisch in die Satzstruktur passt. Ist z. B. bei einem Nomen ein Nominativ, Akkusativ, Dativ oder Genitiv oder eine Singular- oder Pluralform zu ergänzen? Brauchen Sie für die Lösung eine bestimmte Präposition? Überprüfen Sie bei einem Verb, ob die Verform, die Sie notiert haben, passt.

↳ Wenn Sie einen Satz weiterschreiben sollen:
Überprüfen Sie, ob Ihre Notiz zu der vorgegebenen Satzstruktur passt oder ob Sie sie noch umwandeln müssen.

Tipp: Wenn Sie Fragen beantworten, brauchen Sie keine vollständigen Sätze zu schreiben, Stichworte genügen.

↳ Wenn Sie eine Frage beantworten sollen:
Überlegen Sie, ob ein einzelnes Stichwort genügt oder ob Sie mehrere Stichwörter, eine Wortgruppe, einen Satzteil oder einen ganzen Satz als Lösung angeben müssen. Achten Sie darauf, dass die Frage durch die Stichwörter ganz beantwortet wird.

↳ Wenn Sie Zweifel an der Form einer Ihrer Lösungen haben, dann lesen Sie die Lösung still und bewegen Sie dabei die Lippen mit. Auf diese Weise können Sie oftmals „instinktiv" spüren, ob Ihre Lösung passt oder noch umgewandelt werden muss.

↳ Erst nachdem Sie alle Aufgaben überprüft haben, tragen Sie die endgültige Lösung in den Antwortbogen ein.

Beispiel

1. Warum gibt Herr Mercks ein Interview?

So geht's

Die Notiz, die Sie beim Hören gemacht haben, lautete vielleicht: *Signal nach außen und in das Unternehmen*
Sie lautete vielleicht auch nur: *Signal geben*

Auf eine Frage mit *Warum?* antwortet man mit einer Begründung. Dafür gibt es mehrere Möglichkeiten.
a. Wandeln Sie die Frage in einen Aussagesatz um: ↳ (Er gibt ein Interview), *weil er ein Signal nach außen und in das Unternehmen geben will* / *weil er ein Signal geben will.*
b. Sie können sich die Lösung aber auch einfacher machen: ↳ *Er will ein Signal nach außen und in das Unternehmen geben.* / *Er will ein Signal geben.*
c. Überprüfen Sie, ob Ihr Satz vollständig ist, ob er einen Sinn ergibt. In diesem Fall ergibt auch die Kurzfassung *Er will ein Signal geben* einen Sinn.
    Vielleicht fragen Sie sich hier, was für ein Signal das ist. Dazu wird aber erst später im Interview etwas gesagt, für die Lösung von Aufgabe 1 ist es nicht wichtig.

Aufgabe 5

1. Wie formulieren Sie die Lösung beim Aufgabentyp **Frage**?

Formulieren Sie in Gedanken Antworten auf die folgenden Fragen.
Bei welchen Fragen genügen ein bis zwei Stichwörter als Antwort? Kreuzen Sie an.

- [ ] a. Wie lange kennen sich Herr Mercks und Herr Bundier?
- [ ] b. Warum haben die Hauptaktionäre eine Arbeitsgruppe gebildet?
- [ ] c. Wann ist die nächste Hauptversammlung?
- [ ] d. Wann wären goldene Aktien ein Thema?
- [ ] e. Aus welchem Land kommt Herr Bundier?
- [ ] f. Wer ist in Köln auf der Möbelmesse?
- [ ] g. Was versprach ein Möbelverkäufer der Interviewerin?

Sie erkennen: Bei Fragen nach Ort, Zeit, Personen (Beispiele a, c, e, f) genügen meist ein oder zwei Stichwörter. Bei einer mit *Wann?* eingeleiteten Frage müssen Sie genau überlegen, wonach gefragt wird: Geht es um einen Zeitpunkt (Beispiel c) oder wird nach einer Bedingung gefragt (Beispiel d). Bei Beispiel d müssen Sie mit einem *wenn*-Satz antworten, z. B.: *Wenn alle sie wollen*. Auch bei einer mit *Was?* eingeleiteten Frage (Beispiel g), umfasst Ihre Antwort mehrere Wörter, wenn nach einem Sachverhalt und nicht nach einem Gegenstand gefragt wird.

2. Wie formulieren Sie die Lösung beim Aufgabentyp **Sätze weiterführen**?

Schreiben Sie die folgenden Sätze weiter. Nennen Sie dann die Beispiele.

a. Möbel sind keine Produkte, die ....

b. Auch in Deutschland geht es nicht mehr ohne ....

c. Mit einem Auto kann man auch nur ....

d. Sind die Kunden erst mal im Geschäft, ...

e. Die wahren Köche sind heute die ....

In welchen Beispielen mussten Sie …
- den Satz mit einem Nebensatz ergänzen?   Beispiele ....
- den Satz mit einem Nomen ergänzen?   Beispiele ....
- den Satz mit einem Verb ergänzen?   Beispiele ....

> **Tipp:** Bei Sätzen mit einem Komma müssen Sie einen Nebensatz ergänzen.

3. Wie **bearbeiten** Sie Ihre **Notizen**?

Lesen Sie die Aufgaben mit den Notizen, die jemand zum Interview von Herrn Mustermann gemacht hat, und bearbeiten Sie sie für den Antwortbogen.

> **Tipp:** Notieren Sie die wichtigsten Inhaltswörter. Kürzen Sie sie so ab, dass Sie sie bei der Bearbeitung für den Antwortbogen auch wieder verstehen.

a. Wo befindet sich Herr Mustermann?	*Möbelmesse Köln*
b. Möbel sind keine .... Produkte.	*kurzleb*
c. Mit welchem Argument wollte der Verkäufer die Interviewerin überzeugen?	*Couch ≠ 5 Jahre, für Leben*
d. Auch in Deutschland geht es nicht mehr ohne …	*Design Namen*
e. Viele Hersteller platzieren ihre Küchen	*Fernsehshows / Kochshows ?*
f. Für wen ist die ausgefallene Küche gedacht?	*für Männer leisten können*

Die Notizen zeigen: Es genügt, die wichtigsten Inhaltswörter zu notieren. Artikel, Präpositionen usw. werden dann erst bei der Bearbeitung für den Antwortbogen hinzugefügt.

Verwenden Sie bei Ihren Notizen Abkürzungen, z. B.:

> nicht / kein / anders: ≠
> Gegenteil von: ↔
> ähnlich / so wie: =
> Herkunft: ←
> Ziel: →

Wie finden Sie die richtige Lösung?

So geht's

a. Mit *Wo?* wird nach einer lokalen Angabe gefragt. Sie antworten mit einer ausformulierten lokalen Angabe.
   ↳ *Auf der Möbelmesse in Köln.* (Präposition *auf* + Dativ)

b. Sie überlegen: Was fehlt in der Lücke? Sie fragen: Was für Produkte sind Möbel nicht? Sie stellen fest: Es fehlt ein Adjektiv. Sie haben „*kurzleb*" notiert, aber Sie kennen das Adjektiv „langlebig", ↳ *kurzlebig*. Jetzt müssen Sie noch die richtige Adjektivform finden: ↳ keine *kurzlebigen* Produkte

c. Antworten auf Fragen umfassen oft mehrere Stichwörter. Beim „schnellen" Hören muss man dann häufig sehr verkürzte Notizen machen, die man für den Antwortbogen ausformulieren muss. Dabei muss die Antwort zur Frage passen. Hier könnten Sie z. B. das Argument des Verkäufers direkt wiedergeben
↳ *Eine Coach kauft man auch nicht für fünf Jahre, sondern fürs Leben*.

d. Die Notiz ist schon fast korrekt, aber es fehlt etwas zwischen *Design* und *Namen*. Die Antwort könnte sein: ↳ ohne *Design und Namen*. Diese Antwort wäre sicher korrekt. Im Text heißt es: „ohne Design und große Namen".

e. Die Notiz zeigt, dass die Person die Textstelle gut verstanden hat, jetzt muss nur noch die richtige Form gefunden werden: Wo platzieren die Hersteller ihre Küchen?
↳ *In Fernsehshows / Kochshows / Fernsehkochshows*. Alles ist richtig.

f. Auch hier ist wieder eine Antwort auf eine Frage gefordert. Die Notiz enthält die wichtigen Stichwörter. Sie enthält auch schon die richtige Präposition, die durch die Frage vorgegeben ist: Für wen ist … ? ↳ *Für Männer …* Nun muss aber noch der Bezug zu *leisten können* geschaffen werden, denn die ausgefallene Küche ist ja nicht für alle Männer, sie ist teuer! Für was für Männer ist sie?
↳ *Für Männer, die sie sich leisten können*. Im Text heißt es: „Für den Mann, der sie sich leisten kann."

5. Bearbeiten Sie nun Ihre Lösungsvorschläge in Aufgabe 4 (S. 68 / 69) für den Antwortbogen. Tragen Sie dann Ihre endgültigen Lösungen in den Antwortbogen auf S. 74 ein.

1. Warum gibt Herr Mercks ein Interview?

Mögliche Einträge für den Antwortbogen haben Sie schon gefunden:
↳ *Weil er ein Signal nach außen und in das Unternehmen hinein geben will. / Weil er ein Signal geben will.*

Oder:
↳ *Er will ein Signal nach außen und in das Unternehmen hinein geben. / Er will ein Signal geben.*

Entscheiden Sie sich für eine Formulierung, die Sie in den Antwortbogen schreiben.

2. Der französische Staat ist einer der ....

Vielleicht haben Sie beim Hören das Wort *Hauptaktionär* notiert.
Sie müssen das Wort aber noch an die Satzstruktur anpassen: „einer der …" erfordert Genitiv Plural ↳ einer der ....

3. Die Arbeitsgruppe soll im .... ihre Ergebnisse vorlegen.

Die Lösung war eindeutig, Sie können das gefundene Wort direkt in den Antwortbogen schreiben.

4. Zweite Aufgabe der Arbeitsgruppe?

Ihr Lösungsvorschlag lautete: ....

Wie lautet Ihre endgültige Lösung? Tragen Sie sie in den Antwortbogen ein.

5. Herr Mercks findet es gut, dass die Politik ....

Ihr Lösungsvorschlag lautete: ....

Wie lautet Ihre endgültige Lösung? Tragen Sie sie in den Antwortbogen ein.

5. Bearbeitungsschritt

Lösungen in den Antwortbogen eintragen

Im fünften Schritt tragen Sie Ihre endgültigen Lösungen in den Antwortbogen ein. Wenn Sie mehrere Lösungsmöglichkeiten haben, müssen Sie sich nun für eine Variante entscheiden.

Antwortbogen

1	
2	
3	
4	
5	

Wichtige Hinweise

⚙ Wenn Sie Ihre Lösungen schnell gefunden haben, haben Sie eventuell noch vor dem zweiten Hörverstehen genügend Zeit, um sie in den Antwortbogen einzutragen.

⚙ Wenn Sie keine Zeit mehr haben: In der Prüfungssituation erhalten Sie am Ende von Hörverstehen, Teil 2 fünf Minuten Zeit, um die Lösungen beider Prüfungsteile zum Hörverstehen in den jeweiligen Antwortbogen einzutragen.

⚙ Kleinere Verstöße gegen Rechtschreibung und Grammatik in den Lösungen führen nicht zu einem Punktabzug. Wenn Sie allerdings beispielsweise für einen Konjunktiv „hatte" statt „hätte" schreiben, wird Ihre Lösung als falsch gewertet, da die Konjunktivform „hätte" etwas anderes aussagt als die Vergangenheitsform „hatte".

So sieht das Prüfungsblatt aus

Hörverstehen, Teil 1
Dauer: 12 Minuten

Notieren Sie Stichwörter. Schreiben Sie Ihre Lösungen am Ende auf den Antwortbogen (Nr. 1–10).

Beispiele

(01) Wann wurde das „Erikaffee" gegründet? .... *Vor einem Jahr.* ....

(02) Das „Erikaffee" ist ein .... *Treffpunkt.* ....

refuge, shelter

1. Das Café ist eine Anlaufstelle für viele, ...
2. Frau Morak ist ....
3. Das Café ist ein Ort der ....
4. In den Kursen sollen .... gestärkt werden. ....
5. Wer finanziert das Café? *Synonym = getragen* *der Träger* ....
6. Früher war das „Erikaffee" eine ....
7. Wo können die Kinder spielen? ....
8. Viele Frauen kommen, um ....
9. Öffnungszeiten: ....
10. Warum gehen die Mitarbeiter zu den Familien mit? ....

> Auf dem Prüfungsblatt mache ich
> Notizen. Die richtige Lösung trage ich
> später in den Antwortbogen ein.

Hörverstehen, Teil 1

So sieht der Antwortbogen aus, in den Sie Ihre Lösungen eintragen.

Antwortbogen

1	
2	
3	
4	
5	
6	
7	
8	
9	
10	

➲ Bearbeiten Sie jetzt diesen Prüfungsteil Schritt für Schritt. Versuchen Sie, die Zeitvorgaben zu beachten. Arbeiten Sie eventuell mit einer Zeitschaltuhr.

1. Bearbeitungsschritt

Thema des Telefongesprächs erkennen

10 ➲ Starten Sie die CD. Hören Sie die Einleitung zum Hörtext und die Ansage zu den Aufgaben. Machen Sie sich klar:

Wer spricht?

↳ ....

Worum geht es in dem Gespräch?

↳ ....

Welcher Themenbereich wird angesprochen?

↳ ....

➲ Stoppen Sie die CD nach der Ansage.

Aufgabenstellungen lesen und Schlüsselwörter unterstreichen

2. Bearbeitungsschritt

Sie haben jetzt 90 Sekunden Zeit.

➲ Lesen Sie die Aufgaben zügig durch. Achten Sie dabei auf die verschiedenen Aufgabentypen (Frage, Lücke ergänzen, Satz weiterschreiben), und unterstreichen Sie die Schlüsselwörter, auf die Sie beim Hören achten müssen.
Die Aufgaben folgen dem Aufbau des Gesprächs.

Wenn Sie eine Aufgabe nicht sofort verstehen, dann verlieren Sie zunächst keine Zeit damit, lesen Sie weiter. Wenn Sie das Gespräch hören, hilft Ihnen der Kontext.

Tipp: Wenn Sie die Aufgaben gelesen haben, dann wissen Sie schon viel über den Inhalt des Gesprächs.

Gehörte Informationen notieren

3. Bearbeitungsschritt

11 🎧 ➲ Starten Sie die CD und hören Sie das Gespräch. Hören Sie konzentriert zu, folgen Sie dabei den Aufgaben. Achten Sie beim Hören auf die Schlüsselwörter und Schlüsselinformationen.

Tipp: Wenn Sie eine Information überhört haben, überlegen Sie nicht lange. Richten Sie Ihre Aufmerksamkeit auf die nächste Aufgabe.

➲ Notieren Sie die entsprechenden Stichwörter auf dem Prüfungsblatt, sobald Sie die geforderte Information hören.

Wenn Sie eine Information überhört haben, überlegen Sie nicht lange. Richten Sie Ihre Aufmerksamkeit auf die nächste Aufgabe, damit Sie wichtige Schlüsselwörter nicht verpassen.

Tipp: Wenn Sie nur ein Wort ergänzen sollen, hören Sie meist das passende Wort im Hörtext.

4. Bearbeitungsschritt

Notizen bearbeiten

Bevor Sie Ihre Lösungen in den Antwortbogen eintragen:

➜ Prüfen Sie bei jeder Lösung, ob sie die richtige(n) Information(en) enthält, ob sie grammatisch korrekt ist und ob sie zur vorgegebenen Satzstruktur passt. Dafür haben Sie ca. 3 Minuten Zeit.

5. Bearbeitungsschritt

Lösungen in den Antwortbogen eintragen

➜ Tragen Sie Ihre endgültigen Lösungen in den Antwortbogen auf S. 76 ein.

➜ Versuchen Sie, noch offene Lösungen aus der Erinnerung des Gesprächsinhalts zu ergänzen.

Wichtiger Hinweis

⬚ In der Prüfung werden beide Hörverstehensaufgaben in der Regel ohne Unterbrechung nacheinander durchgeführt. Die Lösungen der beiden Aufgaben können Sie dann erst am Ende der Prüfungszeit in den jeweiligen Antwortbogen eintragen. Dazu haben Sie fünf Minuten Zeit.

➜ Notieren Sie hier noch einmal die Bearbeitungsschritte für Hörverstehen, Teil 1.

Lösungsweg 1

1. Bearbeitungsschritt ....

2. Bearbeitungsschritt ....

3. Bearbeitungsschritt ....

4. Bearbeitungsschritt ....

5. Bearbeitungsschritt ....

Hörverstehen, Teil 2

Beschreibung dieses Prüfungsteils

Was bekommen Sie?

○ Sie hören

– eine Rundfunksendung (Interview, Reportage, …) von ca. 10 Minuten.
Sie hören den Text **zweimal**.

○ Sie erhalten

– ein Aufgabenblatt mit insgesamt 10 Fragen. Zu jeder Frage gibt es eine Multiple-Choice-Aufgabe mit 3 Auswahl-Antworten.
– einen Antwortbogen, in den Sie Ihre Lösungen eintragen.

Wie müssen Sie hören?

○ Sie müssen auf wichtige Aussagen zum Inhalt des Hörtextes achten: <u>detailliertes Hören</u>. Die Fragen zu den Auswahl-Antworten geben Ihnen erste Hinweise, welche Aussagen wichtig sind. Die Auswahl-Antworten zeigen, worauf genau Sie achten müssen.

Die Aufgaben folgen dem Aufbau des Hörtextes.

Was müssen Sie können, um diese Aufgabe zu lösen?

○ Sie müssen

– zentrale Aussagen eines längeren Hörtextes identifizieren können,
– die entscheidenden Details in diesen Aussagen erkennen.

Aufgabentyp

○ Richtige Lösung ankreuzen

Dabei gibt es zwei Möglichkeiten:

1. **Frage** mit 3 möglichen Antworten. Sie müssen die richtige Antwort ankreuzen.

Beispiel:
Warum gibt es einen Prüfungsteil Hörverstehen?
a. Sie sollen zeigen, dass Sie gut raten können.
b. Sie sollen zeigen, dass Sie den Hörtext verstehen.
c. Der Prüfungsteil dient zu Ihrer Unterhaltung

2. **Satzanfang** mit drei möglichen Ergänzungen. Sie müssen die inhaltlich passende Ergänzung ankreuzen.

Beispiel:
Im Prüfungsteil Hörverstehen zeigen Sie
a. Ihre Geduld.
b. Ihr Textverständnis.
c. wie gut Sie die deutsche Grammatik beherrschen.

Wie läuft die Prüfung ab?

Die schematische Darstellung verdeutlicht den Prüfungsablauf.

vor	Erstes Hören Text als Ganzes		Zweites Hören Text in Ab- schnitten	
vor	**während**	**vor**	**während**	**danach**
➲ Thema erkennen ➲ Aufgaben lesen ➲ Schlüsselwörter markieren	➲ auf Schlüssel-wörter achten ➲ erste Lösun-gen markieren	➲ Auswahl-Antworten lesen ➲ Schlüssel-wörter mar-kieren	➲ Lösungen ankreuzen	➲ Lösungen überprüfen ➲ Lösungen im Antwort-bogen mar-kieren

Dauer

⚙ Für diesen Prüfungsteil stehen insgesamt 30 Minuten zur Verfügung.

Wie wird diese Aufgabe bewertet?

⚙ Für jede richtige Lösung erhalten Sie 1,5 Punkte.

Überblick Hörverstehen, Teil 2:

Teil	Prüfungsziel	Textarten	Vorlagen	Aufgabentyp	Aufgaben-zahl	Punkte
HV 2	Hauptaus-sagen und Details erkennen	Rundfunk-sendung: Bericht, Reportage, Interview, …	• 1 Hörtext • 1 Aufgaben-blatt • 1 Antwort-bogen	die richtige Aussage ankreuzen (drei Auswahl-antworten)	10	15

Schritt für Schritt zur Lösung

In den folgenden Abschnitten erfahren Sie, wie Sie diesen Prüfungsteil erfolgreich lösen können.

So geht's

1. Bearbeitungsschritt

Thema des Hörtextes und Gesprächspartner identifizieren

Das Prüfungsblatt enthält keinen Hinweis zum Thema des Hörtextes. Es wird jedoch in der Einleitung zum Hörtext auf der CD genannt.
Wie beim Hörverstehen, Teil 1 müssen Sie also auch beim Hörverstehen, Teil 2 von Anfang an sehr aufmerksam zuhören.

Beispiel

> *„Sie hören jetzt ein Interview zwischen dem Journalisten Hans Fröhlich von der Mainzer Rundschau und dem Kieler Psychologieprofessor Karl Maus. Es geht um das Thema: Neue Erziehungsstrategien in der Pubertät.*

Ihre Informationen zu Thema und Gesprächspartnern sind also:

↳ Ein Journalist interviewt einen Psychologieprofessor zum Thema: Die Erziehung Jugendlicher (in der Pubertät).
(Die Namen der Interviewpartner sind für den Inhalt des Hörverstehens nicht wichtig.)

Aufgabe 1

12 🎧 ➡ Sie hören drei Einleitungen zu verschiedenen Hörtexten. Notieren Sie das Thema und die Gesprächspartner (ihre Rollen, keine Namen).

(handschriftliche Notiz oben rechts: der Frühling = das Frühjahr)

Einleitung 1: *Frühjahr*

✓ Thema: *Was ist zu tun in eigenen Garten?*

✓ Wer spricht? *Journalistin — Gärtner Teo Blumen*

Einleitung 2:

✓ Thema: *Alte Leute   Fit bleiben*

✓ Wer spricht? *Sportmedizinerin Doctor Meuler*

Einleitung 3:

✓ Thema: *Urlaub von Alten*

✓ Wer spricht? *Frau Teobald   Frau Dr. tren*
Yoga Schule   Kure klinik

Tipp: Aktivieren Sie Ihr Vorwissen zum Thema. Es hilft Ihnen bei der Lösung der Aufgaben.

Vor dem ersten Hören:
Aufgaben lesen – Schlüsselwörter markieren

2. Bearbeitungsschritt

Nach der Einleitung haben Sie 90 Sekunden Zeit, um die Aufgaben durchzulesen.
Auf der CD bekommen Sie dazu genaue Anweisungen.

13 🎧 ➡ Hören Sie dazu ein Beispiel.

In 90 Sekunden sollen Sie die Aufgaben durchlesen und die Schlüsselwörter markieren.
Das ist nicht viel! Sie müssen also <u>schnell</u> und <u>selektiv</u> lesen.

Schauen wir uns die Aufgaben genauer an.

Bei den 10 Multiple-Choice-Aufgaben gibt es zwei Aufgabentypen:
1. Fragen
2. Satzanfänge

Zu 1. Fragen
Bei den Fragen markieren Sie beim ersten Durchlesen das Fragewort und die Hauptinformation, nach der gefragt wird. Die nachfolgenden drei Auswahl-Antworten ignorieren Sie noch.

Tipp: Markieren Sie bei den Fragen das Fragewort und die Hauptinformation, nach der gefragt wird.

Beispiel

1. Warum gibt es einen Prüfungsteil Hörverstehen?

Zu 2. Satzanfänge

Die Satzanfänge allein enthalten oft keine Schlüsselwörter, die Ihnen helfen, beim Hören die richtigen Informationen zu finden. Deshalb sollten Sie bei diesem Aufgabentyp schon beim ersten Durchlesen die Schlüsselwörter in den drei Auswahl-Antworten markieren.

Tipp: Markieren Sie bei Aufgaben mit Satzanfängen die Schlüsselwörter in den Auswahl-Antworten.

Beispiel

2. Im Prüfungsteil Hörverstehen zeigen Sie

a. Ihre Geduld.
b. Ihr Textverständnis.
c. wie gut Sie die deutsche Grammatik beherrschen.

Übungen zu den Fragen und Satzanfängen finden Sie in den Aufgaben 3 und 4.

⚬ Beim Lesen und Markieren der Aufgaben erfahren Sie bereits viel über den Inhalt des Hörtextes. Gleichzeitig aktivieren Sie dabei Ihr Vorwissen zu den angesprochenen Themen. Vielleicht haben Sie zu einem bestimmten Thema zwar kein umfangreiches Wissen, aber eine Meinung. Auch das kann Ihnen beim Erfassen der Informationen aus dem Hörverstehen helfen.

⚬ Aber Achtung: Nicht Ihre Meinung zählt, sondern richtig ist nur die Lösung, die den Äußerungen der Personen auf der CD entspricht.

Aufgabe 2

In dieser Aufgabe geht es um die Aktivierung Ihres Vorwissens zum folgenden Hörtext.

➜ Entscheiden Sie, ob die folgenden Aussagen Ihrer Meinung nach richtig oder falsch sind.

	richtig	falsch
Bewegung vor dem Lernen ist hilfreich.		
Tanzen ist ideal, um sich für das Lernen fit zu machen.		
Es gibt Menschen, die sich beim Lernen immer bewegen müssen.		
Auswendiglernen ist die beste Möglichkeit etwas zu lernen.		
Lerngeschichten schreiben ist oft kompliziert.		
Grammatik lernt man gut mithilfe farbiger Markierungen.		
Der Lernerfolg kann durch die Ernährung beeinflusst werden.		

Ihr Vorwissen zum Thema „Lernen" kann Ihnen helfen, die richtige Lösung bei den Aufgaben zum Hörtext zu finden.

vage Antwort

Aufgabe 3

Aufgabentyp: Fragen

So geht's

Sie hören ein kurzes Interview zum Thema „Lernen und Bewegung".

1. Lesen Sie bitte vor dem Start der CD die Fragen 1-3. Markieren Sie das Fragewort und die Hauptinformation, um die es geht.

> 1. Warum hatte Frau Fischer in der Schule manchmal Probleme?

> 2. Warum hilft Tanzen vor dem Lernen, sich den Lernstoff besser zu merken?

> 3. Was ist ein kinästhetischer Lerner?

Erstes Hören

3. Bearbeitungsschritt

14 🎧 **2.** Hören Sie jetzt das Interview.
Achten Sie dabei auf die Hauptinformationen zu den markierten Schlüsselwörtern.

Nach dem ersten Hören:
Lösungsvorschläge lesen – mögliche Lösungen markieren

4. Bearbeitungsschritt

3. Lesen Sie nach dem ersten Hören die Lösungsvorschläge und markieren Sie die Antwort, die Sie für richtig halten mit einem kleinen Symbol am Rand.

> **1.** Warum hatte Frau Fischer in der Schule manchmal Probleme?
>
> a. Sie hatte manchmal Bewegungsprobleme.
> b. Sie hatte Mühe dem Lernstoff zu folgen. *trouble*
> c. Sie hatte Schwierigkeiten mit einigen Lehrern.

Tipp: Markieren Sie die Lösungen, die Sie für richtig halten, zunächst nur mit einem kleinen Symbol am Rand.

> **2.** Warum hilft Tanzen vor dem Lernen, sich den Lernstoff besser zu merken?
>
> a. Tanzen koordiniert körperliche und geistige Leistungen.
> b. Tanzen macht nicht müde.
> c. Tanzen in der Disco ist vor dem Lernen ideal.

kinesthetic

> **3.** Was ist ein kinästhetischer Lerner?
>
> a. Ein Lerner, der zum Lernen Stille braucht.
> b. Ein Lerner, der zum Lernen Bewegung braucht.
> c. Jemand, der sich nichts Wichtiges merken kann.

Zweites Hören:
Hören in Abschnitten – Richtige Lösungen markieren

5. Bearbeitungsschritt

Beim zweiten Hören hören Sie das Interview in Abschnitten.

Hörverstehen, Teil 2

So geht's

↳ Auf der CD hören Sie einen Hinweis:

 „Lesen Sie jetzt die Aufgaben 11–13 / 14–17" …

↳ Dann gibt es eine Pause von ca. 45 Sekunden. Sie haben also 45 Sekunden Zeit, die Lösungsvorschläge zu den Aufgaben eines Abschnitts zu lesen und Schlüsselwörter zu markieren.

↳ Danach hören Sie den genannten Abschnitt des Hörtextes und markieren die richtigen Lösungen.

↳ Nach dem Hören haben Sie noch einmal ca. 45 Sekunden Zeit, um Ihre Lösung zu überprüfen.

Zweites Hören:
Richtige Lösungen markieren

14 **4.** Hören Sie das Kurzinterview zum Thema „Lernen und Bewegung" jetzt ein zweites Mal. Markieren Sie die richtigen Lösungen (während des Hörens oder nach dem Hören).

5. Lesen Sie nun die Transkription des Hörtextes auf S. 249. Markieren und nummerieren Sie die entsprechenden Stellen.

6. Vergleichen Sie Ihre Lösung mit den Lösungen im Lösungsschlüssel.

Aufgabe 4

Aufgabentyp: Satzanfänge ergänzen

So geht's

Sie hören jetzt ein kurzes Interview zum Thema „Lerntipps".

2. Bearbeitungsschritt

Vor dem ersten Hören:
Aufgaben lesen – Schlüsselwörter markieren

1. Lesen Sie bitte die Aufgaben 1–3 und markieren Sie in den drei Auswahl-Antworten die Hauptinformationen.

1. Eine Lerngeschichte ist …

a. eine Phantasiegeschichte, die andere Leute zum Lachen bringt.
b. ein Text, in dem der Lernstoff angewandt wird.
c. ein Text, der dem Lernen Struktur gibt.

Anwendung + use

2. Wer beim Schreiben einer Phantasiegeschichte oft lachen muss,

a. festigt damit den neuen Wortschatz und die neuen Strukturen.
b. vergisst den Lernstoff schnell wieder.
c. hat keinen besseren Lerneffekt.

Tipp: Bei Aufgaben mit Satzanfängen sollten Sie die Auswahl-Antworten schon vor dem ersten Hören mitlesen.

> **3.** Farbige Markierungen …
>
> a. geben der Grammatik eine bestimmte Regelmäßigkeit.
> b. helfen bei Wortverwechslungen.
> c. verstärken den Lerneffekt, weil sie den Lernstoff visualisieren.

Erstes Hören

3. Bearbeitungsschritt

15 **2.** Hören Sie jetzt das Interview. Achten Sie dabei auf die Schlüsselwörter. Markieren Sie die Lösungen, die Ihnen sofort klar sind.

Nach dem ersten Hören:
Lösungsvorschläge lesen – mögliche Lösungen markieren

4. Bearbeitungsschritt

3. Lesen Sie die Lösungsvorschläge und markieren Sie die Lösungen, die Sie für richtig halten mit einem kleinen Symbol am Rand.

Zweites Hören:
Richtige Lösungen markieren

5. Bearbeitungsschritt

15 **4.** Hören Sie das Interview zum Thema „Lerntipps" ein zweites Mal. Markieren Sie die richtigen Lösungen.

5. Lesen Sie nun die Transkription des Hörtextes auf S. 250. Markieren und nummerieren Sie die entsprechenden Stellen.

6. Vergleichen Sie Ihre Lösungen mit den Lösungen im Lösungsschlüssel.

Aufgabe 5

Mischung der Aufgabentypen

Sie können jetzt den dritten und letzten Teil des Interviews zum Thema „Lernen" bearbeiten.

So geht's

Gehen Sie so vor wie in den Aufgaben 1, 3 und 4 beschrieben. Das heißt:

16 ↳ Hören Sie die Einleitung und notieren Sie Thema und Gesprächspartner auf S. 86. Stoppen Sie dann die CD.

↳ Markieren Sie vor dem Hören des Interviews die Schlüsselwörter in den Aufgaben auf S. 86.

Erstes Hören

16 ↳ Hören Sie den Text. Achten Sie dabei auf die Schlüsselwörter. Markieren Sie Lösungen, die Ihnen sofort klar sind.

Nach dem ersten Hören

↳ Lesen Sie die Lösungsvorschläge und markieren Sie Schlüsselwörter.

Hörverstehen, Teil 2

Zweites Hören

16 ↳ Hören Sie den Text ein zweites Mal und markieren Sie die richtigen Lösungen.

Nach dem zweiten Hören

↳ Überprüfen Sie Ihre Lösungen.

↳ Übertragen Sie Ihre Lösungen in den Antwortbogen.

Einleitung

Thema:

....

Wer spricht?

....

Aufgaben

Tipp: Achten Sie auf Negationen.

1. Menschen, die viel lernen müssen, …

a. kennen die Inhaltsstoffe der Nahrungsmittel nicht.
b. kennen den Einfluss von Essen und Trinken auf den Lernprozess nicht.
c. wissen nichts über eine gesunde Ernährungsweise.

nada

2. Warum schadet Glutamat, das in vielen Fertigprodukten enthalten ist, dem Gedächtnis?

schadet ein bisschen

a. Es beeinträchtigt den Denkprozess.
b. Es ist nicht gut für die Körperzellen.
c. Es zerstört das Gedächtnis.

zerstört, total kaputt

3. Ein gutes Frühstück soll …

a. neben Obst und Marmeladebrot auch aus reichlich Wurst und Käse bestehen.
b. den Körper mit Kohlenhydraten versorgen.
c. durch zwei bis drei Liter Flüssigkeit ergänzt werden.

6. Bearbeitungsschritt   **Lösungen im Antwortbogen markieren**

Übertragen Sie Ihre Lösungen aus Aufgabe 5 in den Antwortbogen, indem Sie die richtige Lösung markieren.

Antwortbogen

1	a	b	c
2	a	b	c
3	a	b	c

Wichtiger Hinweis
✿ In der Prüfung wird nur der Antwortbogen bewertet.

So sehen die Prüfungsseiten aus

Hörverstehen, Teil 2
Dauer: 25 Minuten

Sie hören den Text **zweimal**. Das erste Mal ganz, das zweite Mal in Abschnitten.
Kreuzen Sie die richtige Lösung a, b oder c an, und übertragen Sie die Lösung am Ende
auf den Antwortbogen (11 – 20).

Beispiel:

Silvia glaubt, dass . . .
a. sie nach zwei Wochen Lernen alles vergessen wird.
b. sie nach zwei Wochen Lernen alles in der Prüfung richtig machen wird.
X. sie sich nach zwei Wochen Lernen an das meiste erinnern wird.

11. Wer nichts vergessen möchte, sollte . . .
a. verstehen, was „Gedächtnis" bedeutet.
b. verstehen, wie das Gedächtnis arbeitet.
c. herausfinden, woher das Gedächtnis Informationen bekommt.

12. Wir können innerhalb einer genau beschriebenen Zeitspanne . . .
a. uns alles merken, was wir uns merken müssen.
b. uns die meisten Dinge merken, die wir wahrnehmen.
c. uns nur eine geringe Menge von neuem Stoff merken.

13. Warum vergessen wir?
a. Nur so kann das Gedächtnis gut funktionieren.
b. Vergessen ist notwendig, um das Gedächtnis nicht zu überfordern.
c. Es ist normal zu vergessen.

14. Allein Proteinketten . . .
a. können neu Gelerntes im Gedächtnis festhalten.
b. verschwinden nach 20 Sekunden von selbst.
c. entstehen nach 20 Minuten im Gehirn.

15. Die Vorkenntnisse, die ein Mensch in einem bestimmten Bereich hat, . . .
a. lassen sich besonders gut merken.
b. braucht man, um überhaupt lernen zu können.
c. helfen, sich neuen Lernstoff besser anzueignen.

16. Warum verwechselt die Journalistin manchmal Italienisch und Spanisch?
a. Sie konzentriert sich beim Lernen der Sprachen zu sehr auf ihre Muttersprache.
b. Die neue Fremdsprache wird von der anderen, die sie viel besser kann, dominiert.
c. Die Ähnlichkeit beider Sprachen ist der Journalistin nicht bekannt.

→ S. 88

17. Was kann man sich sofort merken?

X

a. Ein plötzliches Ereignis, das entweder sehr glücklich oder sehr ärgerlich macht. *knot together zusammen*

b. Jede Situation, die mit Gefühlen verknüpft ist.

c. Adjektive wie z. B. „heiß", wenn man ein Kind ist.

18. Wie macht man Informationspakete?

✓

a. Man schreibt sich so viele Informationen wie möglich auf.

b. Man schreibt neue Vokabeln auf einen Block.

c. Man lernt Einzelinformationen nicht isoliert, sondern im Kontext.

19. Warum kann man unter Stress nicht gut lernen?

–

a. Das Gehirn arbeitet nicht mehr und man vergisst alles.

b. Das Gehirn wird blockiert, um sich auf die Abwehr einer gefährlichen Lage einstellen zu können. *resistance*

c. Unter Stress zu lernen ist gefährlich für die Gesundheit.

20. Welcher Faktor bestimmt unter anderem, ob ein alter Mensch ohne große Schwierigkeiten z. B. eine neue Sprache gut erlernen kann?

✓

a. Regelmäßige geistige Tätigkeiten.

b. Maßvolle Aktivitäten im Alter.

c. Interesse an Bildung.

So sieht der Antwortbogen aus, in den Sie Ihre Lösungen übertragen.

Antwortbogen

11	a	b	c
12	a	b	c
13	a	b	c
14	a	b	c
15	a	b	c

16	a	b	c
17	a	b	c
18	a	b	c
19	a	b	c
20	a	b	c

➲ Bearbeiten Sie jetzt diesen Prüfungsteil Schritt für Schritt. Versuchen Sie, die Zeitvorgaben zu beachten. Arbeiten Sie eventuell mit einer Zeitschaltuhr.

So geht's

Thema des Hörtextes und Gesprächspartner identifizieren

1. Bearbeitungsschritt

17 🎧 ➲ Starten Sie die CD. Hören Sie die Einleitung und die Ansage. Machen Sie sich klar:

1. Thema:

....

2. Wer spricht?

....

Nach der Ansage haben Sie 90 Sekunden Zeit.

Vor dem ersten Hören:
Aufgaben lesen – Schlüsselwörter markieren

2. Bearbeitungsschritt

➲ Lesen Sie die Aufgaben zügig und selektiv durch. Achten Sie dabei auf die Schlüsselwörter.

– Bei Fragen: Markieren Sie das Fragewort und die Hauptinformation (wie in Aufgabe 3).

– Bei Satzanfängen: Markieren Sie die Hauptaussagen in den Satzergänzungen (wie in Aufgabe 4).

Wenn die 90 Sekunden vorbei sind, hören Sie ein akustisches Signal. Nun beginnt das Interview.

Erstes Hören:
Eventuell mögliche Lösungen markieren

3. Bearbeitungsschritt

Achten Sie beim Hören auf die Hauptinformationen zu den markierten Schlüsselwörtern. Vielleicht finden Sie schon erste Lösungen.

4./5. Bearbeitungsschritt

Zweites Hören:
Hören in Abschnitten – Richtige Lösungen markieren

So geht's

Tipp: Markieren Sie die Lösungen, die Sie für richtig halten, zunächst nur mit einem kleinen Symbol am Rand.

↳ Die Abschnitte, die Sie hören, sind bei den Prüfungsaufgaben auf den Prüfungsseiten nicht markiert. Sie werden auf der CD angesagt.

↳ Sie hören:

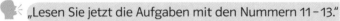 „Lesen Sie jetzt die Aufgaben mit den Nummern 11 – 13."

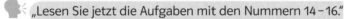 „Lesen Sie jetzt die Aufgaben mit den Nummern 14 – 16."

„Lesen Sie jetzt die Aufgaben mit den Nummern 17 – 20."

↳ Wenn Sie diese Aufforderung gehört haben, gibt es eine Pause von ca. 45 Sekunden, in der Sie Zeit haben, um die Lösungsvorschläge zu den Aufgaben dieses Abschnitts zu lesen und Schlüsselwörter zu markieren.

Wenn die Pause zu Ende ist, hören Sie ein akustisches Signal.

↳ Nun hören Sie den Abschnitt und markieren die richtigen Lösungen zu diesem Abschnitt.

↳ Nach dem Hören des Abschnitts haben Sie noch einmal ca. 45 Sekunden Zeit, um Ihre Lösungen zu überprüfen.

Tipp: Ein Hörabschnitt ist beendet, wenn auf der CD nicht mehr weitergesprochen wird. Nach 45 Sekunden wird gesagt, welche Aufgaben Sie als nächstes lesen sollen.

Wenn die Pause zu Ende ist, hören Sie ein akustisches Signal.

18 🎧 ➲ Starten Sie nun die CD und hören Sie das Interview in Abschnitten. Achten Sie auf die Anweisungen auf der CD. Gehen Sie vor wie oben beschrieben.

6. Bearbeitungsschritt

Lösungen im Antwortbogen markieren

Wichtiger Hinweis
⚙ In der Prüfung werden beide Hörverstehensaufgaben in der Regel ohne Unterbrechung nacheinander durchgeführt. Die Lösungen der beiden Aufgaben können Sie erst am Ende der Prüfungszeit in den jeweiligen Antwortbogen eintragen. Dazu haben Sie fünf Minuten Zeit.

➲ Markieren Sie jetzt die Lösungen im Antwortbogen auf S. 88.

Schriftlicher Ausdruck

Beschreibung dieses Prüfungsteils

Übergreifendes Prüfungsziel

* Der Prüfungsteil Schriftlicher Ausdruck besteht aus zwei Teilen mit unterschiedlichen Aufgaben.

Dabei sollen Sie zeigen, dass Sie

- zu einem vorgegebenen Thema einen Text verfassen können,
- unterschiedliche Schreibstile (Register) beherrschen.

Diese Ziele entsprechen dem Niveau C1 des „Gemeinsamen europäischen Referenzrahmens"[1].

> Ich kann mich schriftlich klar und gut strukturiert ausdrücken und meine Meinung ausführlich darstellen. Ich kann über komplexe Sachverhalte schreiben und die für mich wesentlichen Aspekte hervorheben. Ich kann in meinen schriftlichen Texten den Stil wählen, der für die jeweiligen Leser angemessen ist.

Die Aufgaben

Schriftlicher Ausdruck, Teil 1

Sie schreiben einen Text von ca. 200 Wörtern Länge. Dazu bekommen Sie thematische Vorgaben, die Ihnen helfen, den Text zu strukturieren.

> Bei der Lösung dieser Aufgabe zeigen Sie, dass Sie einen zusammenhängenden, gut strukturierten Text zu einem vorgegebenen Thema schreiben können.

Schriftlicher Ausdruck, Teil 2

Sie wandeln Teile eines vorgegebenen informellen Schreibens in ein formelles Schreiben um.

> Bei der Lösung dieser Aufgabe, zeigen Sie, dass Sie informelle und formelle Ausdrucksformen (Register) beherrschen.

Dauer

* Für beide Teile haben Sie insgesamt 80 Minuten Zeit.

Schriftlicher Ausdruck

Bewertung

Im Schriftlichen Ausdruck, Teil 1 können Sie maximal 20 Punkte erhalten. Der Bewertung liegt ein differenziertes Raster zugrunde (s. S. 94).

Im Schriftlichen Ausdruck, Teil 2 müssen Sie 10 Lücken ausfüllen. Für jede richtige Lösung erhalten Sie 0,5 Punkte.

Das heißt: Sie können maximal 25 Punkte bekommen. Das entspricht 25 % der möglichen Gesamtpunktzahl. Bestanden haben Sie den Prüfungsteil Schriftlicher Ausdruck, wenn Sie mindestens 15 Punkte (= 60 %) erreicht haben.

Wichtige Hinweise

Bei diesem Prüfungsteil dürfen Sie kein Wörterbuch benutzen.

Sie müssen Ihren Text (SA 1) auf einem vorbereiteten Bogen schreiben und die Lösungen (SA 2) auf einen separaten Antwortbogen übertragen. Nur dieser Antwortbogen wird ausgewertet. Die Zeit dafür ist in den vorgegebenen Zeiten bereits enthalten, d.h. Sie erhalten dafür keine Extra-Zeit.

Überblick über die Prüfungsteile zum Schriftlichen Ausdruck:

Teile	Prüfungsziele	Textarten	Vorlagen	Aufgabentyp	Aufgaben-zahl	Punkte
SA 1	einen zusammenhängenden Text nach Vorgaben schreiben	informierendes, referierendes, kommentierendes Schreiben	• 2 Themen zur Wahl • 1 Aufgabenblatt • 1 Antwortbogen	Textproduktion (gelenktes Schreiben)	1	20
SA 2	unterschiedliche Schreibstile (Register): Wortschatz und Grammatik	Briefe, E-Mails (informell und formell)	• 1 informeller Brief oder E-Mail • 1 formelles Schreiben mit 10 Lücken • 1 Antwortbogen	Lücken ergänzen	10	5
Dauer: 80 Minuten						

1 Gemeinsamer europäischer Referenzrahmen für Sprachen: lernen, lehren, beurteilen. Europarat. Rat für kulturelle Zusammenarbeit. Berlin / München u.a.: Langenscheidt 2001.

Texte schreiben

Einen Text schreiben – einen Text gestalten

Den Kapiteln über die Prüfungsteile Schriftlicher Ausdruck 1 und 2 haben wir dieses Kapitel über das Schreiben von Texten vorangestellt. Hier finden Sie Hinweise und Übungen für eine bewusste Textgestaltung. Wenn Sie das Kapitel durchgearbeitet haben, haben Sie gute Voraussetzungen, um im Prüfungsteil Schriftlicher Ausdruck, Teil 1 erfolgreich zu sein.

Sie entscheiden selbst, welches Kapitel Sie zuerst durcharbeiten wollen. Wenn Sie sich im Schreiben von Texten sehr sicher fühlen, können Sie dieses Kapitel auch einfach überblättern.

Die Anforderungen an den Text, den Sie in der Prüfung schreiben sollen, ergeben sich aus den Prüfungsanforderungen (s. S. 111 ff.) und den Kriterien, nach denen die Prüferinnen und Prüfer Ihren Text bewerten.

✦ Im Prüfungsteil Schriftlicher Ausdruck, Teil 1 sollen Sie **ein Schaubild beschreiben** und dabei auf **fünf vorgegebene Leitpunkte eingehen**. Das bedeutet, dass der Inhalt Ihres Textes im Großen und Ganzen bereits festgelegt ist. Auch die wichtigsten Gliederungspunkte sind durch die fünf Leitpunkte vorgegeben. Diese Leitpunkte erhalten Sie allerdings ungeordnet. Das heißt: Sie müssen sie selbst in eine Reihenfolge für die Gliederung des Textes bringen.

Bewertung der Textproduktion Schriftlicher Ausdruck, Teil 1:

1. Inhalt	4 Punkte	3 Punkte	2 Punkte	0,5–1 Punkt	0 Punkte
	alle fünf Leitpunkte ausreichend beachtet	nur vier Leitpunkte beachtet	nur drei Leitpunkte beachtet	ein oder zwei Leitpunkte beachtet oder Leitpunkte zu kurz dargestellt	hat sich nicht an die Leitpunkte gehalten
2. Textaufbau	**5 Punkte**	**4 Punkte**	**3 Punkte**	**1–2 Punkte**	**0 Punkte**
	flüssiger Aufbau, Gebrauch von Redemitteln und Konnektoren	weniger flüssiger Aufbau, wenige Redemittel und Konnektoren	kein roter Faden, Redemittel und Konnektoren teilweise fehlerhaft	kein roter Faden, keine Konnektoren	unlogisch aufgebauter Text
3. Wortschatz	**5 Punkte**	**4 Punkte**	**3 Punkte**	**1–2 Punkte**	**0 Punkte**
	sehr großer Wortschatz, Wörter richtig verwendet	relativ großer Wortschatz, wenige Wortfehler	Wortschatz noch in Ordnung, an einigen Stellen Wortschatzprobleme	zu geringer Wortschatz, kann sich oft nicht richtig ausdrücken	Text ist unverständlich
4. Korrektheit	**6 Punkte**	**5–4 Punkte**	**3 Punkte**	**2–1 Punkte**	**0 Punkte**
	nur sehr wenige Fehler	einige Fehler, der Text bleibt aber verständlich	einige Fehler, der Text lässt sich dadurch stellenweise nur schwer verstehen	viele Fehler, Leseverstehen wird oft behindert	zu viele Fehler, Text ist dadurch unverständlich

⚬   Ihr Text soll **einen flüssigen Aufbau** haben (Punkt 2). Damit ist gemeint, dass in Ihrem Text ein „roter Faden" deutlich erkennbar sein soll. Das betrifft zunächst einmal die **Gliederung**, die logisch sein soll, und die daran anschließenden inhaltlichen Ausführungen, die zu den Gliederungspunkten passen sollen.

Zum Aufbau eines Textes gehört auch die Grobgliederung des Textes in eine **Einleitung**, einen **Hauptteil** und einen **Schluss**. Einleitung und Schluss können jeweils auch nur aus einem Satz bestehen.

Der „flüssige Aufbau" bedeutet vor allem auch, dass die Sätze miteinander verbunden sind („Satzverbindungen"). Im Bewertungsschema werden in diesem Zusammenhang die **Konnektoren** genannt, mit denen logische Beziehungen ausgedrückt werden. Zu den Satzverbindungen gehören auch die so genannten **Verweiswörter**, die Text- und Satzelemente über Satzgrenzen und Absätze hinweg wieder aufnehmen, also zurückverweisen oder – seltener – auf folgende Satzteile vorausweisen. Mit „flüssiger Aufbau" ist aber auch gemeint, dass sich der Text gut lesen lässt, dass z. B. der **Satzbau variabel** gestaltet ist, also nicht jeder Satz mit der Reihenfolge „Subjekt – Verb" anfängt. In der Bewertungstabelle finden Sie auch noch die Stichwörter „Wortschatz" und „Korrektheit". Auf dem Niveau C1 wird erwartet, dass Sie sich differenziert ausdrücken können, weil Ihnen ein **umfangreicher Wortschatz** zur Verfügung steht. Und Korrektheit meint natürlich die **grammatische Korrektheit**.

Alle diese Elemente sollen in Ihrem Text zusammenwirken.

Inhalt — reicher Wortschatz — Gliederung — Konnektoren — Verweis-mittel — grammatische Korrektheit

Texte schreiben

Gliederung des Textes

☼ Ihr Text soll eine Gliederung erkennen lassen.

Jeder Text hat einen Anfang und ein Ende, daraus ergeben sich schon die ersten Gliederungselemente: **die Einleitung**, **der Hauptteil**, **der Schluss**.

Die Einleitung führt in der Regel das Thema ein, der Schluss fasst häufig den oder die Hauptgedanken des Textes noch einmal zusammen oder enthält eine abschließende Stellungnahme. Andererseits haben Sie eine klare Inhaltsvorgabe mit fünf Punkten, zu denen Sie etwas schreiben sollen, sowie eine Vorgabe zur Länge des Textes, nämlich ca. 200 Wörter. Natürlich darf der Text auch etwas länger sein, Sie sollten aber auch nicht zu viel schreiben, denn dann fehlt Ihnen die Zeit, um den Text noch einmal sorgfältig durchzulesen und zu korrigieren.

Bei einem Textumfang von ca. 200 Wörtern können Sie keine lange Einleitung schreiben. Am besten überlegen Sie zuerst, welcher der fünf Punkte als Einleitung dienen könnte. Verfahren Sie ebenso mit dem Schlussteil, das heißt: Suchen Sie den Leitpunkt, der sich für den Schluss eignet. So bleiben Ihnen drei Inhaltspunkte für den Hauptteil.

Nach der Einleitung sollte ein neuer Absatz folgen und auch der Schluss sollte durch einen Absatz zu erkennen sein. Bei den drei Punkten, die Sie im Hauptteil bearbeiten, können Sie entscheiden: Unterteile ich sie in Absätze oder nicht.

Aufgabe 1

Ausgangspunkt des folgenden Textes ist eine Statistik zum Thema „Was ist Kunden beim Einkaufen wichtig?". Im Text soll auf fünf Leitpunkte eingegangen werden.

1. Erkennen Sie in diesem Text die Gliederungspunkte Einleitung, Hauptteil, Schluss? Markieren Sie.

Text 1

Das ist schon erstaunlich: Nicht der Preis ist den Kunden am wichtigsten beim Einkaufen, sondern die Bequemlichkeit. Die Bequemlichkeit liegt mit 71% deutlich vor dem zweitwichtigsten Verkaufsargument, dem Einkaufserlebnis. Erst an dritter Stelle fragt der Kunde nach dem Preis einer Ware (49%). Ebenso überraschend ist die Tatsache, dass
5 Sonderangebote und Kundenkarte auf den beiden letzten Plätzen der Werteskala liegen. Wie kann das sein, frage ich mich, denn für mich ist der Preis das wichtigste Argument dafür, warum ich in einem bestimmten Geschäft einkaufe. Und selbst wenn ich in Geld schwimmen sollte, würde ich meinen neuen Computer dort kaufen, wo er am billigsten angeboten wird. Das liegt an meiner Mentalität, die ja durch mein Heimatland geprägt
10 wurde. Bei uns gehört es fast zum guten Ton, den angegebenen Preis herunterzuhandeln. Tut man das nicht, wird man als Spielverderber angesehen. Denn Kaufen bedeutet für uns Kommunizieren, die Diskussion über den Preis lässt den Verkäufer noch einmal all die Vorzüge seiner Ware aufzählen, gibt ihm somit auch seinen Stolz, denn nur bei ihm bekomme ich diesen Computer zu diesem sagenhaften Preis. In Deutschland scheint dies
15 anders zu sein. Meiner Meinung nach liegt das daran, dass die Menschen hier mehr verdienen als in meinem Heimatland, das Einkaufen fällt in den Bereich der Freizeit, und in der Freizeit will man ja keinen Stress. So frage ich mich abschließend: Wie sähe folglich wohl das ideale Geschäft für die Menschen hier aus? Nun, der Kunde tritt ein in eine phantastische Welt und erlebt ein Spektakel, das ihn begeistert einkaufen lässt.

(251 Wörter)

2. Finden Sie in dem Text Redemittel, die für die Einleitung / für den Schluss typisch sind? Notieren Sie.

....

....

3. Finden Sie nun die fünf Gliederungspunkte im Text. Notieren Sie die Zeilenzahlen.

	Zeile
a. Was ist vielen Deutschen beim Einkaufen am wichtigsten, was am unwichtigsten?	.... – ....
b. Was ist Ihnen persönlich beim Einkaufen am wichtigsten?	.... – ....
c. Warum ist der Preis für viele Deutsche nicht das wichtigste Verkaufsargument?	.... – ....
d. Wie sähe das perfekte Geschäft für die Deutschen aus?	.... – ....
e. Was ist Kunden in Ihrem Heimatland beim Einkauf am wichtigsten?	.... – ....

4. In welcher Reihenfolge werden die einzelnen Gliederungspunkte genannt?

a. = ...

b. = ...

c. = ...

d. = ...

e. = ...

5. An welchen Stellen im Text würden Sie einen neuen Absatz beginnen? Markieren Sie.

Sie erkennen:

Tipp: Ein neuer Absatz bringt oft einen neuen Gedanken.

– Die Einleitung besteht im Grunde aus einem einzigen Satz, mit dem sogleich auf den ersten Leitpunkt eingegangen wird.
– Im zweiten Absatz wird die zugrunde liegende Statistik beschrieben.
– Der dritte Absatz enthält die persönliche Stellungnahme des Verfassers zu den Ergebnissen der Statistik.
– Im vierten und fünften Absatz werden die Verhältnisse im Heimatland und in Deutschland verglichen.
– Im Schlussteil wird ein weiterer Gliederungspunkt besprochen.

6. Wie beginnen die Abschnitte? Notieren Sie die Satzanfänge.

1. Abschnitt / Einleitung, Z. ....: ....

2. Abschnitt, Z. ....: ....

3. Abschnitt Z. ....: ....

4. Abschnitt, Z. ....: ....

5. Abschnitt, Z. ....: ....

6. Abschnitt / Schluss, Z. ....: ....

Texte schreiben

Sie erkennen:
Die Abschnitte, in denen die verschiedenen Leitpunkte behandelt werden, beginnen sehr unterschiedlich. Das macht den Text „flüssig", gut lesbar.

- Der erste Abschnitt / Die Einleitung beginnt mit einer zusammenfassenden Bewertung der Ergebnisse der Statistik. Dieser Punkt könnte auch im Schlussteil stehen.
- Der zweite Abschnitt beginnt mit dem wichtigsten Ergebnis der Statistik.
- Der dritte Abschnitt beginnt mit einer indirekten Frage, die eine persönliche Stellungnahme einleitet.
- Der vierte und der fünfte Abschnitt beginnen mit den lokalen Angaben *Bei uns / In Deutschland.* Durch diese Gegenüberstellung wird der Vergleich deutlich herausgearbeitet.
- Der letzte Abschnitt / Der Schluss beginnt mit der Wendung „So frage ich mich abschließend:"
  Mit dieser Wendung signalisiert der Verfasser, dass er jetzt zum Schluss kommt.
  (Redemittel für Einleitung und Schluss finden Sie auf S. 123.)

Verbindungswörter: Konnektoren

❖ Wörter, mit denen man Sätze verbinden kann, nennt man Konnektoren. Die Konnektoren drücken logische Beziehungen zwischen den Satzinhalten aus.

Zu den Konnektoren gehören Konjunktionen, z. B. *aber, und, oder, denn, es sei denn,* Subjunktionen, z. B. *weil, dass, wenn, obwohl, indem, je nachdem, ob* und Verbindungsadverbien, z. B. *darum, trotzdem, dagegen, demgegenüber.* (s. dazu die Grammatikkapitel 3 und 4, S. 218 ff.)

Beispiel

Ohne Konnektoren: Text 2A

> Lärm macht krank. Bei einem Spaziergang im Wald vernehmen wir einen wohltuenden Lärmpegel von etwa 18 Dezibel. Bei einem startenden Flugzeug halten wir uns die Ohren zu. Der Lärm von 125 Dezibel schmerzt bereits.

Mit Konnektoren: Text 2B

> Lärm macht krank. <u>Während</u> wir bei einem Spaziergang im Wald einen wohltuenden Lärmpegel von etwa 18 Dezibel vernehmen, halten wir uns bei einem startenden Flugzeug die Ohren zu, <u>denn</u> der Lärm von 125 Dezibel schmerzt bereits.

Aufgabe 2

1. Welche logischen Beziehungen werden durch die Konnektoren in Text 2B ausgedrückt? Kreuzen Sie an.

während
- ☐ eine Bedingung nennen
- ☐ vergleichen
- ☐ einen Gegensatz ausdrücken
- ☐ eine Alternative zeigen

denn

☐ einen Grund nennen
☐ die Zeitabfolge darstellen
☐ Frage im Nebensatz / indirekte Frage

Tipp: Nach Konjunktionen steht das Verb auf Position 2. Nach Subjunktionen steht das Verb am Ende des Nebensatzes.

2. Analysieren Sie die Wortstellung in den Sätzen mit *während* und *denn*.

Sie erkennen:
Mit *während* wird ein Nebensatz eingeleitet (Verb am Satzende), *während* ist also eine Subjunktion. Beim Konnektor *denn* folgt auf den Hauptsatz ein weiterer Hauptsatz (Verb auf Position 2), *denn* ist eine Konjunktion.

Aufgabe 3

Im folgenden Text geht es um **Konnektoren**.

1. Markieren Sie die Konnektoren und ordnen Sie sie nach ihren verschiedenen Funktionen.

Text 3

> Man kann nicht wissen, ob Männer anders denken als Frauen. Obwohl es viele Untersuchungen zu diesem Thema gibt, herrscht keine Einigkeit darüber, weil die Objektivität schnell verloren geht. Je nachdem, wie die Untersuchungen angelegt sind, kommen die Forscher zu unterschiedlichen Ergebnissen.
> 5 Bevor Frauen an einer Universität studieren durften, mussten sie lange dafür kämpfen. Und selbst wenn heute mehr Frauen als Männer ein Studium aufnehmen und erfolgreich abschließen, so sind Frauen in den höheren Rängen, z. B. bei den Professuren, immer noch stark unterrepräsentiert.
> Heute steht für die meisten Forscher immerhin eines fest: Männer entscheiden schneller, während Frauen mehr Ausdauer haben, wenn sie etwas durchsetzen wollen. Wenn
> 10 Wissenschaftler und Wissenschaftlerinnen in 100 Jahren wieder diese Frage untersuchen, dann wird eines sicher klar sein: Frauen denken vielleicht anders, aber sie sind genauso erfolgreich, wenn es um Karrierechancen geht.

Tipp: *wenn* kann eine zeitliche Abfolge oder eine Bedingung ausdrücken. *selbst wenn / auch wenn* haben eine einschränkende Bedeutung.

Funktionen

einen Grund nennen: ....

einschränken: ....

vergleichen: ....

eine Bedingung nennen: ....

eine Zeitabfolge darstellen: ....

einen Gegensatz ausdrücken: ....

abwägen: ....

eine indirekte Frage stellen: ....

2. Lesen Sie den Text noch einmal und beachten Sie die Stellung der Verben nach den Konnektoren.

Texte schreiben

Im folgenden Text gibt es **keine Konnektoren**, die Sätze stehen unverbunden nebeneinander, logische Beziehungen werden nicht ausgedrückt.

3. Machen Sie logische Beziehungen mit Hilfe von Konnektoren deutlich. Es gibt mehrere Möglichkeiten, schreiben Sie zwei verschiedene Texte. Achten Sie auf die Wortstellung.

Text ohne Konnektoren:

Text 4

> Viele Menschen machen eine Diät. Sie wollen gesünder leben. Es fällt schwer, weniger zu essen. Man kann seine Essgewohnheiten ändern. Sie haben 30 Kilogramm abgenommen. Sie fühlen sich wohler. Sie müssen aufpassen, nicht wieder alte Fehler zu begehen. Die meisten nehmen irgendwann wieder zu. Sie können ihren Appetit nicht zügeln. Manchen gelingt es tatsächlich, das neue Gewicht zu halten. Sie sind zu Recht stolz darauf.

Ihre Texte mit Konnektoren:

Text 4A

....
....
....
....
....

Text 4B

....
....
....
....
....

Aufgabe 4

Im folgenden Text geht es um **Verbindungsadverbien**.

1. Markieren Sie alle Verbindungsadverbien, die Sie im Text finden, und ordnen Sie sie nach ihren verschiedenen Funktionen.

Text 5

> Ein guter Text entsteht nicht erst auf der Tastatur oder auf dem Blatt Papier, er entsteht vielmehr schon vorher, im Kopf. Zuerst ist da die Aufgabe: Schreiben Sie einen Text darüber, wie man gutes Schreiben erlernen kann. Da sitzt man nun, denkt nach und grübelt hin und her, plötzlich ist sie da: die Idee. Dann spielt man mit dieser Idee,
> 5 entwickelt sie. Danach skizziert man grob den Aufbau des Textes: Zu fünf Punkten soll man etwas sagen und zwar in 200 Wörtern. Deshalb kontrolliert man auf der Skizze: Habe ich zu allen Punkten etwas zu sagen? Schließlich seufzt man leise und erleichtert, und zuletzt beginnt man mit dem Schreiben. Perfekt! Trotzdem sollte man zum Schluss noch einmal den entstandenen Text durchlesen, um zu überprüfen, ob
> 10 der Satzbau stimmt und der rote Faden zu erkennen ist.

Funktionen

eine Zeitabfolge darstellen: ....

einen Grund nennen: ....

einen Gegensatz ausdrücken: ....

eine Gegenposition nennen: ....

eine Aussage präzisieren: ....

2. Lesen Sie den Text noch einmal und beachten Sie die Wortstellung in den Sätzen mit den Verbindungsadverbien.

Sie erkennen:

❀ Verbindungsadverbien stehen häufig am Satzanfang. Das Verb folgt auf Position 2, danach steht das Subjekt:

„Schließlich seufzt man leise …"

❀ Verbindungsadverbien können aber auch im Satzinneren stehen, dann ist die Reihenfolge: Subjekt – Verb – Adverb:

„ Ein guter Text entsteht nicht erst auf der Tastatur oder auf dem Blatt Papier, er entsteht vielmehr schon vorher, im Kopf."

3. Schreiben Sie den folgenden Abschnitt neu und machen Sie die Probe: Verschieben Sie die Verbindungsadverbien ins Satzinnere.

Text 6

Deshalb kontrolliert man auf der Skizze: Habe ich zu allen Punkten etwas zu sagen? Schließlich seufzt man leise und erleichtert, und zuletzt beginnt man mit dem Schreiben. Perfekt! Trotzdem sollte man zum Schluss noch einmal den entstandenen Text durchlesen, um zu überprüfen, ob der Satzbau stimmt und der rote Faden zu erkennen ist.

....

....

....

....

Achten Sie auf die unterschiedliche Wortstellung nach
- Konjunktionen: Konjunktion – Subjekt – Verb
- Subjunktionen: Verb am Ende des Nebensatzes
- Verbindungsadverbien am Satzanfang: Adverb – Verb – Subjekt
- Verbindungsadverbien im Satzinneren: Subjekt – Verb – Adverb

Texte schreiben

Aufgabe 5

Im folgenden Text geht es um **zweiteilige Konnektoren**.

1. Markieren Sie die zweiteiligen Konnektoren und ordnen Sie sie den verschiedenen Funktionen zu.

Text 7

> Statistisch gesehen werden die Deutschen immer unglücklicher. Zwar steigen die Haushaltseinkommen nach wir vor, aber das Gefühl, glücklich zu sein, nimmt immer mehr ab. Nicht nur die älteren Generationen vermissen immer mehr Lebensfreude, sondern auch die Jungen klagen gern über mangelnde Lebenszufriedenheit. Wenn
> 5 weder die materielle Sicherheit Wohlgefühl vermitteln kann, noch der Umgang miteinander viel Freude vermitteln kann, dann ist diese Entwicklung ein bedenkliches Zeichen. Entweder nimmt man diesen Hang zu Pessimismus hin oder man bemüht sich um eine Veränderung. Je schneller gehandelt wird, desto besser wird auch wieder das Allgemeinbefinden im Land der DichterInnen und DenkerInnen sein. So dachte
> 10 man in Baden-Württemberg und führte darum das Pflichtfach „Glück" an einer Heidelberger Schule ein.

Funktionen

einen Gegensatz nennen: ....

eine Aussage einschränken: ....

zwei Sachverhalte ändern sich gleichermaßen: ....

zwei Alternativen nennen: ....

keine von beiden: ....

2. Analysieren Sie die Wortstellung in den Sätzen mit den zweiteiligen Konnektoren.

Nach welchen Konnektoren finden Sie die Reihenfolge: Verb – Subjekt?

....

Nach welchen Konnektoren finden Sie die Reihenfolge: Subjekt – Verb?

....

3. Ergänzen Sie den folgenden Text mit passenden zweiteiligen Konnektoren.

Text 8

> .... steigt die Zahl der Scheidungen ständig an, ... verliebt wird sich noch immer! Zu jeder Zeit, an jedem Ort der Welt finden sich zwei Herzen und wollen zueinander finden, um gemeinsam durch das Leben zu gehen. Wie viele Frauen und Männer sitzen gerade in einem Café oder einem Bus und tauschen verstohlene Blicke aus. .... länger sie dort sitzen, ... öfter schauen sie sich an und hoffen, es ergebe sich endlich eine Möglichkeit, diesen wunderbaren Menschen dort anzusprechen. Die Herzen beben, der Puls rast, der Mund wird ganz trocken. .... passiert jetzt gleich ein Wunder .... das große Glück geht so schnell vorbei, wie es gekommen ist, denkt man erschreckt, wenn der andere sich zu gehen anschickt.

Jetzt hilft .... das Wissen, wie man mit solch einer Situation umgeht, ... die Selbstsicherheit, die wir zuvor noch so stark verspürten. Mut, heißt es jetzt, ein Herz gefasst und einen Weg gesucht. Aber Achtung! .... der Mut zählt in diesem Augenblick, ... ein geistreicher Einfall, um das fremde Herz zu erobern. Ja, einfach ist der erste Schritt gerade nicht.

4. Versuchen Sie, den folgenden Text mit Hilfe zweiteiliger Konnektoren umzuschreiben.

Text 9

Und eines Tages ist es dann so weit: Auf einmal ist man verheiratet. Die hohen Scheidungsraten und die eindringlichen Warnungen der besten Freundin oder des besten Freundes haben nichts genützt. Eine Zeitlang geht alles gut. Aber allmählich schwindet der Zauber der Verliebtheit. Langeweile und Verdruss über die kleinen unangenehmen Gewohnheiten des anderen nehmen immer mehr zu. Man will es sich selbst noch nicht eingestehen.
Eines Tages aber wird einem klar: Man hat sich geirrt. Jetzt gibt es zwei Möglichkeiten. Man kann alles einfach so laufen lassen und seine Träume von der ewigen Liebe begraben. Man kann die Sache aber auch beenden nach dem Motto: Lieber ein Ende mit Schrecken als ein Schrecken ohne Ende.

....

....

....

....

....

....

....

....

....

....

....

Sie erkennen:

⚙ Konnektoren (einfache oder zweigliedrige) sind wichtige Bestandteile von Texten. Sie verbinden Sätze miteineinander und drücken logische Beziehungen aus. Sie führen den Text weiter, dorthin, wo Sie als Autor bzw. Autorin den Leser bzw. die Leserin führen wollen. Aber achten Sie darauf, dass Sie Ihre Sätze nicht zu lang und zu kompliziert machen, indem Sie zu viele Neben- und Hauptsätze aneinanderfügen. Wenn Sie die Texte in den vorangegangenen Abschnitten noch einmal lesen, werden Sie feststellen, dass es kein Satzgefüge gibt, das länger als zwei Zeilen ist.

Texte schreiben

Roter Faden – Verweiswörter

Auch Verweiswörter verbinden Sätze. Aber auf andere Art und Weise als die Konnektoren. Sie können sogar ganz Absätze miteinander verbinden. Verweiswörter findet man überall im Text. Sie halten den Text zusammen, indem sie auf etwas verweisen, was zuvor gesagt wurde oder auf etwas hinweisen, was danach kommt. Verweiswörter helfen, Wiederholungen zu vermeiden. (s. Grammatikkapitel 9, S. 230)

Beispiel

> Sie kamen aus der Türkei und aus Persien, aus Ägypten oder Syrien und sind heute nicht mehr aus Deutschland wegzudenken, **das** ist eine Tatsache.
> **Es** ist auch unbestritten, dass wir sie dringend brauchen.
> Der Grund **dafür** ist, sie haben Karriere gemacht und stehen in leitenden Funktionen.

Worauf beziehen sich die Wörter **das, es, dafür**?

So geht's

Sie kamen aus der Türkei und aus Persien, aus Ägypten oder Syrien

und sind heute nicht mehr aus Deutschland wegzudenken,

das ist eine Tatsache.

Es ist auch unbestritten, dass wir sie dringend brauchen.

Der Grund **da**für ist, sie haben Karriere gemacht und stehen in leitenden Funktionen.

Sie erkennen:
- Das Wort *das* ist hier kein Artikel oder Relativpronomen, sondern ein Verweiswort. Es bezieht sich auf die Aussage vorher.
- Auch *Es* verweist auf eine Aussage, aber auf eine Aussage, die erst noch folgt: „dass wir sie dringend brauchen".
- *dafür* verweist ebenfalls auf etwas, das im nachfolgenden Textteil genannt wird.

Aufgabe 6

Im folgenden Text geht es um **Verweiswörter**.

1. Markieren Sie alle Verweiswörter.

> Das Schaubild informiert über Fremdenfeindlichkeit in Deutschland. Dies ist eine Thematik, über die man nicht gerne spricht. Dabei stehen wir damit gar nicht so übel da, verglichen mit anderen Ländern. Überall auf der Welt gibt es Fremdenfeindlichkeit, denn was fremd ist, macht eben auch Angst. Und wenn die Fremden dann auch
> 5 noch erfolgreich sind im eigenen Land, schließt man sich in Gruppen zusammen, um sich gegenseitig Mut zu machen oder frustriert auf diese anderen zu schimpfen, weil es ihnen anscheinend besser geht. Das ist nicht nur in Deutschland so, sondern in jedem anderen Land der Welt findet sich diese Verhaltensweise, die dann bisweilen eskalieren kann, so dass es zu Ausschreitungen und Angriffen auf Ausländer kommt.
> 10 Und das ist schlimm, nicht die Tatsache, dass man Fremdes nicht mag. Darum muss sich jeder selbst fragen, wenn etwas Unbekanntes Angst macht: Warum spüre ich diese Angst? Ist sie berechtigt? Wenn wir dies in jeder uns bedrohlich anmutenden Situation beherzigen, wird Gewalt gegen Fremde mit Bestimmtheit zurückgehen.

2. Auf welche Textstellen verweisen die Verweiswörter? Visualisieren Sie die Bezüge durch farbige Linien im Text.

verweist auf

Z. 1: *dies* ....

Z. 2: *die* ....

Z. 2: *damit* ....

Z. 7: *ihnen* ....

Z. 7: *Das* ....

Z. 8: *diese Verhaltensweise* ....

Z. 8: *die* ....

Z. 10: *das* ....

Z. 12: *sie* ....

Z. 12: *dies* ....

Sie erkennen:

Der Text ist durchzogen von Wörtern (Pronomen, Artikel, Pronominaladverbien), die auf Vorangegangenes verweisen, sei es auf ein einzelnes Wort, einen Satzteil, einen ganzen Satz oder gar auf einen ganzen Abschnitt.

⚙ Verweiswörter ziehen sich wie ein Webfaden durch den Text („Ein Text ist wie ein Gewebe."), halten ihn zusammen. Man muss solche Bezüge erkennen, um einen Text zu verstehen.

Texte schreiben

3. Gehen Sie nun noch einmal zurück zu Text 1, S. 96.

Worauf beziehen sich die folgenden Verweiswörter?

bezieht sich auf

Z. 1:   *Das* ....

Z. 6:   *das* ....

Z. 14: *dies* ....

Sie haben gesehen:
Dieser Text beginnt sogar mit einem vorausweisenden Verweiswort.

4. In dem nun folgenden Text fehlen viele Verweiswörter. Versuchen Sie, ihn mit
passenden Verweiswörtern zu ergänzen.

Text 11

.... ist heutzutage wichtiger denn je, Fremdsprachen zu erlernen, denn die
Welt ist kleiner, schneller und damit interessanter geworden. .... ist nicht
nur eine Folge von Erfindungen, wie etwa dem Auto, dem Flugzeug oder Internet, sondern auch eine Folge unserer veränderten Lebensgewohnheiten. .... erwecken
5 den Wunsch, an die entferntesten Orte der Welt zu reisen, um Neues kennen zu lernen.
.... erleichtern uns den Abschied, wenn wir .... gehen, wo wir den
besten Verdienst für unsere Arbeitsleistung erhalten. Und wollen wir nicht nach einem
arbeitsreichen Leben unseren Lebensabend .... verbringen, wo der Sonnen-
schein garantiert ist?

10 All .... gelingt uns aber nur dann, wenn wir in der neuen Umgebung auch
heimisch werden können und nicht wegen mangelnder Sprachkenntnisse ausgeschlossen
sind von dem Leben in der neuen Heimat. Wir brauchen die Sprache des Landes, in dem
wir leben, ... ermöglicht uns teilzunehmen am Leben, mit den Menschen
.... zu kommunizieren, also ein erfülltes, reiches Leben zu leben.

5. Schreiben Sie nun einen Text von etwa 100 Wörtern zu einem selbst gewählten
Thema. Verwenden Sie mindestens 10 Verweiswörter. Schreiben Sie den Text in zwei,
drei Abschnitten und verwenden Sie Verweiswörter, die sich auf die Abschnitte
beziehen.

↳ ....

....

....

....

....

....

....

....

Gegen Monotonie – Satzbau variieren

Während die Stellung des Verbs im Deutschen strengen Regeln folgt (Regel Nr. 1: Im Hauptsatz steht das konjugierte Verb auf Position 2), ist die Stellung der anderen Satzglieder relativ frei und kann variiert werden. Diese Variationen sind allerdings nicht willkürlich. Es kommt auf den Kontext an und darauf, welche Satzteile hervorgehoben, also betont werden sollen. Alles, was vom Grundschema des Satzbaus abweicht, hat eine besondere Bedeutung, ein besonderes Gewicht aus der Perspektive des Sprechers / Schreibers. Die folgenden Beispielsätze sollen das verdeutlichen.

Satz 1
Der Künstler feierte am Tag der Ausstellungseröffnung seinen 80. Geburtstag.

↳ Dieser Satz zeigt die „normale", unmarkierte Wortstellung:
Subjekt – Verb – Zeitangabe – Akkusativergänzung.

Satz 2
Der Künstler feierte seinen 80. Geburtstag **am Tag der Ausstellungseröffnung**.

↳ Im Deutschen gilt: Eine neue wichtige Information steht häufig am Satzende. Der Informationswert resultiert hier aus der Frage: **Wann** feierte der Künstler seinen Geburtstag? – Die Betonung liegt auf der Zeitangabe: am Tag der Ausstellungseröffnung. Deshalb steht sie hier am Ende des Satzes.

Satz 3
Am Tag der Ausstellungseröffnung feierte der Künstler **seinen 80. Geburtstag**.

↳ Dass der Geburtstag (betont) nun am Ende des Satzes steht, weist darauf, dass diese Tatsache hervorgehoben werden soll. Frage: **Was** feierte der Künstler am Tag der Ausstellungseröffnung? – Seinen (80.) **Geburtstag**.

Satz 4
Seinen **80.** Geburtstag feierte der Künstler am Tag der Ausstellungseröffnung.

↳ Dass die Akkusativ-Ergänzung mit der Zahlenangabe am Satzanfang steht, gibt dieser eine ganz besondere, hervorgehobene Bedeutung. Dahinter könnte die Frage stehen: **Welchen** Geburtstag feierte der Künstler am Tag der Ausstellungseröffnung? – Seinen **80.** Geburtstag.

Sie erkennen:
⊛ Es gibt verschiedene Möglichkeiten, einen Satz aufzubauen. Variationen im Satzbau machen einen Text lebendig. Entscheidend ist der Kontext: Was ist in diesem Satz jetzt die wichtige, neue Information? Im Deutschen steht diese oft am Satzende. Am Satzanfang steht dann das Bekannte, bereits Erwähnte, über das schon gesprochen wurde und das nun aufgegriffen und weitergeführt wird.

⊛ Manchmal allerdings steht das Neue, Überraschende auch am Satzanfang. Weil diese Wortstellung einem Grundprinzip des deutschen Satzbaus widerspricht, wirkt dieser vorangestellte Satzteil dann besonders betont, wichtig.

Variationen im Satzbau können auch als Stilmittel verwendet werden.

Tipp: Variieren Sie in Ihrem Text den Satzbau. Stellen Sie Fragen, um zu definieren, welchen Satzteil Sie hervorheben möchten.

Texte schreiben

Aufgabe 7

1. Lesen Sie den folgenden Text. Achten Sie dabei besonders auf die Satzanfänge.

Der Kampf um die Liegen

Machen Sie auch so gern wie wir Deutschen Urlaub im Süden? Oder haben Sie die Sonne direkt vor der Haustür? Und da brennt sie unaufhörlich, ist viel zu heiß! Dreimal am Tag würden Sie am liebsten unter der Dusche stehen?
Solch ein Sommergefühl haben Deutsche nicht! Und deshalb fahren sie so gern nach
5 Spanien und Italien, nach Griechenland und in die Türkei. In ihrem Heimatland wissen sie ja nie: Waren die drei Tage Sonne im April schon der ganze Sommer und jetzt folgen nur noch nasskalte Regentage? Doch wie jede Pflanze braucht auch der Mensch Licht für das Wohlbefinden. So sparen Deutsche fleißig, damit sie auch wirklich die Sonne erleben. Wie sehr freuen sie sich ab Dezember auf den Sommerurlaub,
10 auf das Faulenzen am Strand, das Schwimmen im Meer, das gute Essen im Hotel. So stehen sie die Zeit bis zu den großen Ferien durch, arbeiten fleißig, denn sie wissen, der nächste Urlaub kommt bestimmt.
Aber halt, ein wenig Angst beschleicht die Bundesbürger schon, wenn sie an diese kostbaren Sommertage denken. Da gibt es nämlich auch die anderen Nordländer,
15 etwa Schweden oder England, Polen und Russland. Deren Bürger suchen im Sommer auch die Sonne, Licht und Wohlbefinden. Und das macht uns Deutschen eben manchmal Angst. Denn im Sommer leben wir alle gemeinsam in einer Hotelanlage mit einem wunderbaren Pool, und um diesen Pool herum stehen wunderbare Liegen. Herrlich könnte man da die Sonne mit einem Drink in der Hand genießen – wären
20 diese Liegen nicht immer besetzt mit Leuten, die schon selig dort ruhen, oder mit Handtüchern, die stundenlang dort alleine harren …

2. Mit welchem Satzteil beginnen die folgenden Sätze? Überlegen Sie im Kontext des Textes, warum der Verfasser gerade diesen Satzanfang gewählt hat?

Z. 1: <u>Machen Sie</u> auch so gern wie wir Deutschen Urlaub im Süden?

....

Z. 2/3: <u>Dreimal am Tag </u>würden Sie am liebsten unter der Dusche stehen?

....

Z. 4: <u>Solch ein Sommergefühl</u> haben Deutsche nicht!

....

Z. 4/5: <u>(Und) deshalb</u> fahren sie so gern nach Spanien und Italien, nach Griechenland und in die Türkei.

....

Z. 5/6: <u>In ihrem Heimatland</u> wissen sie ja nie: Waren die drei Tage Sonne im April schon der ganze Sommer …

....

Z. 7/8: <u>Doch wie jede Pflanze</u> braucht auch der Mensch Licht für das Wohlbefinden.

....

Z. 13 / 14: Aber halt, <u>ein wenig Angst</u> beschleicht die Bundesbürger schon, wenn sie an diese kostbaren Sommertage denken.

....

Z. 15 / 16: <u>Deren Bürger</u> suchen im Sommer auch die Sonne, Licht und Wohlbefinden.

....

Z. 19: <u>Herrlich</u> könnte man da die Sonne mit einem Drink in der Hand genießen –

....

Sie haben gemerkt: Der Verfasser dieses Textes arbeitet gern mit starken Hervorhebungen am Satzanfang. Das ist für ihn ein Stilmittel, um Aufmerksamkeit und Spannung zu erzeugen.

3. Vergleichen Sie die beiden folgenden Textabschnitte. Worin liegen die Unterschiede?

Text 13A

> Solch ein Sommergefühl haben Deutsche nicht. Und deshalb fahren Sie so gern nach Spanien und Italien, nach Griechenland und in die Türkei. In ihrem Heimatland wissen sie ja nie: Waren die drei Tage Sonne im April schon der ganze Sommer und jetzt folgen nur noch nasskalte Regentage? Doch wie jede Pflanze braucht auch der
> 5 Mensch Licht für das Wohlbefinden. So sparen Deutsche fleißig, damit sie auch wirklich die Sonne erleben. Wie sehr freuen sie sich ab Dezember auf den Sommerurlaub, auf das Faulenzen am Strand, das Schwimmen im Meer, das gute Essen im Hotel. So stehen sie die Zeit bis zu den großen Ferien durch, arbeiten fleißig, denn sie wissen, der nächste Urlaub kommt bestimmt.

Text 13B

> Deutsche haben nicht solch ein Sommergefühl und deshalb fahren sie so gern nach Spanien und Italien, nach Griechenland und in die Türkei. Sie wissen ja in ihrem Heimatland nie, ob die drei Tage Sonne im April schon der ganze Sommer waren und ob jetzt nur noch nasskalte Regentage folgen. Doch auch der Mensch braucht wie jede
> 5 Pflanze Licht für das Wohlbefinden. So sparen Deutsche fleißig, damit sie auch wirklich die Sonne erleben. Sie freuen sich ab Dezember sehr auf den Sommerurlaub, auf das Faulenzen am Strand, das Schwimmen im Meer, das gute Essen im Hotel. So stehen sie die Zeit bis zu den großen Ferien durch, arbeiten fleißig, denn sie wissen, der nächste Urlaub kommt bestimmt.

4. Welcher der beiden Texte gefällt Ihnen besser? Warum?

5. Beschreiben Sie den Unterschied zwischen den beiden folgenden Aussagen.

– Wie sehr freuen sie sich ab Dezember auf den Sommerurlaub!
– Sie freuen sich ab Dezember sehr auf den Sommerurlaub.

Satz 1: ....

Satz 2: ....

Texte schreiben

Aufgabe 8

1. Stellen Sie die unterstrichenen Satzteile an den Satzanfang.

a. Man kann <u>im Schaubild</u> auch <u>erkennen</u>, <u>dass die Motoren genau geprüft werden</u>.

– ....

– ....

– ....

b. Intensiv wird <u>an Techniken für erneuerbare Energien</u> gearbeitet.

– ....

– ....

– ....

c. Wegen der drohenden Rezession meiden <u>viele Anleger</u> <u>das Risiko</u>.

– ....

– ....

d. Die Autobahnen in der Schweiz sind <u>nach einer in der vergangenen Woche veröffentlichten Statistik</u> <u>die sichersten (Autobahnen)</u> in Europa.

– ....

– ....

e. An der Idee eines Flughafensystems Frankfurt-Hahn will <u>der Betreiber weiter festhalten</u>.

– ....

– ....

2. Auch diese Satzanfänge sind möglich. Probieren Sie es.

a. Genau geprüft ....

c. Der drohenden Rezension ....

d. In Europa ....

3. Lesen Sie die Ergebnisse Ihrer Umstellungen in Übung 1 und 2 laut und überlegen Sie: Was ändert sich durch die Umstellungen (Betonung, Gewichtung, zugrunde liegende Fragestellung)?

Wichtiger Hinweis

⚙ Nomen mit Genitivergänzungen (Beispiel e) und durch Präpositionen verbundene Wortgruppen (Beispiele b, d, e) dürfen nicht auseinandergerissen werden. Sie müssen immer mit ihrem Bezugswort verbunden bleiben.

Schriftlicher Ausdruck, Teil 1
Beschreibung dieses Prüfungsteils

Was bekommen Sie?

⚙ Sie erhalten drei Vorlagen:

– ein Themenblatt

Darauf finden Sie zwei Themen und eine kurze Beschreibung der Aufgabe. Sie haben kurz Zeit, sich für eins der beiden Themen zu entscheiden.

Nach Ihrer Entscheidung bekommen Sie:

– ein Aufgabenblatt

Darauf finden Sie ein Schaubild oder eine Grafik mit Informationen zu dem von Ihnen gewählten Thema und fünf Leitpunkte, die Sie in Ihrem Text berücksichtigen sollen, sowie die genaue Beschreibung der Aufgabe für die Textproduktion.

– einen Antwortbogen, in den Sie Ihren Text schreiben

Sie bekommen auch ein Notizblatt für Ihre Notizen.

Was sollen Sie tun?

⚙ Sie sollen

– einen Text von ca. 200 Wörtern zu dem von Ihnen gewählten Thema schreiben und dabei fünf Leitpunkte beachten.

Was müssen Sie können, um diese Aufgabe zu lösen?

⚙ Sie müssen

– Ihren Text logisch aufbauen,
– passende Redemittel verwenden,
– die Sätze mit Hilfe von Konnektoren verbinden,
– streng beim vorgegebenen Thema und den fünf Leitpunkten bleiben.

Aufgabentyp

⚙ Textproduktion

Dauer

⚙ Für die Textproduktion haben Sie 65 Minuten Zeit.

Diese Zeit müssen Sie gut aufteilen: Notizen machen, Text in den Antwortbogen schreiben.

Wie wird diese Aufgabe bewertet?

⚙ Sie können maximal 20 Punkte erreichen.

Schriftlicher Ausdruck, Teil 1

Bewertung der Textproduktion Schriftlicher Ausdruck, Teil 1:

1. Inhalt	4 Punkte	3 Punkte	2 Punkte	0,5–1 Punkt	0 Punkte
	alle fünf Leitpunkte ausreichend beachtet	nur vier Leitpunkte beachtet	nur drei Leitpunkte beachtet	ein oder zwei Leitpunkte beachtet oder Leitpunkte zu kurz dargestellt	sich nicht an die Leitpunkte gehalten
2. Textaufbau	**5 Punkte**	**4 Punkte**	**3 Punkte**	**1–2 Punkte**	**0 Punkte**
	flüssiger Aufbau, Gebrauch von Redemitteln und Konnektoren	weniger flüssiger Aufbau, wenige Redemittel und Konnektoren	kein roter Faden, Redemittel und Konnektoren teilweise fehlerhaft	kein roter Faden, keine Konnektoren	unlogisch aufgebauter Text
3. Wortschatz	**5 Punkte**	**4 Punkte**	**3 Punkte**	**1–2 Punkte**	**0 Punkte**
	sehr großer Wortschatz, Wörter richtig verwendet	relativ großer Wortschatz, wenige Wortfehler	Wortschatz noch in Ordnung, an einigen Stellen Wortschatzprobleme	zu geringer Wortschatz, kann sich oft nicht richtig ausdrücken	Text ist unverständlich
4. Korrektheit	**6 Punkte**	**5–4 Punkte**	**3 Punkte**	**2–1 Punkte**	**0 Punkte**
	nur sehr wenige Fehler	einige Fehler, der Text bleibt aber verständlich	einige Fehler, der Text lässt sich dadurch stellenweise nur schwer verstehen	viele Fehler, Leseverstehen wird oft behindert	zu viele Fehler, Text ist dadurch unverständlich

Wie Sie in der Kategorie „Textaufbau" eine gute Bewertung erreichen können, erfahren Sie im Kapitel „Einen Text schreiben – einen Text gestalten", S. 94 ff.

Wichtiger Hinweis

⚙ Wenn Sie in einer Kategorie 0 Punkte bekommen, haben Sie die gesamte Prüfung nicht bestanden.

Überblick Schriftlicher Ausdruck, Teil 1:

	Prüfungsziele	Schreibhandlungen	Vorlagen	Aufgabentyp	Aufgabenzahl	Punkte
SA 1	einen zusammenhängenden Text von ca. 200–250 Wörtern nach Vorgaben schreiben	• beschreiben • informieren • vergleichen • zusammenfassen • Meinung äußern • Stellung nehmen	• 1 Themenblatt mit zwei Themen zur Wahl • 1 Arbeitsblatt mit Schaubild / Grafik und 5 Leitpunkten • 1 Antwortbogen	Textproduktion (gelenktes Schreiben)	1	20
Dauer: 65 Minuten						

In den folgenden Abschnitten erfahren Sie, wie Sie bei der Textproduktion Schritt für Schritt vorgehen können.

Textproduktion Schritt für Schritt

Vor dem Schreiben

Sie erhalten ein Blatt mit zwei Themen.

Beispiel

Thema 1: **Familie und Beruf** Ihre Aufgabe ist es, sich schriftlich dazu zu äußern, welcher Zusammenhang zwischen der Erwerbstätigkeit von Eltern und dem Alter ihrer Kinder besteht. Dazu erhalten Sie Informationen in Form eines Schaubilds.	**Thema 2:** **Lernen bis zur Rente** Ihre Aufgabe ist es, sich schriftlich dazu zu äußern, welchen Stellenwert lebenslanges Lernen für die Berufstätigkeit in der Zukunft haben wird. Dazu erhalten Sie Informationen in Form eines Schaubilds.

Thema wählen

1. Bearbeitungsschritt

Für eines der Themen müssen Sie sich entscheiden. Wenn Sie den Prüfern Ihren Themenwunsch mitgeteilt und das entsprechende Arbeitsblatt erhalten haben, können Sie Ihre Entscheidung nicht mehr rückgängig machen.

↳ Sie müssen also zunächst die Themenstellung genau verstehen.

Aufgabe 1

1. Unterstreichen Sie die Schlüsselwörter in den beiden Themenformulierungen.

2. Worum geht es bei den beiden Themen? Notieren Sie in eigenen Worten.

Thema 1: ....

Thema 2: ....

3. Welches Thema interessiert Sie? Über welches Thema wissen Sie etwas? Schreiben Sie das Thema in das Assoziogramm (S. 114) und notieren Sie Stichwörter zu dem Thema.

Schriftlicher Ausdruck, Teil 1

Sich auf das gewählte Thema einstellen – Vorwissen aktivieren

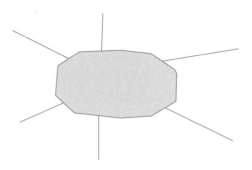

Beispiel

Das Aufgabenblatt enthält:

– Ihre Aufgabe
– ein Schaubild mit Informationen zum Thema
– fünf Leitpunkte, über die Sie schreiben sollen

Sie sollen sich dazu äußern, wie das Alter der Kinder die Erwerbstätigkeit von Eltern beeinflusst und welche Veränderungen man dabei beobachten kann. Wie beurteilen Sie diese Entwicklung?

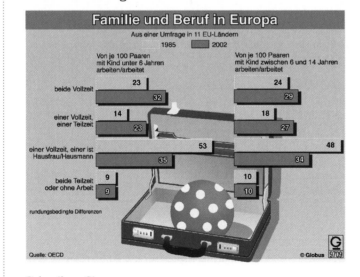

Schreiben Sie,

über den Zusammen-
hang zwischen dem
Alter der Kinder und
der Erwerbstätigkeit
der Eltern

was Ihrer Meinung
nach für oder gegen
die Erwerbstätigkeit
von Eltern mit Kindern
spricht

wie die Situation in
Ihrem Heimatland ist

worauf Sie diese Ver-
änderungen zurück-
führen

welche Veränderungen
in der Statistik
aufgezeigt werden

So geht's

↳ Lesen und analysieren Sie die Aufgabe genau.
↳ Lesen und analysieren Sie die fünf Leitpunkte genau und überlegen Sie: Was wird von mir erwartet?
↳ Sehen Sie sich die Informationen im Schaubild an, beachten Sie dabei, was die Zahlen im Schaubild genau bedeuten.

Aufgabe genau lesen und verstehen

3. Bearbeitungsschritt

Am Kopf des Arbeitsblattes ist die Aufgabe formuliert.

➲ Lesen Sie nun die Aufgabe.

Was genau sollen Sie in der Aufgabe tun?

➲ Formulieren Sie in eigenen Worten.

Beispiel

Ich soll über den Zusammenhang zwischen dem Alter von Kindern und der Erwerbstätigkeit von Eltern schreiben. Ich soll meine Meinung zu den Veränderungen dieser Erwerbstätigkeit äußern.

➲ Schreibhandlungen:

- ☒ a. informieren
- ☐ b. beschreiben
- ☐ c. vergleichen
- ☒ d. Meinung äußern / Stellung nehmen

Aufgabe 2

Beschreiben Sie bei den folgenden Aufgabenstellungen in eigenen Worten, wie Sie die Schreibaufgabe verstehen. Kreuzen Sie dann die Schreibhandlungen an.

Aufgabenstellung 1:

Sie sollen sich zum Freizeitverhalten älterer Menschen äußern. Gehen Sie dabei auch auf die Unterschiede zwischen Männern und Frauen ein.

Was genau sollen Sie tun?

....

....

....

Welche Schreibhandlungen erkennen Sie?
- ☐ a. informieren
- ☐ b. beschreiben
- ☐ c. vergleichen
- ☐ d. Meinung äußern / Stellung nehmen

Aufgabenstellung 2:

Sie sollen über die Lebensbedingungen deutscher Studenten informieren. Gehen Sie dabei auf die soziale Herkunft der Studierenden ein.

Was genau sollen Sie tun?

....

....

....

Welche Schreibhandlungen erkennen Sie?
- ☐ a. informieren
- ☐ b. beschreiben
- ☐ c. vergleichen
- ☐ d. Meinung äußern / Stellung nehmen

Aufgabenstellung 3:

Sie sollen sich zum Ernährungsverhalten Jugendlicher äußern. Gehen Sie dabei auf Faktoren wie Bildung und Geschlecht ein.

Was genau sollen Sie tun?

....

....

....

Welche Schreibhandlungen erkennen Sie?
- ☐ a. informieren
- ☐ b. beschreiben
- ☐ c. vergleichen
- ☐ d. Meinung äußern / Stellung nehmen

Aufgabenstellung 4:

Sie sollen über den Energieverbrauch in Deutschland und in Ihrem Heimatland schreiben. Gehen Sie dabei auch auf die verschiedenen Energieerzeugungsarten ein.

Was genau sollen Sie tun?

....

....

....

Welche Schreibhandlungen erkennen Sie?
- ☐ a. informieren
- ☐ b. beschreiben
- ☐ c. vergleichen
- ☐ d. Meinung äußern / Stellung nehmen

Sie erkennen:
- ◌ Die Schreibaufgabe erfordert unterschiedliche Schreibhandlungen. Diese Schreibhandlungen werden durch unterschiedliche Formulierungen deutlich.

Aufgabe 3

1. Ordnen Sie die folgenden Formulierungen den Schreibhandlungen zu. Kreuzen Sie an.

	Schreibhandlung
1. Schreiben Sie über:	a. b. c. d.
2. Stellen Sie … dar: …	a. b. c. d.
3. Geben Sie die Informationen …. wieder …	a. b. c. d.
4. Äußern Sie sich zu …	a. b. c. d.
5. Gehen Sie auch auf die Situation in Ihrem Heimatland ein.	a. b. c. d.
6. Geben Sie einen kurzen Überblick …	a. b. c. d.
7. Wie ist Ihrer Meinung nach …?	a. b. c. d.
8. Nehmen Sie auch Stellung zu …	a. b. c. d.
9. Wie stehen Sie zu …?	a. b. c. d.

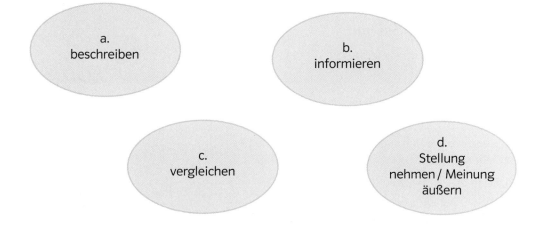

a. beschreiben

b. informieren

c. vergleichen

d. Stellung nehmen / Meinung äußern

Tipp: Analysieren Sie die Formulierung der Schreibaufgabe genau. Dann erkennen Sie, was genau von Ihnen erwartet wird.

Die fünf Leitpunkte genau lesen

4. Bearbeitungsschritt

Aufgabe 4

Sie haben zum Beispiel ein Schaubild zum Thema „Freizeitaktivitäten älterer Menschen"
erhalten. Dazu gibt es fünf Leitpunkte, zu denen Sie schreiben sollen. Diese Leitpunkte
können unterschiedlich formuliert sein.

Variante 1

Schreiben Sie,

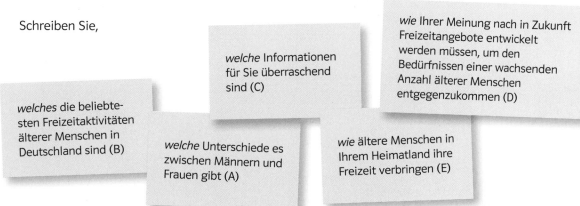

wie Ihrer Meinung nach in Zukunft Freizeitangebote entwickelt werden müssen, um den Bedürfnissen einer wachsenden Anzahl älterer Menschen entgegenzukommen (D)

welche Informationen für Sie überraschend sind (C)

welches die beliebtesten Freizeitaktivitäten älterer Menschen in Deutschland sind (B)

welche Unterschiede es zwischen Männern und Frauen gibt (A)

wie ältere Menschen in Ihrem Heimatland ihre Freizeit verbringen (E)

Variante 2

Schreiben Sie *über*

mögliche zukünftige Entwicklung von Freizeitangeboten, um den Bedürfnissen einer wachsenden Anzahl älterer Menschen entgegenzukommen (D)

überraschende Informationen (C)

beliebteste Freizeitaktivitäten älterer Menschen in Deutschland (B)

Unterschiede zwischen Männern und Frauen (A)

Freizeitbeschäftigungen älterer Menschen in Ihrem Heimatland (E)

1. Überlegen Sie:

Was genau sollen Sie tun?

Kreuzen Sie an: richtig oder falsch?

	richtig	falsch
(B) Sie sollen in Ihrem Text alle Freizeitaktivitäten von älteren Menschen in Deutschland aufzählen.	☐	☐
(A) Sie sollen die Unterschiede im Freizeitverhalten von Männern und Frauen herausarbeiten.	☐	☐
(C) Wenn es für Sie keine überraschenden Informationen gibt, schreiben Sie das in Ihrem Text.	☐	☐
(E) Sie sollen über Freizeitaktivitäten älterer Menschen in Ihrem Heimatland schreiben.	☐	☐
(D) Sie sollen darüber schreiben, was ältere Menschen in der Zukunft machen werden.	☐	☐
(D) Sie sollen beschreiben, welche Freizeitangebote man künftig für ältere Menschen anbieten könnte.	☐	☐

Um zu klären, worüber genau Sie schreiben sollen, empfiehlt es sich, die Leitpunkte in Fragen umzuwandeln. In der Prüfung haben Sie allerdings wenig Zeit, dann formulieren Sie die Leitpunkte nur in Gedanken um.

2. Formen Sie die Leitpunkte zum Freizeitverhalten älterer Menschen in Fragen um.

(B) *Welches sind die beliebtesten Freizeitaktivitäten älterer Menschen in Deutschland?*

(A) ....

(C) ....

(E) ....

(D) ....

Tipp: Formen Sie die Leitpunkte in Gedanken in Fragen um.

In den Leitpunkten sind verschiedene Schreibhandlungen versteckt.

3. Welche der Leitpunkte zu den „Freizeitaktivitäten älterer Menschen" beziehen sich Ihrer Meinung nach direkt auf das Schaubild?

....

⚙ Bei Leitpunkten, die sich direkt auf das Schaubild beziehen, sollen Sie in Ihrem Text **Informationen wiedergeben**. Geben Sie in Ihrem Text nur die Informationen aus dem Schaubild wieder, nach denen in den Leitpunkten gefragt wird. Wenn das Schaubild sehr viele Informationen enthält, müssen Sie oft einige **Informationen zusammenfassen**. Oft enthalten die Schaubilder auch noch weitere Informationen, die in den Leitpunkten nicht erwähnt werden. Über diese Informationen brauchen Sie nicht zu schreiben.

4. Welche Schreibhandlungen erfordern die Leitpunkte D und E?

(D): ....

(E) ....

Tipp: Analysieren Sie die Leitpunkte immer in Bezug auf:
– genauen Inhalt
– Schreibhandlungen

Zu den Leitpunkten (D) und (E) gibt Ihnen das Schaubild keine Informationen, denn Sie sollen die im Schaubild dargestellte Situation älterer Menschen **mit der Situation in Ihrem Heimatland** vergleichen (E), und Sie sollen darüber schreiben, wie **Ihrer Meinung nach** Freizeitangebote für ältere Menschen in Zukunft entwickelt werden sollten (D).

⚙ In der Regel enthalten die Leitpunkte in diesem Prüfungsteil immer einen Punkt zum Vergleich mit der Situation in Ihrem Heimatland und einen Punkt, in dem Sie Ihre eigene Meinung sagen sollen. Zu diesen Punkten müssen Sie also vor dem Schreiben eigene Ideen sammeln.

Aufgabe 5

1. Sammeln Sie Ideen zum Vergleich mit Ihrem Heimatland. Notieren Sie Stichwörter.

Wie verbringen ältere Menschen in Ihrem Heimatland ihre Freizeit?

Altersunterschiede: ....

Männer: ....

Frauen: ....

Jahreszeiten: ....

...

2. Notieren Sie Ihre Vorschläge für Freizeitangebote in der Zukunft in Stichwörtern.

Welche Freizeitangebote für ältere Menschen müssen Ihrer Meinung nach in Zukunft entwickelt werden?

....

....

....

....

....

....

....

Tipp: Sammeln Sie für den Vergleich mit Ihrem Heimatland und für Ihre eigene Meinung ein paar Ideen, bevor Sie zu diesen Leitpunkten schreiben.

5. Bearbeitungsschritt

Das Schaubild / Die Grafik analysieren

Ein Schaubild enthält neben Zahlen und Balken auch Bildelemente, eine Grafik besteht nur aus Balken und Zahlen.

Bevor Sie aus den Leitpunkten eine Gliederung für Ihren Text entwerfen, sollten Sie das Schaubild / die Grafik analysieren.

Das Schaubild oder die Grafik liefern Ihnen Informationen zu einigen Leitpunkten. Sie geben Ihnen auch den Rahmen für den Vergleich mit der Situation in Ihrem Heimatland.

Beispiel Grafik

Studierende an der Universität Wien

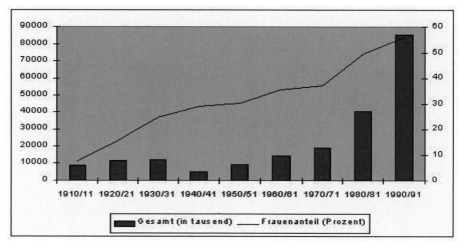

© Universität Wien

So geht's

Schauen Sie sich die Grafik an und stellen Sie Fragen, z. B.:

↳ Was ist das Thema? Gibt es vielleicht ein verstecktes zweites Thema?
↳ Was bedeuten die Balken? Was bedeutet die aufsteigende Linie?
↳ Was bedeuten die Zahlen der horizontalen Linie unten?
↳ Was bedeuten die Zahlen der linken vertikalen Linie? Zu welchem Thema gehören sie?
↳ Was bedeuten die Zahlen der rechten vertikalen Linie? Zu welchem Thema gehören sie?

Aufgabe 6

Notieren Sie Antworten zu den folgenden Fragen.

1. Was ist das Hauptthema des Schaubildes?

....

2. Was ist das zweite Thema des Schaubildes?

....

3. Welche Information geben die Balken?

....

4. Welche Information gibt die aufsteigende Linie?

....

5. Was bedeuten die Zahlen auf der horizontalen Linie?

....

6. Was ist mit den Zahlen der linken vertikalen Linie gemeint?

....

7. Was drücken die Zahlen der rechten vertikalen Linie aus?

....

8. Von wem stammen die Informationen?

....

9. Welche Information(en) gibt uns das Schaubild?

....

Haben Sie die Fragen richtig beantwortet?

1. Das Hauptthema ist: Studierende an der Universität Wien.
2. Das zweite Thema ist der prozentuale Anteil der Studentinnen.
3. Die Balken zeigen die Gesamtzahl aller Studenten an.
4. Die aufsteigende Linie zeigt die Prozentanteile der Frauen.
5. Die horizontale Linie zeigt die Jahre von 1910 bis 1991.
6. Links kann man die Gesamtzahl der Studierenden (Männer und Frauen) ablesen.
7. Rechts stehen die Prozentzahlen für den Anteil der Studentinnen.
8. Die Informationsquelle ist die Universität Wien.
9. Das Schaubild informiert uns darüber, wie viele Studierende zwischen 1910 und 1991 an der Universität Wien studiert haben und wie hoch der Anteil der Frauen an den Studierenden in den jeweiligen Jahren war.

Textgliederung aus den Leitpunkten erstellen

In der Prüfung werden die Leitpunkte ungeordnet auf Kärtchen genannt. Daraus ergibt sich nicht automatisch eine Reihenfolge für Ihren Text. Sie müssen sich kurz über die Gliederung Ihres Textes Gedanken machen.

So geht's

↳ Lesen Sie die Leitpunkte genau.
↳ Erstellen Sie aus den Leitpunkten eine Gliederung.
↳ Formulieren Sie Einleitung und Schluss.

Aufgabe 7

Die Leitpunkte zum Schaubild „Freizeitaktivitäten älterer Menschen in Deutschland" sind ungeordnet. Bevor Sie anfangen, Ihren Text zu schreiben, müssen Sie die Leitpunkte in eine logische Ordnung bringen. Diese ergibt dann Ihre Textgliederung.

Schreiben Sie,

welches die beliebtesten Freizeitaktivitäten älterer Menschen in Deutschland sind (B)

wie ältere Menschen in Ihrem Heimatland ihre Freizeit verbringen (E)

welche Informationen für Sie überraschend sind (C)

welche Unterschiede es zwischen Männern und Frauen gibt (A)

wie Ihrer Meinung nach in Zukunft Freizeitangebote entwickelt werden müssen, um den Bedürfnissen einer wachsenden Anzahl älterer Menschen entgegenzukommen (D)

1. In welcher Reihenfolge würden Sie die Leitpunkte behandeln? Notieren Sie die Leitpunkte in Form von Fragen (wie in Aufgabe 4.2, S. 118).

Thema: Freizeitaktivitäten älterer Menschen in Deutschland

Gliederung:

1. ....
2. ....
3. ....
4. ....
5. ....

Wahrscheinlich haben Sie die Leitpunkte B, A, C an den Anfang gestellt, denn sie beziehen sich auf die Beschreibung des vorgegebenen Schaubilds. Damit sollten Sie auf jeden Fall anfangen.

Tipp: Beginnen Sie mit der Beschreibung des Schaubilds / der Grafik.

Wenn Sie es sich genau überlegt haben, dann ist B Ihr erster Gliederungspunkt, denn er fragt nach dem Hauptthema des Schaubilds. Dann folgt A als Unterthema. Mit C können Sie die Beschreibung der Grafik abschließen.

Sie können natürlich auch mit C beginnen (Das überrascht mich: ...) und die Beschreibung des Schaubilds anschließen.

Auch bei den Gliederungspunkten E und D bietet sich eine bestimmte Reihenfolge an. Mit dem Punkt E vergleichen Sie das Schaubild mit der Situation in Ihrer Heimat. Punkt D gibt dann den Abschluss mit einem Ausblick auf die Zukunft und Ihrer persönlichen Stellungnahme.

Ihr Text gewinnt an Struktur, wenn Sie die Einleitung mit dem Leitpunkt 1 verknüpfen und den Schluss mit einer entsprechenden Wendung versehen (s. auch S. 96 – 98).

So könnte die Gliederung Ihres Textes aussehen:

Einleitung / Leitpunkt 1	Thema + Aussage des Schaubilds
Leitpunkt 2	Unterschiede: Männer – Frauen
Leitpunkt 3	Überraschende Information(en)
Leitpunkt 4	Vergleich mit Heimatland
Schluss / Leitpunkt 5	Zukunft und persönliche Stellungnahme

Tipp: Bilden Sie aus den Leitpunkten eine logische Gliederung Ihres Textes.

Redemittel zur Einleitung
Das Thema des Schaubilds ist ...
Ich beginne mit der Frage, ...
Bei diesem Schaubild fällt sofort auf, ...
Als erstes fällt mir auf, ...

Redemittel für den Schluss
Abschließend ...
Schließlich ...
Zum Schluss möchte ich noch auf die Frage eingehen, ...
Zusammenfassend kann man sagen, dass ...

Schriftlicher Ausdruck, Teil 1

7. Bearbeitungsschritt

Das Schaubild / Die Grafik beschreiben

Für die Beschreibung eines Schaubilds oder einer Grafik gibt es zahlreiche Redemittel.

Thema des Schaubilds / der Grafik nennen
Das Thema des Schaubilds / der Grafik ist …
Das Schaubild / Die Grafik zeigt …
Das vorliegende Schaubild / Die vorliegende Grafik enthält statistische Angaben
zu dem Thema …
Das vorliegende Schaubild / Die vorliegende Grafik informiert über das Thema … /
gibt Informationen zu dem Thema …

Das Schaubild / Die Grafik stellt eine Entwicklung dar.

Das Schaubild / Die Grafik zeigt die Entwicklung von … (+ Dativ)
Das Schaubild / Die Grafik zeigt die Entwicklung des / der … (+ Genitiv)
Das Schaubild / Die Grafik zeigt, wie sich … entwickelt (hat): …

Anstieg
Der Anteil der … (Genitiv) …   ist gestiegen.
                                     hat sich erhöht.
                                     ist gewachsen.

Keine Veränderung
Der Anteil der … (Genitiv) …   ist gleich geblieben.
                                     ist unverändert geblieben.

Rückgang
Der Anteil der … (Genitiv) …   ist gesunken.
                                     ist zurückgegangen.
                                     ist gefallen.

auf 70.000 steigen   von 70.000

um 60.000 steigen / sinken (= Differenz)

von 10.000   auf 10.000 sinken

… ist von 10.000 auf 20.000 gestiegen = Der Anteil der … (Genitiv) … hat sich verdoppelt.
… ist von 20.000 auf 60.000 gestiegen = Der Anteil der … (Genitiv) … hat sich verdreifacht.
… ist von 20.000 auf 10.000 gesunken = Der Anteil der … (Genitiv) … hat sich halbiert.

9.880 = knapp / fast 10.000 (= ein bisschen weniger als)
10.050 = gut 10.000 (= ein bisschen mehr als)

zwischen 9.900 und 10.100 = um die 10.000 = ungefähr / etwa / circa (ca.) 10.000

Im Jahr 1930 studierten insgesamt 10.000 Studenten an der Universität Wien.
Der Anteil der Frauen betrug zur gleichen Zeit knapp 30%.

Aufgabe 8

→ Ergänzen Sie den Text zur Grafik mit entsprechenden Zahlen und Redemitteln aus dem Redemittelkasten links.

Studierende an der Universität Wien

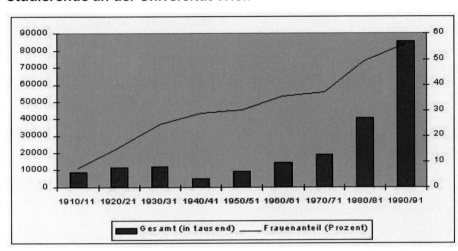

Im Jahr 1960 studierten insgesamt .... Studenten an der Universität Wien, ... 40 % davon waren Frauen. Bis 1970 ....
die Gesamtzahl der Studierenden .... 10.0000 ....
20.000 an, die Quote der Frauen .... relativ gleich. Bis 1980 gab es
einen steilen .... sowohl bei der Gesamtzahl der Studenten um
.... als auch bei den Frauen: Ihr Anteil stieg ....
.... auf über 40 %. 1990 zählte die Universität ....
90.000 Studierende, ... 60 % davon waren Frauen.

Aufgabe 9

Sie erhalten ein Schaubild zum Thema „Bio-Boom".
Die Aufgabe lautet:

Beschreiben Sie die Entwicklung des Umsatzes mit Öko-Lebensmitteln.

1. Analysieren Sie das Schaubild (S. 126) mit Hilfe der Fragen.

1. Welchen Teil des Schaubilds müssen Sie für die Lösung der Aufgabe beschreiben?

....

2. Welchen Teil des Schaubilds können Sie ignorieren?

....

Tipp: Beachten Sie in dem Schaubild nur diejenigen Informationen, die für die Lösung der Aufgabe wichtig sind.

3. Um welches Land geht es?

....

4. Was bedeuten die Zahlen im Schaubild?

Die Zahlen in Normalschrift: ....

Die Zahlen in Fettdruck: ....

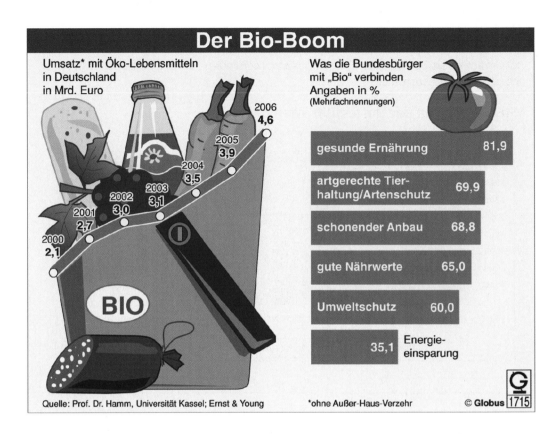

Der Bio-Boom

Umsatz* mit Öko-Lebensmitteln in Deutschland in Mrd. Euro

- 2000: 2,1
- 2001: 2,7
- 2002: 3,0
- 2003: 3,1
- 2004: 3,5
- 2005: 3,9
- 2006: 4,6

Was die Bundesbürger mit „Bio" verbinden
Angaben in % (Mehrfachnennungen)

gesunde Ernährung	81,9
artgerechte Tierhaltung/Artenschutz	69,9
schonender Anbau	68,8
gute Nährwerte	65,0
Umweltschutz	60,0
Energieeinsparung	35,1

Quelle: Prof. Dr. Hamm, Universität Kassel; Ernst & Young   *ohne Außer-Haus-Verzehr   © Globus 1715

2. Lösen Sie nun die Aufgabe, indem Sie den entsprechenden Teil des Schaubilds beschreiben.

Benutzen Sie die Redemittel im Kasten auf S. 124. Vergleichen Sie Ihren Text dann mit dem Text im Lösungsschlüssel.

↳ ....

....

....

....

....

....

....

....

....

....

....

Viele Schaubilder/Grafiken zeigen keine Entwicklung, sondern einen Zustand/IST-Stand. Sie geben dann z. B. Aufschluss über eine Situation oder über den Anteil einer bestimmten Gruppe am Gesamten zu einem bestimmten Zeitpunkt. Die Angaben sind häufig in Prozentzahlen.

Beispiel

Berufsstart erst nach Praktikum

Mindestens ein Praktikum nach dem Studium machten so viele Absolventen der Fachrichtungen ...

Geistes- und Kulturwissenschaften	53%
Sozialwissenschaften	49%
Wirtschaftswissenschaften	39%
Medizin	37%
Mathematik und Naturwissenschaften	30%
Erziehungswissenschaften	21%
Rechtswissenschaften	15%

Diese Grafik informiert über den Anteil von Hochschulabgängern, die vor dem Berufsstart ein Praktikum absolvieren. Dabei entfällt der größte Anteil derjenigen, die vor dem Berufsstart ein Praktikum absolvierten, auf die Geistes- und Kulturwissenschaftler mit 53%. Es folgen die Sozialwissenschaftler mit 49%. Im Mittelfeld liegen die Wirtschaftswissenschaftler, die Mediziner und die Mathematiker und Naturwissenschaftler mit 30 bis 39%. Der Anteil der Erziehungs- und Rechtswissenschaftler ist vergleichsweise gering.

Redemittel: IST-Stand zu einem bestimmten Zeitpunkt
Die Grafik gibt einen Überblick über ...
53% der ... (Genitiv) ... absolvierten/machten nach dem Studium ein Praktikum. Während 30% der ... (Genitiv) ... ein Praktikum absolvierten, war der Anteil der ... (Genitiv) ... mit nur 15% relativ gering/klein.
Im Vergleich dazu war der Anteil derjenigen, die ... gering. Der größte Anteil derjenigen, die..., entfiel auf ... mit 53%.

Aufgabe 10

➲ Beschreiben Sie nun das folgende Schaubild. Vergessen Sie nicht, das Thema zu nennen. Geben Sie dabei jeweils ein Beispiel für – artgerechte Tierhaltung – schonenden Anbau – gute Nährwerte – Umweltschutz.

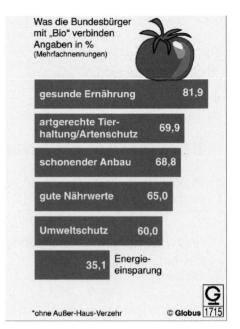

Was die Bundesbürger mit „Bio" verbinden
Angaben in %
(Mehrfachnennungen)

gesunde Ernährung 81,9
artgerechte Tier- haltung/Artenschutz 69,9
schonender Anbau 68,8
gute Nährwerte 65,0
Umweltschutz 60,0
35,1 Energie- einsparung

*ohne Außer-Haus-Verzehr   © Globus 1715

....
....
....
....
....
....
....
....
....

Aufgabe 11

Die folgende Art der Darstellung nennt man „Kreisgrafik" oder „Tortengrafik".

➲ Nennen Sie das Thema und beschreiben Sie die Inhalte der Grafik in eigenen Worten.

Warum arbeiten Studenten?

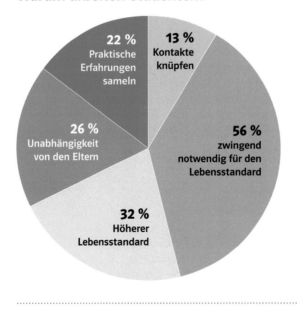

22 % Praktische Erfahrungen sameln
13 % Kontakte knüpfen
26 % Unabhängigkeit von den Eltern
56 % zwingend notwendig für den Lebensstandard
32 % Höherer Lebensstandard

....
....
....
....

Vergleichen

In der Prüfung sollen Sie die Inhalte des Schaubilds mit der Situation in Ihrem Heimatland vergleichen. Beim Vergleichen brauchen Sie oft den Komparativ und den Superlativ der Adjektive sowie folgende Redemittel.

> **Redemittel: Vergleichen**
> In meinem Heimatland …
> Im Vergleich zu meinem Heimatland …
> Im Vergleich dazu ist die Situation in meinem Heimatland …
> Wenn ich die dargestellte Situation mit meinem Heimatland vergleiche, dann …
> Anders als in Deutschland …
> Anders als hierzulande …
> Im Gegensatz zu / dazu …
> Dagegen / Hingegen …
> Das trifft auch auf mein Heimatland zu.
> In meinem Heimatland ist die Situation gleich / anders.
> Auch in meinem Heimatland …

Aufgabe 12

➔ Vergleichen Sie die Situation in Deutschland mit der Situation in Ihrem Heimatland und verwenden Sie dabei Redemittel aus dem Kasten.

Beispiel

Thema: Freizeitverhalten

↳ In Deutschland gehen viele junge Leute regelmäßig ins Fitnessstudio. Im Gegensatz dazu gehen die Leute bei uns lieber im Meer schwimmen.

Thema: Mülltrennung

....
....

Thema: Kindererziehung

....
....

Thema: Kino- oder Theaterbesuche

....
....

Thema: Kleidung in der Freizeit

....
....

9. Bearbeitungsschritt

Meinungen / Vermutungen ausdrücken
Stellung nehmen

 Erinnern Sie sich!

Sie sollen in Ihrem Text auch zeigen, dass Sie Ihre Meinung zu einem Thema deutlich machen können.

Beispiele

<u>Sind Sie auch der Meinung, dass</u> man in Deutschland Elefantenfußball einführen sollte?
<u>Es mag zwar sein, dass</u> Elefanten im nordeuropäischen Klima leben können.
<u>Ich halte es aber für falsch</u>, eine Sportart einzuführen, die in Nordeuropa keine Wurzeln hat.

So geht's

↳ Um Ihre Meinung auszudrücken, stehen Ihnen zahlreiche Redemittel zur Verfügung.
↳ Achten Sie darauf, dass Sie die Redemittel korrekt verwenden.

Aufgabe 13

Von den folgenden Beispielsätzen sind nur zwei richtig.

➲ Kreuzen Sie sie an oder noch besser: Streichen Sie die falschen Beispielsätze durch.

> ☐ a. Nach meiner Meinung manche Leute arbeiten zu viel.
> ☐ b. Meiner Meinung nach manchen Leuten arbeiten zu viel.
> ☐ c. Meiner Meinung nach arbeiten manche Leute zu viel.
> ☐ d. Nach meiner Meinung arbeiten manche Leute zu viel.
> ☐ e. Manche Leute nach meiner Meinung arbeiten zu viel.
> ☐ f. Manche Leute arbeiten meiner Meinung nach zu viel.

Gehen Sie sparsam mit den Redemitteln zur Meinungsäußerung um. Sie benötigen sie in der Regel zumeist nur, um einen neuen Gedanken einzuleiten.

Beispiel

Viele Leute müssen heutzutage viel länger arbeiten als früher. <u>Das hängt meiner Meinung nach damit zusammen, dass</u> …

Und nicht:

<u>Meiner Meinung nach</u> müssen viele Leute heutzutage viel länger arbeiten als früher.
<u>Das hängt meiner Meinung</u> nach damit zusammen, …

Redemittel: Meinungsäußerung / Vermutungen

Sie äußern Ihre Meinung

Meiner Meinung nach …
Ich bin der Meinung, dass … / Ich bin der Auffassung, dass … / Ich bin der Ansicht, dass …
Ich finde … / Ich meine … / Ich denke …
Mir ist aufgefallen, dass …
Es geht mir darum, dass …
Aus meiner Sicht …

Sie stimmen einer Äußerung zu

Das* trifft zu. / Es* trifft zu, dass …
Das* überzeugt mich. / Es* überzeugt mich, dass …
Ich stimme … zu.
Dieser Meinung bin ich auch.
Das ist auch meine Meinung.
Ich bin der gleichen Meinung wie …
Ich gebe zu, Sie haben Recht / dass Sie Recht haben.

Sie widersprechen

Das* trifft nicht zu. / Es* trifft nicht zu, dass …
Das* sehe ich anders.
Ich bin nicht dieser / deiner / Ihrer Meinung.
Dieser Aussage / Ansicht / Auffassung / Meinung kann ich nicht zustimmen.
Dem* kann ich nicht zustimmen.
Das* halte ich für falsch.
Ich halte es* für falsch, dass / wenn …

Sie stimmen nur teilweise zu

Ich stimme teilweise zu, dass …
Das* überzeugt mich nicht ganz: …
Das* / Es mag zutreffen, aber …
Dem* kann ich nur bedingt zustimmen.
Es* kann sein, dass …, aber …
Es* kommt darauf an, …

Sie äußern Vermutungen

Ich meine / denke / glaube, dass …
Es* mag sein, dass …
Ich vermute, dass …
Es* könnte sein, dass …
… wahrscheinlich … / … vielleicht … / … vermutlich

* Der Artikel *Das / Dem* verweist hier auf eine Aussage, die vorher gemacht wurde:
Alle Großstädte sind schmutzig. – *Das* trifft nicht zu. / *Dem* stimme ich nicht zu.

* Mit *Es* weisen Sie auf eine Aussage, die erst folgt:
Es trifft nicht zu, dass alle Großstädte schmutzig sind.

Aufgabe 14

Die folgenden Übungssätze enthalten Meinungsäußerungen zu einem Zeitungsartikel über Vor- und Nachteile von Haustieren für Kinder.

Die Redemittel der Meinungsäußerung sind nicht vollständig wiedergegeben.

➲ Ergänzen Sie sie und markieren Sie die entsprechenden Ausdrücke .

> **Welches Haustier für Ihr Kind?**
> **Hund – Katze – Hamster: Vor- und Nachteile für die Kleinen**

1. Es ist .... Ansicht .... nicht richtig, dass Kinder große Hunde als Spielgefährten haben.

2. Die Meinung, die in diesem Text vertreten wird, ... mich nicht.

3. Bei der Lektüre dieser Zeitung ist mir ...., dass nicht immer objektiv berichtet wird.

4. .... falsch, wenn der Autor des Textes Hunde als ideale Begleiter für kleine Kinder ansieht.

5. Es wird behauptet, dass alle Deutsche Hunde lieben. .... nicht zu.

6. Es wird auch behauptet, Katzen seien für kleine Kinder bessere Haustiere als Hunde. .... kann ich nicht .... Hunde sind anhänglicher als Katzen.

7. Dass die Hälfte aller Kinder ein Haustier besitzt, ... auch auf mein Heimatland ....

8. Ob ein Haustier sich bei einem Menschen wohlfühlt? – .... an, wie viel der Mensch sich um sein Tier kümmert.

9. Ich ...., dass bei diesem Thema viele Emotionen im Spiel sind.

10. .... geht mir .... zu zeigen, dass Haustiere Kindern manchmal gefährlich werden können.

Aufgabe 15

Auf der gegenüberliegenden Seite finden Sie einen Text zum Thema „Freizeitverhalten älterer Menschen in Deutschland". Mit diesem Thema haben Sie sich schon wiederholt in diesem Kapitel beschäftigt (Aufgaben 4, 5, 7) .

➲ Lesen Sie den Text und lösen Sie die Aufgaben auf S. 134.

Freizeitverhalten älterer Menschen in Deutschland

So verbringen ältere Menschen in Deutschland gern ihre Freizeit: 30% machen Ausflüge, 50% treffen sich mit Freunden oder Freundinnen, 45% helfen ihren Kindern im Haushalt oder betreuen die Enkelkinder, immerhin 20% treiben regelmäßig Sport. Dies geht aus einem Schaubild hervor, welches das Statistische Bundesamt veröffentlicht hat.

5   Zwischen Männern und Frauen gibt es dabei erstaunlicherweise kaum Unterschiede. Selbst Großväter kümmern sich kaum weniger um die Enkelkinder als Großmütter. Nur beim Sporttreiben sind die Männer im Alter etwas aktiver als die Frauen: Ihr Anteil an den Besuchern von Fitnessstudios im Seniorenalter ist etwa 10% größer als der weibliche Anteil.

10 Überraschend für mich ist die Tatsache, dass in Deutschland viele ältere Menschen, sofern es ihre Gesundheit zulässt, nicht zu Hause bleiben, sondern aktiv etwas unternehmen, sowohl allein als auch in Gemeinschaft mit anderen. Ein Grund dafür dürfte sein, dass die heutigen Senioren in Deutschland fitter sind als vergangene Generationen, dass sie über die finanziellen Mittel verfügen, um sich ihre Aktivitäten erlauben zu können, und dass
15 sie unabhängig sind. Ihre Kinder erwarten nicht von ihnen, dass sie zu Hause bleiben und den Babysitter abgeben.

Anders als deutsche Senioren bleiben die alten Menschen in meinem Heimatland viel öfter zu Hause. Sie wohnen oft noch in einem Haus mit ihren Kindern und Enkeln, helfen bei der Kinderbetreuung und arbeiten im Garten. Auch sind die Renten bei uns nicht so
20 hoch, dass sich Rentner alles leisten könnten, was ihnen Spaß macht. Trotzdem sind die Senioren in meiner Heimat mit ihrem Leben zufrieden. Meiner Ansicht nach kommt es auch nicht unbedingt darauf an, dass man im Alter viel reist. Denn im Alter ist das Reisen oft auch viel anstrengender als in jungen Jahren.

In der Zukunft wird, denke ich, eine richtige Freizeitindustrie für ältere Menschen entste-
25 hen, die den Menschen viele Angebote in den Bereichen Kultur, Wissen, Reisen und Fitness anbieten wird. Die Zahl der Senioren in den Industrieländern wächst rasant. Sie sind heute schon für viele Anbieter von Freizeitaktivitäten eine interessante Zielgruppe.

(325 Wörter)

1. In welchen Textabschnitten finden Sie die Inhaltspunkte A-E? Schreiben Sie die entsprechenden Buchstaben an den Rand des Textes.

> welches die beliebtesten Freizeitarten älterer Menschen in Deutschland sind (B)

> wie ältere Menschen in Ihrem Heimatland ihre Freizeit verbringen (D)

> welche Informationen für Sie überraschend sind (E)

> welche Unterschiede es zwischen Männern und Frauen gibt (A)

> wie Ihrer Meinung nach in Zukunft Freizeitangebote entwickelt werden müssen, um den Bedürfnissen einer wachsenden Anzahl älterer Menschen entgegenzukommen (C)

2. Welche Elemente der Texteinleitung erkennen Sie? Markieren Sie.

3. Notieren und analysieren Sie die Satzanfänge der einzelnen Abschnitte.

Abschnitt 1: ....

Abschnitt 2: ....

Abschnitt 3: ....

Abschnitt 4: ....

Abschnitt 5: ....

4. Markieren Sie die Redemittel im Text und tragen Sie sie in die Tabelle ein.

Redemittel			Konnektoren	Verweiswörter
Schaubild beschreiben	vergleichen	Meinung äußern	Z. ...... :	Z. ...... : ....
....	....	....	Z. ...... :	Z. ...... : ....
....	....	....	Z. ...... :	Z. ...... : ....
....	....	....	Z. ...... :	Z. ...... : ....
....	....	....	Z. ...... :	Z. ...... : ....
....	....	....	Z. ...... :	Z. ...... : ....
....	....	....	Z. ...... :	Z. ...... : ....
....	....	....	Z. ...... :	Z. ...... : ....
....	....	....	Z. ...... :	Z. ...... : ....
....	....	....	Z. ...... :	Z. ...... : ....
....	....	....	Z. ...... :	Z. ...... : ....
....	....	....	Z. ...... :	Z. ...... : ....
....	....	....	Z. ...... :	Z. ...... : ....
....	....	....	Z. ...... :	Z. ...... : ....

So sieht das Prüfungsblatt zu Ihrem Thema aus

Schriftlicher Ausdruck, Teil 1
Dauer: 60 Minuten

Sie sollen über das Thema „Wem die Bundesbürger Glauben schenken"
Informationen geben und dazu Stellung nehmen. Welchen Medien vertrauen die
Menschen in Ihrem Heimatland?

Schreiben Sie,

wie Ihrer Meinung
nach die Medien die
Meinung der Menschen
beeinflussen

was die Medien tun
könnten, um glaubhafter
zu werden

welchen Medien die
Bundesbürger vertrauen

wie die Situation in
Ihrem Heimatland ist

warum manchen
Medien mehr Vertrauen
geschenkt wird als
anderen

Hinweise:

Bei der Beurteilung wird u. a. darauf geachtet,
– ob Sie alle fünf angegebenen Inhaltspunkte berücksichtigt haben,
– wie korrekt Sie schreiben,
– wie gut Sätze und Abschnitte sprachlich miteinander verknüpft sind.

Schreiben Sie etwa 200 Wörter.

Schriftlicher Ausdruck, Teil 1

So sieht der Antwortbogen aus, in den Sie Ihren Text schreiben müssen.

Schriftlicher Ausdruck, Teil 1 – Antwortbogen

→ Bearbeiten Sie diesen Prüfungsteil jetzt Schritt für Schritt. Versuchen Sie, die Zeitvorgabe von 65 Minuten einzuhalten.

Thema wählen

Sie haben folgendes Themenblatt gewählt, weil Sie sich für Medien interessieren.

Welchen Medien kann man vertrauen?

Ihre Aufgabe ist es, sich schriftlich zum Thema Medien und ihre Glaubwürdigkeit zu äußern. Dazu erhalten Sie Informationen in Form einer Grafik.

Sich auf das gewählte Thema einstellen – Vorwissen aktivieren
2. Bearbeitungsschritt

→ Markieren Sie die Schlüsselwörter und schreiben Sie Ihr Assoziogramm zum Thema.

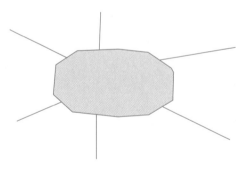

Aufgabe genau lesen und verstehen
3. Bearbeitungsschritt

Was genau sollen Sie tun?

→ Notieren Sie die Schreibhandlungen.

Ich ....

....

Die Leitpunkte genau lesen
4. Bearbeitungsschritt

→ Lesen Sie die fünf Leitpunkte auf dem Prüfungsblatt und formen Sie sie in Gedanken in Fragen um.

Schriftlicher Ausdruck, Teil 1

5. Bearbeitungsschritt

Das Schaubild analysieren

➲ Stellen Sie Fragen an das Schaubild.

Zum Beispiel:

Was ist das Thema das Schaubilds?

....

Stellt es eine Entwicklung dar oder einen IST-Stand?

....

Welche Form haben die Zahlenangaben?

....

Behandelt das Schaubild nur das vorgegebene Thema oder mehr?

....

Was bedeutet: Öffentl.-rechtl. Hörfunk / Öffentl.-rechtl. Fernsehen?

....

Welchem Medium schenken die Bundesbürger am meisten / am wenigsten Glauben?

....

Werden in dem Schaubild Gründe genannt, warum die Bundesbürger diesen Medien
mehr oder weniger vertrauen?

....

➲ Formulieren Sie die Antworten.

❀ Aus der Analyse des Schaubilds ergibt sich, welche Leitpunkte durch das Schaubild
beantwortet werden und welche Leitpunkte Sie aufgrund Ihres eigenes Wissens und
Ihrer eigenen Meinung beantworten müssen.

6. Bearbeitungsschritt

Textgliederung aus den Leitpunkten erstellen

➲ Lesen Sie die Leitpunkte und überlegen Sie, mit welchem Leitpunkt Sie beginnen
(Einleitung) und mit welchem Leitpunkt Sie Ihren Text beenden (Schluss).

➲ Nummerieren Sie die Leitpunkte auf dem Prüfungsblatt von 1–5.

7. Bearbeitungsschritt

Das Schaubild beschreiben:
Notizen machen
Text direkt in den Antwortbogen schreiben

Es liegt nahe, dass Sie Ihren Text mit den Informationen aus dem Schaubild beginnen.

1. Welchen Medien vertrauen die Bundesbürger?

Bei der Analyse des Schaubilds haben Sie herausgefunden, dass es Angaben zu mehreren
Medien enthält. Es genügt nicht, z.B. nur auf die an erster und letzter Stelle genannten
Medien einzugehen. Sie müssen aber auch nicht alle Medien behandeln. Wählen Sie aus
den sieben genannten fünf Medien aus, die Ihnen interessant erscheinen.

➔ Machen Sie sich Notizen zu Leitpunkt 1. Verwenden Sie dabei bereits Formulierungen, die Sie in Ihrem Text verwenden wollen.

Notizen zu Leitpunkt 1:

Lokalzeitung am meisten / .... am wenigsten ....

B. schenken aber auch ... Vertrauen ....

Je ein Drittel vertraut Zs. + priv. Hf. ....

Erstaunlicherweise Priv.ferns. nur ... .

Tipp: Formulieren Sie bei Ihren Notizen einzelne Satzteile oder Sätze bereits möglichst korrekt.

Es ist wichtig, dass Sie bei Ihren Notizen Formulierungen verwenden, die es Ihnen erleichtern, den Text dann direkt auf dem Antwortbogen auszuformulieren. In der Prüfung haben Sie nämlich keine Zeit, den Text einmal zur „Probe" vorzuschreiben, und dann noch einmal „schön" in den Antwortbogen zu schreiben.

➔ Schreiben Sie den ausformulierten Text zu Leitpunkt 1 nun direkt in den Antwortbogen auf S. 136.

Wichtiger Hinweis

Sie müssen Ihren Text direkt in den Antwortbogen schreiben. Nur das, was im Antwortbogen steht, wird gewertet.

8. / 9. Bearbeitungsschritt

Meinung / Vermutungen äußern – Vergleichen:
Notizen machen
Text direkt in den Antwortbogen schreiben

Der Leitpunkt ...

warum manchen
Medien mehr Vertrauen
geschenkt wird als
anderen

... kann nicht mit Informationen aus der Grafik beantwortet werden. Hier müssen Sie auf Ihr Vorwissen zurückgreifen und eventuell Vermutungen anstellen.

2. Warum wird manchen Medien mehr Vertrauen geschenkt als anderen?

➔ Machen Sie sich Notizen mit entsprechenden Formulierungen auf Ihrem Notizblatt. Notieren Sie auch Konnektoren, die Sie verwenden wollen.

Vermutete Gründe für das Vertrauen der Bundesbürger:

1. ....

....

2. ....

....

3. ....

....

⊙ Schreiben Sie den ausformulierten Abschnitt 2 direkt in den Antwortbogen.

⊙ Bearbeiten Sie nun die anderen Leitpunkte selbstständig:

– Schlagen Sie die Redemittel nach.
– Machen Sie sich Notizen.
– Schreiben Sie den ausformulierten Text direkt in den Antwortbogen auf S. 136.

(Auf den Seiten 94 – 110 dieses Übungsbuchs finden Sie detaillierte Ausführungen und Übungen, die Ihnen helfen, Ihren Text gut zu gestalten.)

Vergessen Sie nicht, beim Formulieren auf grammatische Korrektheit zu achten.

Achten Sie besonders auf:

– Wortstellung in Haupt- und Nebensätzen
– Verwendung des bestimmten oder unbestimmten Artikels
– Kongruenz, d.h. Übereinstimmung von Subjekt und Verbform
– Kasus-Endungen von Nomen (Genitiv-s, Dativ-Plural-n, n-Deklination)
– Adjektiv-Endungen
– Verwendung passender Präpositionen mit dem richtigen Kasus
– Verbindung von Sätzen mit Verbindungsadverbien und Konnektoren
– Verwendung von Verweiswörtern

10. Bearbeitungsschritt

Text überprüfen

Zum Schluss sollten Sie genügend Zeit haben, um den Text noch einmal durchzulesen und eventuell Flüchtigkeitsfehler zu korrigieren. Damit können Sie in der Bewertungskategorie „grammatische Korrektheit" noch etwas dazugewinnen.

Tipp: Lesen Sie ganz zum Schluss den Text noch einmal nach Flüchtigkeitsfehlern durch.

Solche Flüchtigkeitsfehler betreffen häufig:

– Kasus-Endungen von Artikelwörtern
– Kongruenz zwischen Subjekt und Verb
– Adjektiv-Endungen (diese sind aber letztendlich für die Bewertung nicht so wichtig)
– falsche Verbposition (Satzbau)
– fehlende Umlaute (führen mitunter zu Wortverwechslungen, werden daher als Fehler gewertet)

Zwei Lösungsbeispiele

Zwei Prüfungskandidaten haben einen Aufsatz zum Thema „Wem die Bundesbürger Glauben schenken" geschrieben.

➲ Vergleichen Sie.

Beispiel 1

Punkte: 20
(Farblich markiert sind die zahlreichen Konnektoren, Verweiswörter und Redemittel.)

Inhalts-punkte	Text	Bewertungs-kommentar
Einlei-tung	Zeitungen, Illustrierte, Fernsehen, Internet: Das sind alles Medien, aus denen wir unsere Informationen herausgreifen. Ob wir immer diesen Informationen glauben oder nicht, darum geht es in diesem Aufsatz.	
1	Laut der Globus-Statistik vertrauen die Bundesbürger mit 60,2% größtenteils den Lokalzeitungen, was man vom Internet, das nur 19,9% erreicht, nicht sagen kann. Ungefähr die Hälfte der Bundesbürger vertraut dem öffentlich-rechtlichen Fernsehen und Hörfunk. Die privaten Sender finden hingegen bei nur einem Drittel der Bevölkerung Vertrauen.	
2	Die Gründe sind meiner Meinung nach Folgende: Die Lokalzeitungen kümmern sich mehr um das Geschehen in der Region, in der die Menschen leben. Die Leser können daher genau verfolgen, ob die Informationen stimmen, denn die Tatsachen und Fakten sind für sie im täglichen Leben sichtbar. Auf der anderen Seite geht es im Internet oft darum, Sensationen zu zeigen oder Werbung zu machen, egal für welches Thema. Es geht um Topmodels, reiche Leute, Politikskandale.	
3	In meinem Heimatland Litauen ist es genauso. Den Lokalzeitungen und dem Lokalfernsehen vertraut man. Allerdings kommt bei uns noch das Gerücht dazu. Leute glauben viel, was sie von anderen Leuten hören und prüfen nicht, ob die Information aus einer verlässlichen Quelle stammt.	besser: Die Leute …
4	Meiner Ansicht nach haben die Medien einen großen Einfluss auf die Leute, insbesondere wenn es um Politik geht. Ein 100-prozentig glaubhaftes Medium ist vielleicht ein Traum, weil jedes Medium sein Geld verdienen muss. Und wer Geld gibt möchte oft auch Einfluss haben. Dabei sollten doch die Medien für die Leute da sein.	⌣ hier fehlt ein Komma
5	Zum Schluss möchte ich sagen, dass auch die Medien, wie fast alles im Leben zwei Seiten haben: eine gute und eine schlechte. Schade dabei ist, wenn die Medien manchmal ein gutes oder schlechtes Bild zu irgendeiner Situation machen, was nicht der Realität entspricht. Dann glauben die Leute daran und haben keine eigene Meinung mehr zu dem entsprechenden Thema. Andererseits wären wir heutzutage ohne Medien wie ohne Hände und ohne Augen.	
	Theo (Litauen), 310 Wörter	

Gesamtbewertung	Punkte
Inhalt: alle Leitpunkte ausreichend beachtet (auch wenn Leitpunkt 4 etwas zu kurz)	4
Textaufbau: flüssiger Aufbau, passende Redemittel und Konnektoren	5
Wortschatz: sehr großer Wortschatz, Wörter richtig verwendet	5
Korrektheit: nur sehr wenige Fehler	6
Gesamtpunktezahl	**20 = 100 %**

Kommentar

Ein sehr gutes Ergebnis. Der Kandidat hätte den Prüfungsteil Schriftlicher Ausdruck allein schon mit dem Ergebnis von Teil 1 bestanden.

Schriftlicher Ausdruck, Teil 1

Beispiel 2

Punkte: 13

Inhalts-punkte	Text	Bewertungskommentar
1	In Brasilien ist das Fernsehen zusammen mit dem Hörfunk das Hauptmedium. Das Internet, Privatfernsehen, Zeitschriften und Lokalzeitung ist nur erreichbar von Menschen, die mehr Kultur und Geld haben und in diesem Fall sind sie eine Minderheit. Aus diesem Grund vertrauen die Leute auch mehr dem Fernsehen und Hörfunk.	– richtig: sind erreichbar (mehrere Subjekte: Verb muss im Plural stehen) – Der Ausdruck „aus diesem Grund" bezieht sich, so wie er hier steht, auf „Minderheit" und erscheint unlogisch
2	Das Medium hat eine große Verantwortung und großen Einfluss auf allgemeine Meinung und auch sogar auf das Leben jedes Menschen, zum Beispiel: Mode, Konsum. Das Medium beeinflusst auch die Meinung mit manipulierten Informationen und Sensationsgier.	– Besser. Die Medien haben … – Artikel fehlt: auf die allg. M – Besser: Die Medien beeinflussen …
3	Durch das Medium bekommt man alle möglichen Informationen darüber, was in der Welt passiert und kann positiv oder negativ beeinflussen im Leben. Meine Meinung ist, dass die Medien weniger Sensationsgier wecken sollen und vielleicht sollten sie auch kontrolliert werden. Sandra (Brasilien) 122 Wörter	– die Medien (s.o.) – dieser Satz braucht ein Subjekt, z.B. … und das kann … – Besser: … sollen. Vielleicht … Die Konjunktion „und" verbindet Elemente gleichen Inhalts. – Wer mit sie gemeint ist, ist nicht klar.

Gesamtbewertung	Punkte
Inhalt: nur 3 Leitpunkte ausreichend beachtet	2
Textaufbau: wenige Redemittel und Konnektoren	4
Wortschatz: Wortschatz relativ klein, aber noch in Ordnung, an einigen Stellen Wortschatzprobleme, viele Wortwiederholungen	3
Korrektheit: einige Fehler, der Text bleibt aber verständlich	4
Gesamtpunktezahl	**13 von 20 = 65%**

Kommentar

Obwohl die Schreiberin nur wenige Fehler macht, mit 13 Punkten kein gutes Ergebnis. Ihr fehlen zum Bestehen des gesamten Prüfungsteils Schriftlicher Ausdruck (mindestens 15 Punkte = 60%) noch 2 Punkte, d.h.: Sie muss im Schriftlichen Ausdruck, Teil 2 noch mindestens 4 Aufgaben richtig lösen.

Die Schreiberin könnte wesentlich mehr Punkte bekommen, wenn sie:
– alle fünf Inhaltspunkte behandelt hätte,
– auf eine ausreichende Länge geachtet hätte (ca. 200 Wörter) (+ 2 Punkte),
– mehr Gebrauch von passenden Redemitteln und Konnektoren gemacht hätte
  (+ 1 Punkt).

Die erreichten 13 Punkte sind nur ein mittleres Ergebnis.

Schriftlicher Ausdruck, Teil 2

Beschreibung dieses Prüfungsteils

Was bekommen Sie?

⚙ Sie erhalten drei Vorlagen:

– ein Aufgabenblatt mit zwei Texten

Text A ist ein informelles Schreiben (persönliche E-Mail oder Brief), in dem der Verfasser einer vertrauten Person (Familienmitglied, Freund) von einem Sachverhalt berichtet.

Text B ist ein formelles Schreiben, z. B. an eine Institution oder an einen Geschäftspartner, in dem es um denselben Sachverhalt geht, aber in anderer Form und in anderen Worten. Text B hat 10 Lücken.

Beide Texte zusammen haben etwa 280 Wörter.

– einen Antwortbogen, in den Sie Ihre Lösungen eintragen.

Was sollen Sie tun?

⚙ Sie sollen

– die zehn Lücken im formellen Brief mit Hilfe der Informationen im informellen Schreiben ergänzen,
– beim Ergänzen der Lücken darauf achten, dass Wortschatz und Grammatik zur Textart „formelles Schreiben" passen (registeradäquates Schreiben).

Wie müssen Sie die Briefe lesen?

⚙ Den informellen Brief müssen Sie global lesen, d. h. schnell überfliegen, um die Informationen zu erfassen.

⚙ Den formellen Brief müssen Sie sehr genau lesen.

Was müssen Sie können, um diese Aufgabe zu lösen?

⚙ Sie müssen

– Informationen in einem Text schnell erfassen können,
– die Inhalte der beiden Texte aufeinander beziehen können,
– Unterschiede zwischen formeller und informeller Sprache erkennen (Registerkenntnis),
– Elemente formeller Sprache beherrschen,
– Wortschatz und Grammatik auf C1-Niveau beherrschen,
– erkennen, welche Wortart in welcher Form in eine Lücke passt,
– Wörter aus dem informellen Text in eine andere Wortart umwandeln können,
– die Lücken eventuell frei, aber inhaltsadäquat ergänzen.

Aufgabentyp

⚙ Lücken ergänzen

Dauer

⚙ Sie haben für diesen Prüfungsteil insgesamt 15 Minuten Zeit.

Wie wird diese Aufgabe bewertet?

⚙ Für jede richtige Lösung erhalten Sie 0,5 Punkte.

Überblick Schriftlicher Ausdruck, Teil 2:

	Prüfungsziele	Textarten	Vorlagen	Aufgaben-typ	Aufgaben-zahl	Punkte
SA 2	unter-schiedliche Schreibstile: Wortschatz und Grammatik	Briefe, E-Mails: informell und formell	• 1 informelles Schreiben • 1 formelles Schreiben mit 10 Lücken • 1 Antwort-bogen	Lücken ergänzen	10	5
	Dauer: 15 Minuten					

Schritt für Schritt zur Lösung

In den folgenden Abschnitten erfahren Sie, wie Sie diesen Prüfungsteil erfolgreich lösen können.

So geht's

1. Bearbeitungsschritt

Thema der Briefe erkennen

Auf dem Aufgabenblatt gibt es eine Einleitung, die den Grund für die beiden Briefe erklärt. Bevor Sie den ersten Brief lesen, wissen Sie also schon, worum es geht.

Beispiel

> Herr Wertmann hat im Fernsehen einen Bericht über die gestiegenen Preise von Altpapier gesehen. Die spontane Idee, seine gelesenen Zeitungen und Prospekte selbst zu verkaufen, anstatt sie in eine Tonne der Städtischen Müllbetriebe zu werfen, begeistert ihn. Deshalb schreibt er eine E-Mail an seine Bekannte Elvira und einen Brief an die Städtischen Müllbetriebe.

Dies sind Ihre Informationen zum Thema der beiden Briefe:

↳ Ein Mann hat erfahren, dass er für das Papier, das er bisher in eine Tonne der Städtischen Müllbetriebe warf und wofür er Geld bezahlen muss, selbst Geld bekommen kann.

Aufgabe 1

Notieren Sie in eigenen Worten das Thema der Briefe.

Einleitung 1:

> Frau Angermeyer hat einen Artikel über Magersucht gelesen und dabei erkannt, dass ihre Freundin Probleme mit dem Essen hat. Jetzt schreibt sie zwei Briefe: einen an ihre Freundin Lara und einen an eine Organisation, die Leuten mit Essstörungen helfen will. Sie möchte dort Informationen erhalten, um Lara helfen zu können.

Thema:

↳ ....

....

Einleitung 2:

> Herr Mengen flüchtete 1958 aus dem Osten Deutschlands in den Westen. Er ist längst pensioniert, mag aber nicht mehr in Deutschland leben, da er mit den deutschen Steuergesetzen höchst unzufrieden ist. Er schreibt zwei Briefe: Einen an seinen alten Freund Karl und einen an die Frankfurter Allgemeine Zeitung, in dem er erklärt, warum er trotz seines hohen Alters auswandern möchte.

Thema:

↳ ....

....

Einleitung 3:

> Frau Thalmann arbeitet als Sachbearbeiterin bei einer Versicherung. Sie ist alleinerziehende Mutter mit zwei Kindern, die sich beide schlecht konzentrieren können. Vor kurzem hat Frau Thalmann im Internet einen Bericht gelesen, wie man das Gedächtnis trainieren kann. Sie schreibt einen Brief an den Vater ihrer beiden Töchter und einen an die VHS ihrer Heimatstadt, in dem sie nachfragt, ob diese solche Kurse anbietet.

Thema:

↳ ....

....

Tipp: Machen Sie sich das Thema klar, um das es geht. Dann haben Sie das nötige Vorwissen, um den Inhalt der Briefe schnell zu verstehen.

Schriftlicher Ausdruck, Teil 2

2. Bearbeitungsschritt

Lesen des informellen Briefs – Hauptinformationen unterstreichen

Sie haben insgesamt 15 Minuten Zeit zur Lösung der Aufgabe. Das bedeutet, dass Sie den informellen Brief schnell überfliegen, also global lesen müssen. Achten Sie dabei nur auf die Hauptinformationen, unterstreichen Sie diese sofort. Formulieren Sie in Gedanken – ähnlich wie im Leseverstehen, Teil 1 – nach jedem Abschnitt die erhaltene Information in eigenen Worten.

Tipp: Schnell und global lesen heißt: beim Lesen vor allem auf Wörter achten, die Inhalte transportieren, also zum Beispiel auf Nomen und Verben.

Beispiel

Sie haben vier Minuten Zeit, um den folgenden Text zu lesen und die Hauptinformationen zu unterstreichen. Bleiben Sie nicht an einzelnen Wörtern oder Aussagen, die Sie nicht verstehen, hängen. Konzentrieren Sie sich auf wichtige Inhaltswörter, zum Beispiel Nomen und Verben, aber auch Adjektive.

Tipp: Unterstreichen Sie Schlüsselwörter: wichtige Nomen und Verben.

Hallo Elvira,
also stell dir vor: Gestern habe ich einen Fernsehbericht gesehen, der mich ganz unruhig macht. Da zahle ich jedes Jahr mehr Geld an die Städtische Müll-abfuhr für die Tonne fürs Altpapier und ärgere mich immer wieder darüber, dass die Tonne nach zwei Tagen schon voll ist. Und dann erfahre ich gestern, dass es Firmen gibt, die verdienen mit Altpapier viel Geld. Na ja, Papier ist ja ein Roh-stoff, die Papierhersteller zahlen für entsorgtes Papier richtig gut.

In Berlin gibt es eine „Papierbank", die verwertet das Papier privat. Da bringst du selbst deine alten Zeitungen hin und kriegst dann Geld dafür, ja tatsächlich – in bar oder auf dein Konto bei der Papierbank. Nicht viel, im Augenblick etwa 4,5 Cent pro Kilo, aber überleg mal, 20 Kilo in der Woche – das sind dann 90 oder 95 Cent.

260 Kilo Papier verbraucht statistisch jeder im Jahr. Bei mir kommt da noch mehr zusammen, all meine Zeitungen bringen jede Menge Gewicht. Also, ich entsorge mein Papier ab jetzt lieber selbst!

Na, genug für heute, einen lieben Gruß und bis bald hoffentlich!

Peter

(178 Wörter)

So geht's

↳ Überlegen Sie:
Welche Informationen haben Sie in diesem Brief erhalten?

Aufgabe 2

1. Notieren Sie die Hauptinformation aus den einzelnen Abschnitten in je einem Satz.

Abschnitt 1:

↳ ....

....

Abschnitt 2:

↳ ....

....

Abschnitt 3:

↳ ....

....

2. Entscheiden Sie nun, ob die folgenden Aussagen richtig oder falsch sind.

	richtig	falsch
1. Das Thema lautet Umweltschutz.	☐	☐
2. Es geht um die Entsorgung von Müll.	☐	☐
3. Es geht um die Entsorgung von Altpapier.	☐	☐
4. Städtische Müllentsorger verdienen kein Geld mit Altpapier.	☐	☐
5. Städtische Müllabfuhren nehmen Geld von ihren Kunden und verdienen Geld mit dem Verkauf des Altpapiers.	☐	☐
6. Mit der eigenen Entsorgung von Altpapier kann man Geld verdienen.	☐	☐
7. Peter Wertmann will für die Papierentsorgung kein Geld mehr bezahlen.	☐	☐

Aus der Einleitung auf dem Aufgabenblatt (S. 144) haben Sie erfahren, dass Herr Wertmann auch einen Brief an die Städtische Müllabfuhr schreibt.

3. Wenn Sie Herr Wertmann wären: Welchen Inhalt hätte Ihr Schreiben an die Städtische Müllabfuhr? Notieren Sie Ihre Gedanken.

....

....

....

Sie haben also schon eine Vorstellung vom Inhalt des formellen Schreibens. Das erleichtert Ihnen die Aufgabe. Vielleicht finden Sie die fehlenden Wörter dann schnell.

Schriftlicher Ausdruck, Teil 2

Erstes Lesen des formellen Briefs – erste Lösungen notieren

So geht's

↳ Lesen Sie den Brief erst einmal ganz durch.

↳ Tragen Sie Lösungen, die Ihnen dabei spontan einfallen, sofort in den Antwortbogen ein. Achten Sie dabei darauf, dass das Wort grammatisch passt. Nur dann wird es als richtige Lösung gewertet.

In der Prüfung finden Sie den ganzen Brief noch einmal mit den entsprechenden Lücken zum Ausfüllen auf dem Antwortbogen. (s. S. 153).

➲ Lesen Sie jetzt den Text und benutzen Sie den vorläufigen Antwortbogen für Ihre spontanen Lösungen.

An die
Städtischen Entsorgungsbetriebe

Sehr (0) Damen und Herren,

gestern sah ich eine (1) im Fernsehen, in der gezeigt wurde, dass Sie an der (2) von Altpapier viel Geld verdienen, da die Preise für recycelbares Papier drastisch gestiegen sind. Gleichzeitig erhöhen Sie aber jährlich Ihre Gebühren!

Dieses (3) Ihrerseits, uns Kosten für eine Leistung aufzubürden, mit der Sie Gewinne erzielen, finde ich ungerechtfertigt. Überlegen Sie bitte, (4) es gerechtfertigt ist, dass Sie weiterhin für das Bereitstellen Ihrer Altpapiertonnen Gebühren (5).

Sollten Sie für solche Überlegungen keinen Anlass (6), werde ich die Abholung meines Papiermülls durch Sie kündigen und mein Papier selbst zu einem Altpapierverwerter bringen. (7) erhalte ich zurzeit 4 bis 5 Cent für das Kilogramm, was bei meinem Verbrauch (8) statistisch 283 Kilogramm jährlich etwa 12-15 Euro einbringt. Das scheint nicht viel, zieht man aber in (9), wie viel Sie in all den Jahren mit meinem Papier verdient haben, dann nehme ich diese geringe (10) doch gerne in Kauf.

Mit freundlichen Grüßen
Peter Wertmann

(148 Wörter)

Vorläufiger Antwortbogen

0	geehrte
1	
2	
3	
4	
5	
6	
7	
8	
9	
10	

Die einzelnen Lücken bearbeiten und Lösungen eintragen

Sie haben es schon erkannt: Die Prüfungsaufgabe Schriftlicher Ausdruck, Teil 2 hat Ähnlichkeiten mit der Prüfungsaufgabe Leseverstehen, Teil 1. Auch beim Leseverstehen, Teil 1 müssen Sie Lücken ergänzen und finden dabei manche Lösungen vielleicht schon beim ersten Lesen. Und bei beiden Prüfungsteilen müssen Sie darauf achten, dass Ihr Lösungswort die richtige grammatische Form hat.

Es gibt aber einen wichtigen Unterschied:
Beim Leseverstehen, Teil 1 ist das Prüfungsziel, dass Sie die richtigen Informationen aus dem Originaltext ergänzen. Beim Schriftlichen Ausdruck, Teil 2 geht es natürlich auch um Inhalte, denn Sie müssen die Informationen im informellen Brief verstehen, um die Lücken ergänzen zu können. Wichtigstes Prüfungsziel aber sind Wortschatz und Grammatik in einem formellen Schreiben (Registeradäquatheit).

Wichtiger Hinweis

◌ Bei diesem Prüfungsteil kann es vorkommen, dass Sie zwei Wörter in eine Lücke eintragen müssen, obwohl nur eine Leerstelle dargestellt ist. Dabei kann es sich z. B. um ein Nomen handeln, bei dem Sie den unbestimmten oder den bestimmten Artikel mit eintragen müssen.
Sie dürfen aber **auf keinen Fall mehr als zwei Wörter** in eine Lücke einsetzen, selbst wenn es grammatisch passen würde.

◌ Wenn Sie z. B. drei Wörter einsetzen, gilt die Lösung als falsch, so ist die Regel – leider!

So geht's

↳ Bearbeiten Sie nun alle Lücken, für die Sie spontan keine Lösung gefunden haben, eine nach der andern.
↳ Lesen Sie auf jeden Fall auch die Sätze, in denen keine Lücke ist, denn sie enthalten möglicherweise wichtige Informationen für die vorangegangene oder die folgende Lücke.

Tipp: Lesen Sie nicht nur die Sätze mit den Lücken. Die Sätze ohne Lücken enthalten oft Informationen, die Sie brauchen, um eine Lücke zu ergänzen.

Beispiel

Lücke: (1)

> … gestern sah ich eine (1) im Fernsehen, in der gezeigt wurde …

Ihr Lösungsvorschlag: ....

Wie können Sie die richtige Lösung finden?

a. Sie erinnern sich an den Grund des Schreibens. Im informellen Brief steht:
  „Gestern habe ich einen Fernsehbericht gesehen, der …"
  ↳ Ihr Schlüsselwort ist „Fernsehen". Zunächst denken Sie vielleicht: Das ist aber leicht. Die Lösung ist „Bericht".
b. Aber das wäre voreilig, denn der unbestimmte Artikel „eine" vor Lücke (1) zeigt, dass es sich um ein feminines Nomen handeln muss.
c. Sie überlegen nun: Gibt es ein Synonym für „Fernsehbericht"? ↳ Und Ihnen fallen die Wörter *Fernsehreportage / Fernsehsendung* ein. Beide sind feminin: *die Reportage, die Sendung*.

d. Beide Wörter passen. Das „beweist" auch das Relativpronomen. Die Lösung ist also:
↳ „… gestern sah ich eine *Sendung / Reportage* im Fernsehen, in der gezeigt
wurde …" Da im Antwortbogen nicht viel Platz ist, müssen Sie sich für ein Wort
entscheiden.

Die Lösung von Lücke (1) zeigt zweierlei:
↳ Sie zeigt, dass sich der formelle Brief häufig direkt auf den informellen Brief bezieht
und Sie dort Hinweise für die Lösung finden.
↳ Sie zeigt aber auch, dass Sie keine Wörter direkt aus dem informellen Brief
übernehmen können, sondern Entsprechungen suchen müssen. Das können Synonyme
oder andere Wortarten sein, z. B. Nomen statt Verben oder Adjektiven und umgekehrt
(s. Grammatikkapitel 2, S. 216).

Aufgabe 3

1. Bearbeiten Sie nun die Lücken 2 – 5.

Lücke (2):

> … in der gezeigt wurde, dass Sie an der (2) von Altpapier viel Geld verdienen …

Ihr Lösungsvorschlag: ....

Wie können Sie die richtige Lösung finden?

a. Sie überlegen: Welche Wortart bzw. welcher Satzteil fehlt? ↳ Es muss ein Nomen
sein, da ein Artikel davor steht: „an der … von Altpapier":
b. ↳ Sie kennen die Wendungen: *Geld verdienen an* (etwas) *oder mit* (etwas): Im
informellen Schreiben steht: „… dass es Firmen gibt, die mit Altpapier viel Geld
verdienen …" Aber wie?
c. Im nächsten Satz steht, dass es sich um „entsorgtes Papier" handelt, mit dem diese
Firmen Geld verdienen, d. h.: Das Papier wird entsorgt.
d. ↳ Sie wissen, dass Sie ein Nomen suchen, deshalb wandeln Sie das Verb / das
ursprüngliche Adjektiv in ein Nomen um: ↳ *die Entsorgung*
e. Sie machen die Probe: ↳ „… dass Sie an der *Entsorgung* von Altpapier viel Geld
verdienen …" – das Nomen passt.

Lücke (3):

> Dieses (3) Ihrerseits, uns Kosten aufzubürden, …

Ihre Lösung: ....

➲ Notieren Sie bei dieser Lücke selbst, wie Sie die Lösung gefunden haben.

....

....

....

....

....

Lücken (4) und 5:

> Überlegen Sie bitte, (4) es gerechtfertigt ist, dass Sie weiterhin für das Bereitstellen Ihrer Altpapiertonnen Gebühren (5).

Ihr Lösungsvorschlag Lücke (4): ....

Ihr Lösungsvorschlag Lücke (5): ....

Wie können Sie die richtigen Lösungen finden?

a. Sie lesen den ganzen Satz und erkennen: ↳ Auf den einleitenden Hauptsatz „Überlegen Sie bitte, ..." folgt ein indirekter Fragesatz.
b. Sie formulieren die direkte Frage: ↳ Ist es gerechtfertigt, dass ...?
   Sie wissen: Eine indirekte Frage ohne Fragewort wird mit *ob* eingeleitet.
c. Sie machen die Probe und finden die Lösung: ↳ „Überlegen Sie bitte, *ob* es gerechtfertigt ist, dass Sie weiterhin ..."
   Ganz sicher, ob die Lösung richtig ist, sind Sie aber erst, wenn Sie auch das fehlende Verb gefunden haben.
d. Sie überlegen: Welche Verben passen zu *Gebühren*? ↳ *Gebühren zahlen?* – Nein, das kann nicht stimmen, denn das Subjekt ist „Sie", mit dem die Damen und Herren von den Städtischen Entsorgungsbetrieben angesprochen werden. Und die zahlen keine Gebühren sondern: ↳ *verlangen / erheben / ziehen Gebühren ein.*
e. Sie machen die Probe und haben die Lösung: ↳ „ Überlegen Sie bitte, *ob* es gerechtfertigt ist, dass Sie weiterhin für das Bereitstellen Ihrer Altpapiertonnen Gebühren *erheben / verlangen / einziehen.*

2. Bearbeiten Sie nun die Lücken 6 – 10 selbstständig. Notieren Sie eventuell kurz die Begründung für Ihre Lösungen.

Lücke (6):

> Sollten Sie für solche Überlegungen keinen Anlass (6), werde ich ... kündigen.

Fehlende Wortart: ....

Ihre Lösung: ....

Begründung: ....

Lücken (7) und (8):

> ... (7) erhalte ich zurzeit 4 bis 5 Cent für das Kilogramm, was bei meinem Verbrauch (8) statistisch 283 Kilogramm jährlich etwa 12 – 15 Euro einbringt.

Lücke (7):
Mögliche Wortart: ....

Ihre Lösung: ....

Begründung: ....

Schriftlicher Ausdruck, Teil 2

Lücke (8):
Fehlende Wortart: ....

Ihre Lösung: ....

Begründung: ....

Lücken (9) und (10):

> Das scheint nicht viel, zieht man aber in (9), wie viel Sie in all den Jahren mit meinem Papier verdient haben, dann nehme ich diese geringe (10) gerne in Kauf.

Lücke (9):
Fehlende Wortart: ....

Ihre Lösung: ....

Begründung: ....

Lücke (10):
Fehlende Wortart: ....

Ihre Lösung: ....

Begründung: ....

Tipp: Wenn Sie im informellen Brief kein passendes Wort finden, das Ihnen hilft: Interpretieren Sie, was der Schreiber wohl ausdrücken will.

Bei Lücke (10) gibt es im informellen Schreiben keinen Hinweis auf die Lösung. Sie haben aber erkannt, dass ein feminines Nomen fehlt: „nehme ich diese geringe … in Kauf." Mit ein bisschen Phantasie und der Interpretation des letzten Textabschnitts („mein Papier selbst zu einem Altpapierverwerter bringen") finden Sie heraus, was Herr Wertmann sagen will. Nun müssen Sie nur noch Ihre Wortschatzkenntnisse aktivieren!

Sie haben erkannt:

Die Lösung dieser Aufgabe ist anspruchsvoll. Sie müssen die Textvorlage inhaltlich und grammatisch sorgfältig analysieren und alle Ihre Wortschatz- und Grammatikkenntnisse (Niveau C1!) aktivieren.

3. Tragen Sie nun alle Lösungen in den Antwortbogen auf S. 153 ein.

So sieht der Antwortbogen aus

An die
Städtischen Entsorgungsbetriebe

Sehr (0) Damen und Herren,

Beispiel: **geehrte**

gestern sah ich eine (1) .... im Fernsehen, in der
gezeigt wurde, dass Sie an der (2) .... von Altpapier
viel Geld verdienen, da die Preise für recycelbares Papier drastisch
gestiegen sind. Gleichzeitig erhöhen Sie aber jährlich Ihre Gebühren!

Dieses (3) .... Ihrerseits, uns Kosten für eine Leistung
aufzubürden, mit der Sie Gewinne erzielen, finde ich ungerechtfertigt.
Überlegen Sie bitte, (4) .... es gerechtfertigt ist, dass
Sie weiterhin für das Bereitstellen Ihrer Altpapiertonnen Gebühren
(5) ....

Sollten Sie für solche Überlegungen keinen Anlass (6) ....,
werde ich die Abholung meines Papiermülls durch Sie kündigen und
mein Papier selbst zu einem Altpapierverwerter bringen.
(7) .... erhalte ich zurzeit 4 bis 5 Cent für das
Kilogramm, was bei meinem Verbrauch (8) ....
statistisch 283 Kilogramm jährlich etwa 12 – 15 Euro einbringt. Das
scheint nicht viel, zieht man aber in (9) ...., wie viel
Sie in all den Jahren mit meinem Papier verdient haben, dann nehme
ich diese geringe (10) .... gerne in Kauf.

Mit freundlichen Grüßen
Peter Wertmann

Punkte gesamt:

Den Lösungstext lesen

5. Bearbeitungsschritt

➲ Lesen Sie jetzt den ganzen Brief mit den ausgefüllten Lücken noch einmal still und
bewegen Sie Ihre Lippen mit.

Sind Sie mit Ihren Lösungen zufrieden? Haben Sie etwa für eine Lücke keine Lösung
gefunden?

Überlegen Sie noch einmal:

- Nach welcher Wortart wird gesucht?
- Welches Wort könnte vom Sinn her passen?

➲ Tragen Sie das Wort dann ein.

In der Prüfungssituation:
Überprüfen Sie auch Lösungen, die Sie beim ersten Lesen spontan notiert haben:
Passen Sie inhaltlich und grammatisch?

Tipp: Bewegen Sie Ihre
Lippen beim stillen
Durchlesen mit.

Schriftlicher Ausdruck, Teil 2

So sieht die Prüfungsseite aus

Schriftlicher Ausdruck, Teil 2
Dauer: 15 Minuten

Frau Lüttgers hat zu einem neuen Internet-Anbieter gewechselt. Sie wartet seit sechs Wochen auf ihren neuen Anschluss, vergeblich! Sie schreibt einen Brief an ihren Freund Paul und einen an EINSZWEIDREI, den Internetanbieter.

Füllen Sie die Lücken für die Aufgaben 1–10. Sie können dazu Informationen aus dem ersten Brief verwenden. Schreiben Sie Ihre Lösungen auf den Antwortbogen. In jede Lücke passen ein oder zwei Wörter.

Lieber Paul,

jetzt muss ich Dir doch tatsächlich wieder mal einen Brief schreiben, statt einfach eine Mail zu schicken. Ich bin echt sauer! Wäre ich doch nur bei EasyKlick geblieben! Aber die Dame von EINSZWEIDREI rechnete mir genau vor, wie viel ich monatlich sparen könnte, auch mit der superschnellen DNS-Anbindung mit 16 000. Natürlich habe ich sofort unterschrieben und meinen alten Anschluss gekündigt.

Tja, und jetzt sitze ich schon ewig ohne Anschluss da! EINSZWEIDREI hat mir zwar sofort eine Bestätigung zugeschickt und einen raschen Termin versprochen. Aber jedes Mal, wenn ich dort anrufe, heißt es, sie hätten so viele Aufträge, kämen da einfach nicht nach ... Na, super!

Du weißt, als freie Lektorin arbeite ich ja zu Hause, ich brauche also unbedingt mein Internet. Hast du vielleicht eine Idee, wie ich endlich zu einem Anschluss komme? Ich versuch's noch mal mit einem Brief an die Firma. Aber ob das was nützt? Na, genug für heute, bis bald, hoffentlich wieder per Mail.

Deine Susanne

(159 Wörter)

Beispiel (0) *geehrte*

Freischaltung meines Internetanschlusses

Sehr (0) Damen und Herren,   Darmstadt, 15.10. 20..

vor genau sechs Wochen (1) ich einen Vertrag mit Ihrer Firma. Der Auftragseingang (2) bestätigt und ein erster Anschlusstermin genannt. Doch nun warte ich noch immer auf die Freischaltung meines Internetanschlusses, (3) Sie einen raschen Termin in Aussicht (4) haben.
Ich halte Ihr Geschäftgebaren (5) höchst unseriös. Sie werben mit vielversprechenden Konditionen, (6) Sie jedoch bisher nicht eingehalten haben. Mir scheint, dass Sie aufgrund Ihres hohen Auftragsvolumens nicht in (7) sind, neuen Kunden die zugesagten Leistungen tatsächlich zukommen zu lassen.
Da ich jedoch meinen Internetanschluss (8) nutze, benötige ich den sofortigen Zugang zum Netz. Deshalb möchte ich Sie hiermit definitiv auffordern, (9) der nächsten zwei Wochen Ihren vertraglichen Pflichten nachzukommen. (10) Sie sich dazu außerstande sehen, werde ich meinen Vertrag mit Ihnen kündigen.

Mit freundlichen Grüßen
Susanne Lüttgers

(121 Wörter)

So sieht der Antwortbogen aus

Darmstadt, 15.10. 20..

Sehr (0) Damen und Herren,

Beispiel: **geehrte**

vor genau sechs Wochen (1) .... ich einen Vertrag mit
Ihrer Firma. Der Auftragseingang (2) .... bestätigt und
ein erster Anschlusstermin genannt. Doch nun warte ich noch immer
auf die Freischaltung meines Internetanschlusses, (3) ....
Sie einen raschen Termin in Aussicht (4) .... haben.

Ich halte Ihr Geschäftgebaren (5) .... höchst unseriös.
Sie werben mit vielversprechenden Konditionen, (6) ....
Sie jedoch bisher nicht eingehalten haben. Mir scheint, dass Sie
aufgrund Ihres hohen Auftragsvolumens nicht in (7) ....
sind, neuen Kunden die zugesagten Leistungen tatsächlich zukommen
zu lassen.

Da ich jedoch meinen Internetanschluss (8) .... nutze,
benötige ich den sofortigen Zugang zum Netz.
Deshalb möchte ich Sie hiermit definitiv auffordern, (9) ....
der nächsten zwei Wochen Ihren vertraglichen Pflichten
nachzukommen. (10) .... Sie sich dazu außerstande
sehen, werde ich meinen Vertrag mit Ihnen kündigen.

Mit freundlichen Grüßen
Susanne Lüttgers

Punkte gesamt:

➋ Bearbeiten Sie diesen Prüfungsteil jetzt Schritt für Schritt. Versuchen Sie, die
Zeitvorgabe zu beachten: Sie haben insgesamt 15 Minuten Zeit.

Thema der Briefe erkennen

1. Bearbeitungsschritt

➋ Lesen Sie die Einleitung und notieren Sie in eigenen Worten:

Worum geht es in den beiden Briefen?

↳ ....
....

Lesen des informellen Briefs – Hauptinformationen unterstreichen

2. Bearbeitungsschritt

➋ Lesen Sie Susannes Brief an Paul zügig durch.
Unterstreichen Sie wichtige Aussagen und formulieren Sie in Gedanken die Hauptaussage in jedem Abschnitt in eigenen Worten. Nehmen Sie sich etwa 4 Minuten Zeit.

3. Bearbeitungsschritt

Tipp: Überprüfen Sie am Ende auch noch einmal Ihre spontanen Lösungen.

Erstes Lesen des formellen Briefs
Erste Lösungen notieren

➡ Lesen Sie jetzt den formellen Brief mit den Lücken.

Sie haben genügend Zeit, den Brief einmal ganz durchzulesen. Vielleicht finden Sie schon beim ersten Durchlesen einige Lösungen. Wenn Sie sich sicher sind, dass Ihre Lösung richtig ist, dann schreiben Sie das Wort gleich in den Antwortbogen. Achten Sie unbedingt darauf, dass das gefundene Wort auch grammatisch passt.

4. Bearbeitungsschritt

Die einzelnen Lücken bearbeiten –
Die Lösungen in den Antwortbogen eintragen

➡ Bearbeiten Sie nun die Lücken, zu denen Sie noch keine Lösungen gefunden haben, wie oben beschrieben.

Lesen Sie den informellen Brief dabei Satz für Satz, lesen Sie auch die Sätze ohne Lücken: Jeder Satz kann Informationen enthalten, die Ihnen helfen, die Lücken zu füllen.

Stellen Sie Fragen:

Welche Wortart fehlt in der Lücke?
z. B.: Nomen, Verb, Adjektiv, Konnektor, Präposition usw.

Steht das fehlende Wort im informellen Brief? Muss ich es umwandeln?
z. B.: Nomen ↳ Verb, Verb ↳ Nomen, Nomen ↳ Adjektiv usw.

Brauche ich ein ganz neues Wort? Wie finde ich es?
z. B.: Indem Sie sich den Inhalt des Abschnitts oder des vorangehenden Satzes verdeutlichen. Vielleicht brauchen Sie ein Synonym für ein bereits genanntes Wort oder ein Wort, mit dem Sie zeigen, dass Sie den Abschnitt verstanden haben.

Passt das gefundene Wort grammatisch in die Lücke?
– Verben: Personenendung, Tempus, Aktiv / Passiv, Indikativ / Konjunktiv
– Nomen: Artikel, Genus, Numerus
– Adjektiv: Endung
– Präpositionen: Welche Präposition mit welchem Kasus?
– Satzverbindung: Welcher Konnektor?
– Nomen-Verb-Verbindung: Welches Verb / Welches Nomen gehört zu der Wendung?

💡 Erinnern Sie sich!

Es kann auch vorkommen, dass Sie in eine Lücke zwei Wörter eintragen müssen (aber auf keinen Fall mehr!), z. B. wenn die Lösung ein Nomen mit bestimmtem oder unbestimmtem Artikel ist oder ein Verb im Konjunktiv 2: … *kommen würde*.

➡ Übertragen Sie die Lösungen sofort in den Antwortbogen.

Den Lösungstext lesen

❍ Lesen Sie zum Schluss den Brief mit den ausgefüllten Lücken noch einmal durch.

Scheint Ihnen alles korrekt oder sind Sie mit manchen Lösungen noch nicht zufrieden?
Gibt es gar eine Lücke, für die Sie keine Lösung gefunden haben?

❍ Wenn Sie noch etwas Zeit haben, überlegen Sie noch einmal:

– Nach welcher Wortart wird gesucht?
– Welches Wort könnte vom Sinn her passen?
– Tragen Sie das Wort in den Antwortbogen ein.

Registerunterschiede zwischen informellen und formellen Briefen

Informelle Briefe	Formelle Briefe
Anrede: Lieber Paul, … Liebe Paula, … Liebe Freunde, … Ihr Lieben, …	Anrede: Sehr geehrter Herr X, … Sehr geehrte Frau Y, … Sehr geehrte Damen und Herren, …
Personalpronomen: Du, Dich, Ihr, Euch, … (Seit der letzten Rechtschreibreform werden auch in persönlichen Briefen die Personalpronomen und Possessivpronomen wieder großgeschrieben.)	Personalpronomen: Sie, Ihre, Ihnen, Ihrerseits, … (großgeschrieben)
Possessivpronomen: Dein Brief, Eure Nachricht, Deine / Eure Petra, …	Possessivpronomen: Ihr Schreiben, Ihre Aussage, Ihr Kommen, …
Man schreibt oft, wie man spricht, das heißt: locker, umgangssprachlich, grammatisch verkürzt, z. B.: (Ich) muss Dir was sagen: … Sag mal … Bist (du) jetzt sauer? (Es hängt jedoch sehr stark vom Grad der Vertrautheit ab.)	Man schreibt grammatisch ausformuliert, z.B: Ich muss Sie darauf hinweisen, dass … Können Sie mir mitteilen, ob … Man benutzt bestimmte förmliche Wendungen, z. B.: Ich fühle mich nicht in der Lage (statt: Ich kann nicht) Bezüglich Ihrer Anfrage Aufgrund dieser Ereignisse Der Sprachstil entspricht ingesamt einem formellen Register. Dazu gehören auch die „Nomen-Verb-Verbindungen", z. B.: – in Betracht ziehen (statt: beachten) – zum Anlass nehmen (statt: Das ist der Grund, …) – In Aussicht stellen (statt: versprechen) – Bezug nehmen auf (statt: sich beziehen auf) – Vorbereitungen treffen (statt: vorbereiten) – Gewinne erzielen (statt: Gewinn machen) – in Kauf nehmen (s. dazu im Kapitel Wortzschatz, S. 208 ff.)

Schriftlicher Ausdruck, Teil 2

Informelle Briefe	Formelle Briefe
Der Aufbau muss nicht immer logisch sein, man darf zwischen Gedanken hin und herspringen, sich vom Gedankengang treiben lassen …	Der Aufbau sollte logisch, „durchdacht" sein.
Der Gruß am Schluss ist persönlich: Liebe Grüße, … Alles Liebe, … Bis bald! Ciao! / Tschüss! Tausend Küsse, Dein …	Der Gruß am Schluss ist formell: Mit freundlichem Gruß / freundlichen Grüßen Mit besten Grüßen Freundlichen Gruß
Eine Zwischenstellung zwischen informell und formell haben Formulierungen mit „herzlich": Herzlichen Gruß, Mit herzlichem Gruß, Ihr Herzlich, Ihr … Es grüßt Sie herzlich, Ihre …	

Unerlaubtes Hilfsmittel

Mündlicher Ausdruck

Beschreibung dieses Prüfungsteils

Übergreifendes Prüfungsziel

- Der Prüfungsteil Mündlicher Ausdruck besteht aus zwei Teilen (Paarprüfung).

- Dabei sollen Sie zeigen, dass Sie

– einen kurzen Vortrag halten und Stellung beziehen können,
– mit jemandem über ein Problem diskutieren und zu einer gemeinsamen Lösung kommen können.

Die Aufgaben

Mündlicher Ausdruck, Teil 1	**Mündlicher Ausdruck, Teil 2**
Jeder Kandidat / Jede Kandidatin erhält ein Aufgabenblatt mit einer Themenstellung. Zu diesem Thema soll er / sie einen Vortrag (Monolog) von etwas drei Minuten halten.	Die Kandidaten / Kandidatinnen erhalten ein Aufgabenblatt mit einer Problemstellung, die sie diskutieren und gemeinsam lösen sollen (Dialog).

Dauer

- Vor der Prüfung erhalten Sie 15 Minuten Vorbereitungszeit, in der Sie beide Prüfungsteile vorbereiten.

- Die Prüfung selbst dauert insgesamt etwa 15 Minuten.

Bewertung

Sie können maximal 25 Punkte bekommen. Das entspricht 25 % der möglichen Gesamtpunktzahl. Bestanden haben Sie den Prüfungsteil Mündlicher Ausdruck, wenn Sie mindestens 15 Punkte (= 60 %) erreicht haben.

Überblick über die Prüfungsteile Mündlicher Ausdruck:

Teile	Prüfungsziele	Textarten	Vorlagen	Aufgaben-typ	Aufgaben-zahl	Punkte
MA 1	zusammenhängend zu einem Thema sprechen	1 Vortrag (Monolog) zu einem Thema	1 Aufgabenblatt mit Themen-stellung und Leitpunkten	freier Vortrag	1	12,5
MA 2	aktiv an einem Gespräch teilneh-men, Pro und Kontra diskutieren, Aushandeln von Entscheidungen	Gespräch (Dialog)	1 Aufgabenblatt mit Problemstellung und Lösungsmöglichkeiten	Diskussion	1	12,5
Dauer: 15 Minuten						

Mündlicher Ausdruck, Teil 1

Beschreibung dieses Prüfungsteils

Was bekommen Sie?

⚙ Sie erhalten:

– ein Aufgabenblatt mit einem Vortragsthema und fünf Leitpunkten zum Thema
– 15 Minuten Vorbereitungszeit insgesamt (für MA 1 und MA 2)

Was sollen Sie tun?

⚙ Sie sollen einen kurzen Vortrag halten. Dabei sollen Sie frei sprechen und nicht von einem Blatt ablesen. Sie dürfen aber Notizen als „Spickzettel" benutzen.

⚙ Bei Ihrem Vortrag sollen Sie Beispiele aus Ihrer persönlichen Erfahrung schildern, Vor- und Nachteile benennen, Stellung nehmen und das Thema auf die Verhältnisse in Ihrem Heimatland beziehen.

⚙ Die auf dem Aufgabenblatt genannten Leitpunkte können Ihnen dabei als Strukturierungshilfe dienen. Sie müssen nicht auf alle fünf Leitpunkte eingehen.

⚙ Diese Aufgabe entspricht dem Niveau C1 des „Gemeinsamen europäischen Referenzrahmens"[1].

> Ich kann komplexe Sachverhalte ausführlich darstellen und dabei Themenpunkte miteinander verbinden, bestimmte Aspekte besonders ausführen und meinen Beitrag angemessen abschließen.

Wie müssen Sie Ihren Vortrag gestalten?

⚙ Ihr Vortrag soll flüssig sein, mit einem klar erkennbaren Aufbau. Ihre Aussprache soll deutlich sein, Wortakzent, Satzmelodie und Pausengestaltung sollen der deutschen Sprache entsprechen. In Satzbau und Wortschatz sollen Sie sich abwechslungsreich und grammatisch korrekt ausdrücken. Ihr Vortragsstil sollte der Schriftsprache angenähert sein, zu stark umgangssprachliche Ausdrücke sollten Sie vermeiden.

Was müssen Sie können, um diese Aufgabe zu lösen?

⚙ Sie müssen

– die Themenstellung und die Leitpunkte richtig erfassen,
– die Vorbereitungszeit für sinnvolle Notizen nutzen,
– Wortschatz und Grammatik auf C1-Niveau verwenden,
– die deutsche Intonation (Wort- und Satzakzent) beherrschen.

Aufgabentyp

⚙ Vortrag zu einem bestimmten Thema

Dauer

⚙ Ihr Vortrag soll drei bis vier Minuten dauern.

Wichtige Hinweise

⚙ In der Vorbereitungszeit und während der Prüfung dürfen Sie kein Wörterbuch benutzen. Notizen, die Sie in der Vorbereitungszeit gemacht haben, dürfen Sie in die Prüfung mitnehmen.

⚬ Die Vorbereitungszeit von 15 Minuten gilt für beide mündlichen Prüfungsteile. Sie müssen sich Ihre Zeit also entsprechend einteilen. Rechnen Sie für diesen Teil mit etwa 6 – 7 Minuten.

Wie wird diese Aufgabe bewertet?

⚬ Sie können maximal 12,5 Punkte bekommen. Dabei werden sowohl inhaltliche als auch sprachliche Aspekte berücksichtigt.

⚬ Die folgende Tabelle zeigt, nach welchen Gesichtspunkten Ihr Vortrag bewertet wird. Punkt 1 gilt nur für den Mündlichen Ausdruck, Teil 1. Die Punkte 2 – 5 gelten auch für den Mündlichen Ausdruck, Teil 2.

Bewertung	2,5 Punkte	2 Punkte	1,5 Punkte	1 Punkt	0 Punkte
1. Inhaltliche Darstellung	sehr gut, sehr ausführlich	gut und sehr ausführlich	gut und ausführlich genug	unvollständig und zu kurz	kaum zusammenhängend, zu kurz
2. Zusammenhang, Flüssigkeit, Sprechtempo	klar zusammenhängend, richtiges Sprechtempo	zusammenhängend, noch gutes Sprechtempo	manchmal Pausen, bei Nachfragen wieder Gespräch	viele Pausen, Abbrüche der freien Rede, dadurch stellenweise schwer zu verstehen	zu viele Pausen, Aussagen bleiben dadurch unklar
3. Wortwahl, Umschreibungen, Wortsuche	kaum Umschreibungen, kaum Wortsuche	meist richtige Ausdruckweise, manchmal Fehlgriffe bei Wortwahl	ungenaue, allgemeine Ausdrucksweise, die manches nicht genau erklärt	falsche Wortwahl, mehr Fehler	zu einfach, viele Fehler, schwer zu verstehen
4. Korrektheit in Grammatik	sehr wenig Fehler	manche Fehler, aber auch Selbstkorrektur	mehr Fehler, aber die Aussagen sind noch verständlich	mehr falsch als richtig, sehr schwer zu verstehen	zu viele Fehler, Sinn kaum oder gar nicht zu verstehen
5. Aussprache, Satzmelodie	kaum fremdsprachlicher Akzent	einige Fehler, aber noch gut zu verstehen	manchmal schwer zu verstehen	schlechte Aussprache, sehr anstrengend zu verstehen	sehr schlechte Aussprache, fast unmöglich zu verstehen

Überblick Mündlicher Ausdruck, Teil 1:

Teil	Prüfungsziel	Textarten	Vorlagen	Aufgabentyp	Aufgabenzahl	Punkte
MA 1	zusammenhängend zu einem Thema sprechen	1 Vortrag (Monolog) zu einem Thema	1 Aufgabenblatt mit Themenstellung und Leitpunkten	freier Vortrag	1	12,5
Dauer: 3 – 4 Minuten						

In den folgenden Abschnitten erfahren Sie, wie Sie in diesem Prüfungsteil erfolgreich sein können.

---

1 Gemeinsamer europäischer Referenzrahmen für Sprachen: lernen, lehren, beurteilen. Europarat. Rat für kulturelle Zusammenarbeit. Berlin / München u.a.: Langenscheidt 2001.

Schritt für Schritt zur Lösung

In der mündlichen Prüfung geht es um Ihre Fähigkeit, Deutsch zu sprechen.

Sie sollen zeigen, dass Sie flüssig und in einem normalen Sprechtempo sprechen können. Ihre Aussprache und die Satzmelodie, Ihre Wortwahl und Fehler im Satzbau werden bewertet. Darüber hinaus verlangt die mündliche Prüfung keine Kenntnisse von Ihnen, die Sie nicht schon in anderen Prüfungsteilen unter Beweis stellen konnten (z. B. Redemittel zur Meinungsäußerung, S. 131).

Anders als in der schriftlichen Prüfung sitzen Ihnen nun aber zwei Prüfer bzw. Prüferinnen gegenüber, zu denen Sie sprechen und mit denen Sie Blickkontakt haben. Das kann sich negativ oder positiv auf Ihre Konzentration auswirken. Wenn Sie fürchten, dass es Sie negativ beeinflusst, dass Sie nervös werden, dann üben Sie in den Wochen vor der Prüfung „Vortrag halten" mit einem Zuhörer / einer Zuhörerin. Bitten Sie diese Person, mimisch auf das, was Sie sagen, zu reagieren, und üben Sie, sich davon nicht irritieren zu lassen.

❁ In Ihrem Vortrag sollten Sie einen stark umgangssprachlich geprägten Redestil vermeiden und stattdessen eher schriftsprachliche Strukturen und Ausdrücke verwenden (Vortragsstil).

Die Wochen vor der Prüfung

So geht's

In den Wochen vor der Prüfung können Sie sich auf die Mündliche Prüfung (Teil 1 und Teil 2) folgendermaßen vorbereiten.

↳ Üben Sie die Aussprache, also Intonation (Wortakzent und Satzmelodie: steigend / fallend) und Pausen an den richtigen Stellen.

↳ Üben Sie zusammenhängend zu sprechen, indem Sie in den Wochen vor der Prüfung
- im Kurs / mit Freunden und Bekannten möglichst viel Deutsch sprechen,
- anderen auf Deutsch etwas erzählen,
- bei Ihrer Lektüre laut lesen oder jemandem etwas vorlesen und die Person bitten, Ihre Aussprache zu korrigieren,
- sich Sätze einprägen und nachsprechen, bis Sie diese, ohne zu stocken, frei und schnell sprechen können,
- Laute und Wörter, deren Aussprache Ihnen Schwierigkeiten bereitet, so lange üben, bis Sie das Gefühl haben, dass Sie sie flüssig sprechen können.

Tipp: Beginnen Sie rechtzeitig mit dem Aussprache-training.

↳ Kontrollieren Sie Ihre Fortschritte, indem Sie Ihre Übungen aufnehmen, z. B. mit der entsprechenden Funktion Ihres Handys.

↳ Eignen Sie sich möglichst viele Redemittel an, um Ihre Meinung auszudrücken, Sachverhalte abzuwägen, zuzustimmen, zu widersprechen.

Aufgabe 1

1. Notieren Sie Laute, die Ihnen Schwierigkeiten bereiten.

....

....

....

....

2. u / [uː] [ʊ] oder ü / [yː] [ʏ]?

Die klare Unterscheidung dieser beiden Laute ist im Deutschen besonders wichtig, da eine falsche oder undeutliche Aussprache beim Konjunktiv einen grammatischen Fehler darstellen kann, z.B.: *musste* statt *müsste*.

Sprechen Sie die folgenden Wörter und Solgans so lange nach, bis Sie die richtige Aussprache beherrschen.

– Wenn ich nur dürfte, wie ich wollte.
– Niemand muss müssen.
– Wenn sie wüsste, was wir wussten, wüsste sie viel.

muss – Kuss – Schluss – Fluss
müssen – küssen – Schlüsse – Flüsse
Fluss – Flüsse; Kuss – Küsse; Hut – Hüte
musste – müsste; durfte – dürfte; wurde – würde

3. Erstellen Sie selbst eine Wortliste für die Laute o / [oː] [ɔ] und ö / [œː] [œ].

....

....

....

....

4. Notieren Sie jeweils zehn Wörter mit Lauten, bei denen Sie Ausspracheschwierigkeiten haben.

Meine schwierigen Laute:

....

....

....

....

Tipp: Üben Sie schwierige Laute gleich morgens nach dem Aufstehen.

5. Sprechen Sie diese Wörter laut und schnell mehrmals täglich. Beginnen Sie morgens gleich nach dem Aufstehen, noch bevor Sie mit andern Leuten sprechen: Da ist Ihre Artikulationsfähigkeit noch ganz frisch und geschmeidig.

Ihr Kurzvortrag soll drei bis vier Minuten dauern. Wer gerne viel spricht, dem erscheinen drei Minuten sicher kurz, wer aber zu den eher „Stillen im Lande" gehört, die nicht so viele Worte machen, dem können drei Minuten wie eine Ewigkeit vorkommen.

Auf jeden Fall sollten Sie vor der Prüfung versuchen, ein Gefühl für einen drei- bis vierminütigen Vortrag zu bekommen. Dazu können Sie die Stoppuhr im Handy oder einen Wecker auf drei Minuten stellen, wenn Sie
– mit anderen über ein bestimmtes Thema sprechen,
– für sich allein (eventuell vor dem Spiegel) kleine Vorträge halten; denken Sie dabei nicht so sehr an die Grammatik, reden Sie einfach so „wie Ihnen der Schnabel gewachsen ist". Verwenden Sie immer auch Redemittel zum Ausdruck der Meinungsäußerung (s. S. 194/195).

Aufgabe 2

1. Vervollständigen Sie zuerst die Redemittel und führen Sie dann die Sätze weiter.

a. Mei… Meinung nach …
b. Ich .... es für falsch, dass …
c. Ich .... es richtig, wenn …
d. Es .... mir fraglich…
e. Es ist doch ...., dass …
f. Für mein Heimatland .... das auch zu.
g. Ich teile Ihre ...., dass …
h. Ich ...., dass …
i. Aus meiner .... stellt sich das Problem so dar: …

2. Sprechen Sie drei bis vier Minuten aus dem Stegreif (d. h. ohne Vorbereitung) zu den folgenden und anderen Themen, die Sie gerade beschäftigen. Schauen Sie dabei in den Spiegel und beobachten Sie Ihre Mimik und Gestik.

– Warum lerne ich Deutsch?
– Wie stelle ich mir meine Zukunft vor?
– Was bedeutet Familie für mich?
– Das gefällt mir in dieser Stadt / in diesem Land: …
…

Tipp: Sprechen Sie ausdrucksvoll, aber vermeiden Sie zu starke Gestik während Ihres Vortrags.

1. Bearbeitungsschritt

Während der Vorbereitungszeit

Das Prüfungsthema klären – Vorwissen aktivieren

So geht's

Die Themen, zu denen Sie in der mündlichen Prüfung einen Kurzvortrag halten sollen, betreffen alle „gesellschaftlich relevanten Bereiche" Deutschlands, Österreichs und der Schweiz. Es werden also verschiedene „Themenfelder" angesprochen. Im Deutschunterricht haben Sie sich bereits mit solchen Themen beschäftigt; Sie kennen unterschiedliche Argumente, eventuell auch aus Radio- und Fernsehsendungen und eigener Zeitungslektüre.

↳ Versuchen Sie in der Prüfung, Ihr Vortragsthema in Gedanken dem übergreifenden Themenfeld zuzuordnen und dabei die entsprechenden Wortschatzbereiche und Ihr Vorwissen zu aktivieren.
↳ Finden Sie ein Schlagwort für Ihr Thema.

Aufgabe 3

1. Ordnen Sie folgende Themen den unten genannten Themenfeldern zu. Manchmal können Sie mehrfach zuordnen.

A Gärtnern macht glücklich. Wer einen eigenen Garten hat, erfreut sich nicht nur an den Blumen und Pflanzen, sondern pflegt auch viele soziale Kontakte.

B Gestern streikte die Bahn, heute die Post und morgen streikt die Müllabfuhr. Die Dummen sind immer die Verbraucher.

C Billigflieger fliegen uns billig weit weg. Aber manchmal sind die zusätzlichen Gebühren höher als das Ticket bei einem regulären Flug.

D Den Urlaub will man genießen. Die einen fahren ans Meer, die anderen in die Berge und wieder andere suchen vor allem Urlaubsziele ohne Kinder.

E Der Internethandel nimmt immer mehr zu, denn man kann bequem von zu Hause aus einkaufen und in Ruhe den günstigsten Preis herausfinden.

F Immer mehr Rentner wollen nicht zu Hause bleiben. Sie arbeiten weiter als Pförtner, Berater oder gründen Firmen.

G Alter oder Schwangerschaft sind längst keine Garantie mehr für einen Sitzplatz im Stadtbus. Immer mehr Schulkinder stehen für ältere Menschen oder schwangere Frauen nicht auf.

H Früher war Telefonieren ein Luxus. Heute kann man sogar umsonst stundenlang mit der ganzen Welt telefonieren.

I Die kleinen Gastwirte beklagen einen starken Umsatzrückgang, seitdem es das Rauchverbot gibt. Sie fordern dazu auf, das Gesetz zu ändern.

Themenfelder

Erziehung, Ausbildung: ....

Sprache und Kommunikation: ....

Gesundheit und Hygiene: ....

Reisen und Verkehr: ....

Technik: ....

Wirtschaft: ....

Arbeit und Beruf: ....

Familie: ....

Freizeit und Urlaub: ....

Tipp: Indem Sie ein Schlagwort für Ihr Thema formulieren, präzisieren Sie das Thema, um das geht.

2. Finden Sie prägnante Schlagwörter zu den genannten Themen.

A: *Lob der Gartenarbeit*

B: *Streik*

C: ....

D: ....

E: ....

F: ....

G: ....

H: ....

I: ....

2. Bearbeitungsschritt

Die Bedeutung der Leitpunkte klären

So geht's

Sie haben zum Beispiel das Thema F als Vortragsthema erhalten.
Dazu gibt es fünf Leitpunkte.

> Immer mehr Rentner wollen nicht zu Hause bleiben. Sie arbeiten weiter als Pförtner, Berater oder gründen Firmen.
>
> – Leben als Rentner in Ihrem Heimatland
> – Rentnersein ein schöner Lebensabend?
> – Argumente, die für das Arbeiten als Rentner sprechen
> – Argumente, die gegen das Arbeiten als Rentner sprechen
> – Ihre persönliche Meinung in dieser Sache

💡 Erinnern Sie sich!

Im Kapitel Schriftlicher Ausdruck (s. S. 118) haben Sie gelernt, was Sie tun müssen, um die Bedeutung der Leitpunkte genau zu verstehen.

➲ Formen Sie die Leitpunkte in Fragen um.

a. ....

b. ....

c. ....

d. ....

e. ....

⚙ Den Leitpunkten zum Kurzvortrag liegt stets ein bestimmtes Vier-Punkte-Schema zugrunde: Sie sollen über die Situation in Ihrem Heimatland sprechen (Punkt 1), Vor- und Nachteile benennen und abwägen (Punkt 2 und 3) und Ihre persönliche Meinung äußern (Punkt 4). Nur ein Leitpunkt fällt in der Regel aus diesem Schema.

↳ Wenn Sie sich dieses Schema vergegenwärtigen, wird es Ihnen leichter fallen, Ihren Vortrag zu gliedern.

Aufgabe 4

1. Formulieren Sie die anderen Leitpunkte entsprechend dem Vier-Punkte-Schema.

> Gestern streikte die Bahn, heute die Post und morgen streikt die Müllabfuhr. Die Dummen sind immer die Verbraucher.

– ....

– Warum wird gestreikt?

– ....

– ....

– ....

Stichwörter zu den fünf Leitpunkten notieren

3. Bearbeitungsschritt

Aufgabe 5

1. Sammeln Sie Ideen zu den fünf Leitpunkten. Notieren Sie Stichwörter.

> Immer mehr Rentner wollen nicht zu Hause bleiben. Sie arbeiten weiter als Pförtner, Berater oder gründen Firmen.

a. Leben als Rentner in Ihrem Heimatland

....

....

....

....

b. Rentnersein ein schöner Lebensabend?

....

....

....

....

c. + d. Rentnerarbeit pro und kontra

Pro	Kontra

Tipp: Legen Sie ein Pro- / Kontra-Raster an.

e. Ihre persönliche Meinung in dieser Sache

....

....

2. Halten Sie jetzt einen Vortrag von drei bis vier Minuten zum Thema „Rentnerarbeit".
Stoppen Sie die Zeit.

4. Bearbeitungsschritt

„Wortkarte" erstellen und einprägen

In der Prüfung haben Sie 15 Minuten Zeit, um sich auf beide Teile der mündlichen
Prüfung vorzubereiten. Das heißt, Sie müssen sich Ihre Zeit sinnvoll einteilen oder
anders gesagt: Sie müssen sich über Ihr Zeitmanagement Gedanken machen.

⚙ Für die Vorbereitung Ihres Kurzvortrags sollten Sie 5 – 6 Minuten einplanen. Am
besten legen Sie Ihre Uhr vor sich auf den Tisch. (Vergessen Sie nicht, sie nach dem
Ende der Vorbereitungszeit wieder anzulegen.)

So gehen Sie vor:

1. Schritt: Sie lesen das Aufgabenblatt und machen sich das Thema klar.

2. Schritt: Sie klären die genaue Bedeutung der fünf Leitpunkte, indem Sie sie
gedanklich in Fragen umwandeln.

3. Schritt: Sie machen sich Notizen zu den Leitpunkten und überlegen, in welcher
Reihenfolge Sie über die Leitpunkte sprechen wollen. Schreiben Sie keine ganzen
Sätze, sondern notieren Sie Stichwörter. Notieren Sie alles, was Ihnen einfällt.

⚙ Im Vortrag sollen Sie frei sprechen und nicht ablesen. Sie müssen also ein
Hilfsmittel vorbereiten, das übersichtlich gegliedert ist, Ihre Gedanken zusammen-
fassend bündelt und Ihnen hilft, wenn Sie während des Vortrags den Faden verlieren.
Dafür empfiehlt es sich, eine „Wortkarte" zu erstellen. Diese fasst in Form eines
Assoziogramms Gliederung und wesentliche Inhaltspunkte zusammen.

↳ **4. Schritt:** Sie nehmen ein Notizblatt und skizzieren ein großflächiges Assoziogramm
mit fünf Strichen für die fünf Leitpunkte. Tragen Sie diese in der von Ihnen gedachten
Reihenfolge von links beginnend ein. Kürzen Sie die Leitpunkte dabei ab.

Aufgabe 6

1. Lesen Sie das Vortragsthema und die Leitpunkte.

> Jeder träumt von dem perfekt organisierten Tag, an dem man alles erledigt, was
> man sich vorgenommen hat, doch beim Zeitmanagement stößt man schnell an die
> eigenen Grenzen.
>
> Halten Sie einen kleinen Vortrag (ca. 3 – 4 Minuten) und orientieren Sie sich an
> folgenden Punkten:
> - Bedeutung von Zeitmanagement
> - Argumente für die Planung von Tagesabläufen
> - Argumente gegen die Planung von Tagesabläufen
> - Umgang mit Zeitplanung in Ihrer Heimat
> - die ideale Planung der Zeit, wie Sie es sehen

2. Bereiten Sie Ihren Vortrag Schritt für Schritt vor.

1. Schritt: Thema genau definieren / Kurzfassung formulieren

Probleme beim Zeitmanagement

2. Schritt: Leitpunkte in Fragen umformen

a. *Was versteht man unter Zeitmanagement?*

b. ....

c. ....

d. ....

e. ....

3. Schritt: Notizen zu den Leitpunkten machen:

a. ....

....

....

b. ....

....

....

c. + d.

Pro	Kontra

Tipp: Wenn Ihnen zu einem Leitpunkt nichts einfällt, lassen Sie ihn einfach weg oder überlegen Sie kurz, worüber Sie stattdessen sprechen könnten / wollen.

e. ....

....

....

4. Schritt: Wortkarte erstellen

So geht's

↳ Sie überlegen, in welcher Reihenfolge Sie über die einzelnen Leitpunkte sprechen wollen und legen Ihre Wortkarte an. Dabei notieren Sie die Leitpunkte in Kurzform.

Beispiel

Tipp: Die Wortkarte können Sie als „Spickzettel" benutzen.

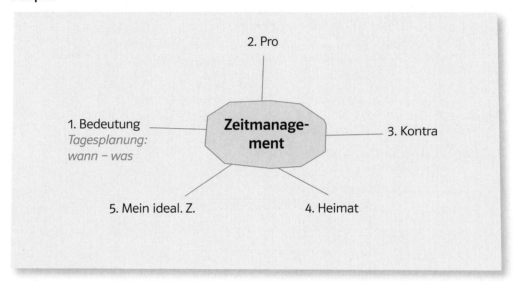

Aufgabe 7

1. Tragen Sie nun die für Sie wichtigsten Stichwörter (maximal 2), über die Sie unbedingt sprechen möchten, in Kurzform in die Wortkarte ein.

2. Schauen Sie sich Ihre Wortkarte kurz aufmerksam an. Schließen Sie die Augen und versuchen Sie, sich Ihre Wortkarte möglichst genau vor Ihrem inneren Auge vorzustellen.

Tipp: Schließen Sie kurz die Augen und versuchen Sie, sich Ihre Wortkarte mit der Abfolge der einzelnen Punkte einzuprägen.

5. Bearbeitungsschritt

Den Vortrag halten

Die Vorbereitungszeit ist vorbei, die eigentliche Prüfung beginnt und Sie sind ziemlich nervös – das ist ganz normal. Dass Sie nervös sind, wissen auch die Prüfer / Prüferinnen, die Ihnen gegenüber sitzen. Und Sie wissen, dass die Prüfer Ihnen wohlgesinnt sind und Sie keine Angst zu haben brauchen.

Nach einleitenden Fragen zu Ihrer Person – die Antworten werden nicht bewertet – geht es los:
Sie haben Ihren Vortrag gut vorbereitet, Ihre Gedanken geordnet und die Wortkarte als „Spickzettel" in der Hand.

So geht's

↳ Beginnen Sie, indem Sie kurz den Aufbau Ihres Vortrags erläutern. Das zeigt, dass Sie die Leitpunkte und Ihre Gedanken klar geordnet haben.

Beispiel

Das Thema meines Vortrages lautet: Zeitmanagement.
Zuerst möchte ich erklären, was ich genau darunter verstehe. Dann möchte ich darüber sprechen, wie die Leute in meiner Heimat ihre Zeit organsieren, und zwar in ihrem Beruf und auch im Privatleben. Danach werde ich einige Argumente nennen, die für ein Zeitmanagement sprechen, aber auch die Gründe aufzeigen, die gegen ein absolutes Verplanen der Zeit sprechen. Schließlich will ich Ihnen davon erzählen, wie ich mir den idealen Umgang mit meiner Zeit vorstelle.

Aufgabe 8

1. Schreiben Sie die Redemittel, mit denen in diesem Beispiel der Vortrag und die Gliederungspunkte eingeleitet werden, in die Sprechblasen.

Das Thema ....

2. Notieren Sie alle „Sagen-Verben und -Ausdrücke" aus dem Beispieltext mit den dazugehörenden Präpositionen und prägen Sie sie sich ein.

....

....

....

....

3. Halten Sie jetzt Ihren Vortrag zum Thema „Zeitmanagement". Nehmen Sie ihn unbedingt mit einem Aufnahmegerät auf. Stoppen Sie die Zeit mit einem Wecker oder einer Zeitschaltuhr.

↳ Schließen Sie, wenn noch Vortragszeit bleibt, mit einer kurzen Zusammenfassung, die Ihre Meinung noch einmal verdeutlicht.

Abschließend möchte ich noch einmal hervorheben / betonen / darauf hinweisen, dass …

4. Hören Sie sich die Aufnahme an. Achten Sie dabei auf folgende Elemente.

Pausen
Machen Sie am Ende von Sätzen eine kleine, beim Übergang auf einen neuen
Gliederungpunkt eine größere Pause?

Aussprache
Sind Sie mit Ihrer Aussprache zufrieden?
– Überprüfen Sie in Zweifelsfällen Ihre Wortakzentuierung und die Aussprache
  schwieriger Wörter mit Hilfe eines Wörterbuchs.
– Achten Sie auf die Laute, bei denen Sie öfters Schwierigkeiten haben.
– Fällt die Satzmelodie am Satzende? Bleibt sie bei Satzkonstruktionen mit Komma in
  der Schwebe?

Wortschatz
Hatten Sie manchmal Schwierigkeiten, das passende Wort zu finden? Was haben Sie
dann gemacht?

Flüssigkeit
Stocken Sie öfters? Benutzen Sie (zu) oft Fülllaute wie „Äh, Äh, Hm, Hm, …"

Aufbau
Verlieren Sie manchmal den ‚roten Faden'?

Redemittel
Welche Redemittel benutzten Sie, um Ihre Meinung zu verdeutlichen?

Vollständigkeit
Haben Sie zu allen Punkten etwas gesagt?

Hören Sie Ihren Vortrag ein zweites Mal und achten sie jetzt auf die grammatische
Korrektheit: Übereinstimmung von Subjekt und Verb, Verbstellung in Haupt- und
Nebensätzen, Konnektoren, Adjektivendungen usw.

⚙ Diese Selbstkontrolle ist sehr wichtig, denn sie gibt Ihnen Aufschluss über Ihre
Stärken und Schwächen, so dass Sie gezielt an Ihren Schwächen arbeiten können.

Modellvortrag zum Thema „Zeitmanagement"

Aufgabe 9

1. Lesen Sie den folgenden Vortrag und stoppen Sie die Zeit. Ist der Vortrag zu kurz / zu
lang / gerade richtig?

2. Notieren Sie die Reihenfolge, in der die Leitpunkte besprochen werden. Orientieren
Sie sich dabei an den Abschnitten. (Nummerieren Sie die Abschnitte.)

.... Bedeutung von Zeitmanagement

.... Argumente für die Planung von Tagesabläufen

.... Argumente gegen die Planung von Tagesabläufen

.... Umgang mit Zeitplanung in Ihrer Heimat

.... die ideale Planung der Zeit, wie Sie es sehen

„Ich komme aus Italien. Da ist der Umgang mit der Zeit manchmal schwierig zu planen und es ist schwieriger, Verabredungen einzuhalten. Im privaten Bereich ist das nicht so schlimm, denn jeder ist tolerant, da jeder die gleichen Probleme hat, Termine einzuhalten. Wenn ich also bei Freunden eingeladen bin, bemühe ich mich zwar, einigermaßen pünktlich zu sein, aber eine halbe Stunde
5 darf ich schon zu spät kommen.

Anders sieht es bei geschäftlichen Terminen aus. Da versucht man, sich an verabredete Zeiten zu halten. Man macht sich also rechtzeitig auf den Weg und hofft, dass man nicht in einem Stau stecken bleibt. Kommt man aber dennoch zu spät und hat einen trifftigen Grund dafür, dann stößt man meist auf Verständnis. Denn jeder, wie bereits gesagt, kennt ja die Verkehrssituation in
10 unserer Stadt.

Und wenn man einen Termin auf einem Amt hat, versucht man sogar, vor der Zeit da zu sein, damit man nicht zu lange warten muss. Vor allem nimmt man sich nicht zu viele Termine für solch einen Tag vor, den Vormittag plant man ganz für das Amt ein.

Hier in Deutschland planen die Leute schon anders. Die Woche ist vorgeplant, der Urlaub wird
15 vorgeplant, Geschenke werden rechtzeitig eingekauft, bei Einladungen erscheint man ziemlich pünktlich und das finde ich auch gut. Wenn ich meinen Urlaub rechtzeitig plane, habe ich eine größere Auswahl an Urlaubszielen. Wenn ich Geschenke rechtzeitig einkaufe, habe ich auf jeden Fall weniger Stress. Das ist, glaube ich, der wichtige Punkt, der für das Vorausplanen spricht, das Planen auf längere Zeit, aber auch das Planen für den nächsten Tag oder die Woche. Und weniger
20 Stress bedeutet, ich fühle mich wohler und kann auch mehr erledigen.

Aber dieses Planen ist auch ein Verplanen der Zeit und hat auch Nachteile. Wenn ich einen Bekannten zufällig in der Stadt treffe, möchte ich die Freiheit haben, mit ihm einen Kaffee zu trinken und darüber zu quatschen, wie es ihm geht. Doch das ist hier anders. Man spricht ein, zwei Sätze miteinander, verabredet ein Telefonat, um einen Termin für ein Treffen auszumachen.
25 Spontan ins Café – das kommt höchst selten vor, denn man hat ja noch zwei oder drei Dinge zu erledigen, die man sich vorgenommen hatte. Das ist meiner Meinung nach schon ein Nachteil von Zeitmanagement.

Ich habe gemerkt, ich muss hier meinen Tag auch mehr planen. Ich habe also einen Terminkalender und in meiner Wohnung Zettel an der Wand mit wichtigen Terminen. Allerdings
30 schaue ich nicht täglich in meinen Terminkalender, und ich habe auch schon einen Arzttermin verpasst, weil ich einen Freund traf und zu lange mit ihm quatschte. Als ich dann in die Arztpraxis kam, gab es böse Gesichter und einen neuen Termin, mit der Ermahnung, das nächste Mal doch bitte rechtzeitig abzusagen.

Das fand ich hart, aber ich schaue jetzt abends auf meine Zettel an der Wand, um den nächsten
35 Tag zu planen. Meistens schaue ich, doch nicht immer. Ich weiß, wenn ich mich an meinen Terminkalender halte, fühle ich mich einfach besser, weil ich alles erledigt habe. Aber ich lasse auch etwas Zeit zwischen den Terminen, um auch etwas spontan machen zu können.

Und abschließend möchte ich noch das sagen: Wenn man sich auf eine Prüfung vorbereitet und
40 das richtig plant, das heißt, nicht alles an einem Tag lernen will, sondern in kleinen Schritten jeden Tag etwas von dem lernt, was man wissen und können muss, dann kann man entspannter in die Prüfung gehen und hat auch mehr Erfolg. Ja, so sähe für mich also der ideale Umgang mit der Zeit aus. Aber – ich sitze jetzt hier vor Ihnen und muss sagen, ich bin schon nervös, weil ich natürlich diese Selbstdisziplin in der Vorbereitungszeit nicht immer aufgebracht habe, na ja."

3. Notieren Sie die Redemittel, die von einem Gliederungspunkt zum andern überleiten.

Überleitungen:

....

....

....

....

....

....

4. Mit welchem Redemittel wird der Schluss des Vortrags angekündigt?

....

5. Worauf beziehen sich die folgenden Verweiswörter?

                bezieht sich auf:

Tipp: Die Verwendung von Verweiswörtern bringt Ihnen Pluspunkte.

Z. 6:   *Anders* ....

Z. 14: *anders* ....

Z. 21: *Aber dieses Planen* ....

Z. 28: *auch* ....

Z. 34: *Das* ....

(Zu den Verweiswörtern s. Grammatikkapitel 9, S. 230)

Was machen Sie, wenn . . .

In einer mündlichen Prüfung läuft nicht immer alles glatt. Deshalb ist es sinnvoll, sich vorher einige mögliche Stolpersteine vorzustellen und sich zu überlegen, was man in solchen Situationen macht („Überlebenstechniken").

Aufgabe 10

Kreuzen Sie die Techniken und Aussagen an, die Sie sich merken wollen.

1. Ihr Kopf blockiert, und Sie wissen nicht mehr, wie es weiter geht.

☐ a. Sie geben sich geschlagen und sagen nichts mehr.

☐ b. Sie schauen die Prüfer hilflos an und warten, dass sie Ihnen helfen.

☐ c. Sie lächeln die Prüfer an und sagen: „Oh, jetzt habe ich den ‚roten Faden' verloren. Wo war ich noch einmal stehengeblieben?"

☐ d. Sie werfen einen kurzen Blick auf Ihre Wortkarte und leiten zum nächsten Leitpunkt über.

2. Zu einem der Leitpunkte ist Ihnen in der Vorbereitungszeit nichts eingefallen.

☐ a. Sie reden einfach über etwas anderes.

☐ b. Sie reden nur über die Leitpunkte, über die Sie etwas sagen können, denn Sie wissen, dass die Leitpunkte nur der Orientierung dienen und Sie nicht über alle Leitpunkte sprechen müssen.

☐ c. Sie sagen: „Also wirklich, diese Leitpunkte, so was Blödes! Ich rede lieber über …"

☐ d. Sie sagen: „Über den Punkt ‚xy' kann ich nichts sagen, dazu fällt mir nichts ein / darüber weiß ich nichts. Kann ich stattdessen über … sprechen?"

3. Ein bestimmtes Wort fällt Ihnen nicht ein.

☐ a. Sie sagen es in Ihrer Muttersprache oder auf Englisch.

☐ b. Sie sagen: „Mir fällt gerade das passende deutsche Wort nicht ein. Aber ich meine / Es geht um …" = Sie umschreiben das Wort.

☐ c. Sie geraten in Panik und sagen gar nichts mehr.

☐ d. Sie verschaffen sich Zeit zum Nachdenken, indem Sie sagen: „… ich meine / es geht um … das Dings, das Dings, … aja, jetzt weiß ich wieder wie es auf Deutsch heißt: …"

4. Sie merken, dass schon fast vier Minuten um sind, Sie aber erst beim dritten Leitpunkt sind und noch viel zu sagen haben.

☐ a. Sie reden einfach weiter, bis die Prüfer sagen: „Danke, das genügt." Oder: „Die Zeit ist fast um, können Sie bitte zusammenfassen, was Sie noch sagen wollten!"

☐ b. Sie sagen: „Oh, die Zeit ist fast um, und ich habe eigentlich noch viel zu sagen. Ich versuche jetzt, mich kurz zu fassen."

☐ c. Sie geraten in Panik und hören abrupt auf.

☐ d. Sie fragen: „Habe ich noch etwas Zeit? Oder soll ich jetzt Schluss machen?"

5. Die Prüfer unterbrechen Sie.

☐ a. Sie sagen: „Bitte unterbrechen Sie mich nicht, da komme ich ja ganz durcheinander."

☐ b. Da Sie gerade den ‚roten Faden' verloren haben, sind Sie überzeugt, dass die Prüfer Ihnen nur helfen wollen und bleiben ganz ruhig.

☐ c. Sie wissen, dass die Prüfer manchmal nachfragen; Sie sind also gerne bereit, etwas (noch einmal) zu erklären.

☐ d. Sie geraten in Panik, weil sie unterbrochen werden und Angst haben, den ‚roten Faden' zu verlieren.

6. Sie haben nicht verstanden, was eine Prüferin gesagt hat.

☐ a. Sie sagen: „Entschuldigen Sie, können Sie noch einmal wiederholen, was Sie gesagt haben?"

☐ b. Sie sagen: „Ich habe Ihre Frage nicht verstanden. Können Sie sie noch einmal wiederholen?"

☐ c. Sie sagen: „Ich habe ein Wort nicht verstanden. Was bedeutet …?"

☐ d. Sie sagen: „Meinten Sie, ich soll …?"

So sieht das Prüfungsblatt aus

Mündliche Prüfung, Teil 1
Dauer: 3-4 Minuten

Kandidat / in 1

In Deutschland achten die Leute immer mehr auf eine gesunde Ernährung.
Sehen Sie nur Vorteile in diesem Verhalten?

Halten Sie einen kurzen Vortrag dazu (3 – 4 Minuten) und orientieren Sie sich dabei
an diesen Punkten:

- Beispiele für eine gesunde Ernährung

- Argumente, die für eine gesunde Ernährung sprechen

- Argumente, die gegen eine gesunde Ernährung sprechen

- Situation dazu in Ihrem Heimatland

- Ihre persönliche Meinung zu diesem Verhalten

In der Vorbereitungszeit muss ich
auf ein gutes Zeitmanagement
achten, denn die 15 Minuten sind
für beide Prüfungsteile.

Bearbeiten Sie diesen Prüfungsteil Schritt für Schritt und achten Sie auf die Zeitvorgaben.

In der Vorbereitungszeit

Sie haben etwa 5 – 6 Minuten Zeit.

So geht's

Das Prüfungsthema und die Leitpunkte genau klären
Vorwissen aktivieren

1. / 2. Bearbeitungsschritt

↳ Klären Sie die genaue Bedeutung des Prüfungsthemas und der Leitpunkte. Entsprechen die Leitpunkte dem Vier-Punkte-Schema? Dann ist sowieso alles klar. Wie lautet der fünfte Leitpunkt? Formen Sie ihn eventuell in eine Frage um.

Stichwörter zu den Leitpunkten notieren
Wortkarte erstellen

3. / 4. Bearbeitungsschritt

↳ Machen Sie zu jedem Leitpunkt Notizen. Erstellen Sie Ihre Wortkarte und prägen Sie sie sich ein.

↳ Wenn Sie noch Zeit haben: Gehen Sie Ihren Vortrag in Gedanken anhand der Wortkarte durch.

Während der Prüfung

So geht's

Den Vortrag halten

5. Bearbeitungsschritt

↳ Halten Sie den Vortrag wie in der Prüfung vor Zuhörern.
Bitten Sie diese, Ihren Vortrag zu bewerten. Macht Sie das ein bisschen nervös? Dann ist es eine gute Übung für die Prüfung.

↳ Erklären Sie zunächst den Aufbau Ihres Vortrags, sprechen Sie dann über die einzelnen Punkte, denken Sie dabei an Ihre Wortkarte. Spicken ist erlaubt!

↳ Vermeiden Sie zu lange Pausen. Denken Sie nicht an die Grammatik, sondern konzentrieren Sie sich auf die Inhalte. Reden Sie möglichst flüssig. Wenn Sie plötzlich nicht mehr weiter wissen und eine Pause entsteht, schauen Sie auf Ihre Wortkarte und gehen zum nächsten Leitpunkt über. Hilft das nichts, sagen Sie Ihren Zuhörern, dass Sie den ‚roten Faden' verloren haben, und bitten Sie um einen Hinweis.

↳ Beantworten Sie Fragen, wenn Sie unterbrochen werden.

↳ Schließen Sie mit einer kurzen Zusammenfassung, aus der auch Ihre Meinung noch einmal ganz deutlich zu ersehen ist.

Mündlicher Ausdruck, Teil 2

Beschreibung dieses Prüfungsteils

Was bekommen Sie?

⚙ Sie erhalten

– ein Aufgabenblatt mit einer Problemstellung und verschiedenen Lösungsmöglichkeiten. Ihr/e Gesprächspartner/in erhält dasselbe Aufgabenblatt.
– 15 Minuten Vorbereitungszeit insgesamt (für MA 1 und MA 2).

Was sollen Sie tun?

⚙ Sie sollen das Problem miteinander diskutieren, dabei die verschiedenen Lösungsmöglichkeiten besprechen und gemeinsam eine Lösung finden.

Diese Aufgabe entspricht dem Niveau C1 des „Gemeinsamen europäischen Referenzrahmens":

Ich kann mich spontan und fließend ausdrücken, ohne öfter deutlich erkennbar nach Wörtern suchen zu müssen. … Ich kann meine Gedanken und Meinungen präzise ausdrücken und meine eigenen Beiträge geschickt mit denen anderer verknüpfen.

Wie müssen Sie die Diskussion gestalten?

⚙ Die Diskussion soll ausgewogen sein, das heißt: Beide Gesprächspartner sollen sich gleich stark an der Diskussion beteiligen. Dabei sollen Sie Ihre Argumente vortragen und begründen, auf Gegenvorschläge reagieren (zustimmen, widersprechen, Stellung nehmen), die Vor- und Nachteile der verschiedenen Lösungsmöglichkeiten abwägen und schließlich mit Ihrem/Ihrer Gesprächspartner/in eine Einigung erzielen.

Was müssen Sie können, um diese Aufgabe zu lösen?

⚙ Sie müssen

– Wortschatz und Grammatik auf C1-Niveau beherrschen,
– verschiedene Gesprächsstrategien anwenden können,
– auf Argumente und Vorschläge eingehen können,
– sich eventuell gegen einen „dominierenden" Gesprächspartner behaupten können.

Aufgabentyp

⚙ Diskussion, Aushandeln einer Lösung

Dauer

⚙ Die Diskussion soll etwa sechs bis acht Minuten dauern.

Wichtige Hinweise

⚙ In der Vorbereitungszeit und während der Prüfung dürfen Sie kein Wörterbuch benutzen. Notizen, die Sie in der Vorbereitungszeit gemacht haben, dürfen Sie in die Prüfung mitnehmen.

⚙ Die Vorbereitungszeit von 15 Minuten gilt für beide mündlichen Prüfungsteile. Sie müssen sich Ihre Zeit also entsprechend einteilen.

⚙ Achten Sie darauf, dass Sie für diesen Teil etwa 8 – 9 Minuten Zeit haben.

Wie wird diese Aufgabe bewertet?

◌ Sie können maximal 12,5 Punkte bekommen. In diesem Teil der mündlichen Prüfung wird vor allem Ihre Gesprächsfähigkeit und Beteiligung an der Diskussion bewertet.

Bewertung	2,5 Punkte	2 Punkte	1,5 Punkte	1 Punkt	0 Punkte
1. Gesprächs-fähigkeit, Beteiligung an der Diskussion	sehr gute Gesprächs-führung, sehr gute Beteiligung am Gespräch	gute und aktive Beteiligung	Fähigkeit zum Gespräch vor-handen, aber nicht so starke Beteilung	Beteiligung am Gespräch nur auf Nachfragen	große Schwierig-keiten, am Gespräch teil-zunehmen

Für die Bewertung von Flüssigkeit, Wortwahl, grammatischer Korrektheit sowie Aussprache und Satzmelodie, s. Bewertungstabelle für den Mündlichen Ausdruck, Teil 1, S. 161.

Überblick Mündlicher Ausdruck, Teil 2:

Teil	Prüfungsziel	Textarten	Vorlagen	Aufgabentyp	Aufgaben-zahl	Punkte
MA 2	aktiv an einem Gespräch teilnehmen, Pro und Kontra diskutieren, Aushandeln von Entscheidungen	Gespräch (Dialog)	1 Aufgabenblatt mit Problemstellung und Lösungsmöglich-keiten	Diskussion	1	12,5
		Dauer: 6–8 Minuten				

In den folgenden Abschnitten erfahren Sie, wie Sie in diesem Prüfungsteil erfolgreich sein können.

Schritt für Schritt zur Lösung

Im Mündlichen Ausdruck, Teil 2 diskutieren Sie mit einem Gesprächspartner / einer Gesprächspartnerin, um gemeinsam eine Aufgabe zu lösen. Dabei müssen Sie beide spontan auf die Äußerungen des anderen reagieren und auf seine / ihre Argumente eingehen. Zum Schluss sollen Sie sich auf eine Lösung einigen.

In diesem Prüfungsteil kann Ihr Redestil auch umgangssprachliche Elemente enthalten wie z. B. verkürzte Sätze (*Genau! Ganz meine Meinung!*), emotionale Ausrufe (*Aha! Na ja! Halt!*), Auslassungen *(Das seh' ich nicht so. Ich hab' das anders verstanden, ...).* So wird die Diskussion lebendig.

Die Wochen vor der Prüfung

So geht's

Auf S. 162 finden Sie Empfehlungen, wie Sie sich in den Wochen vor der Prüfung auf das Sprechen vorbereiten können.

⚙ Suchen Sie darüber hinaus möglichst viele Gelegenheiten zum Diskutieren mit deutschsprachigen Freunden und / oder Nachbarn. Wenn Sie einen Deutschkurs besuchen: Beteiligen Sie sich bewusst an Diskussionen im Unterricht! Eignen Sie sich eine breite Palette von Redemitteln zum Diskutieren an.

Aufgabe 1

1. Ordnen Sie die folgenden Redemittel in die Rubriken auf den beiden folgenden Seiten ein.

Das ist ja viel zu …

Damit bin ich ganz und gar nicht einverstanden.

Ich teile diese Auffassung.

Damit bin ich einverstanden.

Genau, so ist das.

Das halte ich für falsch / nicht für richtig.

Was meinen Sie dazu?

Einwand! Ich sehe das anders: …

Das überzeugt mich nicht ganz.

Dem kann ich (wirklich) nicht zustimmen.

Ja, das sehe ich auch so.

Dem stimme ich voll und ganz zu.

Einerseits stimme ich Ihnen voll und ganz zu, andererseits befürchte ich aber, …

Ein Vorteil ist, … ein Nachteil aber ist, …

Es geht also um folgendes Problem: …

Finden Sie nicht auch, dass …?

Wie meinen Sie das?

Finden Sie das wirklich?

Ich vermute, dass …

Also, unsere Entscheidung sieht jetzt so aus: …

Ich bin (wirklich) der Meinung, dass …

Ich bin der (festen) Überzeugung, dass …

Ich hätte da noch eine andere Idee: Wir könnten doch …

Ich weiß nicht, ich finde …

Sie haben recht. Ich finde auch, dass …

Wir haben ganz ähnliche Standpunkte: …

Habe ich Sie da richtig verstanden?

Ich bin mir nicht so sicher, ob …

Vielleicht sollten / könnten wir …

Das ist doch eine gute Lösung!

Was halten Sie davon, wenn wir stattdessen …

Und was halten Sie von diesem Vorschlag: …

die Problemstellung benennen

....

....

....

die eigene Meinung ausdrücken

....

....

....

einem Vorschlag widersprechen

....

....

....

einem Vorschlag zustimmen

....

....

....

ausweichend antworten

....

....

....

Argumente abwägen

....

....

....

einen Gegenvorschlag machen

....

....

....

einen weiteren Vorschlag machen

....

....

....

nach der Meinung des anderen fragen

....

....

nachfragen

....

....

sich einigen

....

....

....

Tipp: Auf S. 194 / 195 finden Sie eine Übersicht mit gängigen Redemitteln für Diskussionen.

2. Ergänzen Sie die Liste mit weiteren Redemitteln, die Sie kennen.

Während der Vorbereitungszeit

1. Bearbeitungsschritt

Notizen machen – „Wortkarte" erstellen

Sie haben folgende Prüfungsaufgabe erhalten.

Beispiel

Sie sollen mit Ihrem Gesprächspartner / Ihrer Gesprächspartnerin den Besuch einer ausländischen Jugendgruppe in Ihrer Stadt organisieren. Die Jugendlichen bleiben eine Woche. Erstellen Sie aus den Vorschlägen, die eine Mitarbeiterin zusammengestellt hat, ein Programm.

> – täglich 8 Stunden Deutschunterricht, danach Freizeit
> – vormittags Unterricht, nachmittags Besichtigungen
> – Ausbildungsplätze von deutschen Jugendlichen kennen lernen
> – Diskussionen mit deutschen Jugendlichen über ihre Lebenssituation
> – tägliche Exkursionen an Orte in der Nähe
> – die Jugendlichen sollen selbst das Programm erstellen
> – ....

So geht's

↳ Sie haben etwa 8 – 9 Minuten Zeit für die Vorbereitung.

↳ Überlegen Sie, welche der vorgeschlagenen Aktivitäten Sie besonders gut und wichtig oder weniger gut finden und legen Sie eine Reihenfolge fest (1., 2., …). Sammeln und notieren Sie Vor- und Nachteile zu den einzelnen Punkten, denn Sie brauchen Argumente für die Diskussion. Notieren Sie eventuell weitere Ideen / Vorschläge.

↳ Erstellen Sie eine „Wortkarte" mit drei Spalten. Notieren Sie die Programmvorschläge in der von Ihnen festgelegten Reihenfolge in Kurzform in der linken Spalte; die beiden anderen Spalten sind für die Pro- und Kontra-Argumente.

↳ Notieren Sie zunächst Ihre Pro- und Kontra-Argumente zum besten Vorschlag, danach zu dem Ihrer Meinung nach schlechtesten Vorschlag.

↳ Überlegen Sie auch: Was könnte Ihr Gesprächspartner / Ihre Gesprächspartnerin zu diesen Punkten sagen?

	Pro	Kontra
1. selbst Programm	– mehr Spaß – Eigenverantwortung – Keine Kritik an unserem Programm	– wollen nur Spaß – sehen zu wenig von der Stadt – lernen nichts
2.		
3.		
4.		
5		
6. 8 Std. Unterricht	– lernen viel Sprache (???)	– Stress – wenig andere Aktivitäten – kein Spaß
Weitere Vorschläge		

Aufgabe 2

1. Notieren Sie nun Ihre Argumente für die anderen Punkte.

2. Ergänzen Sie eventuell noch mit einem eigenen Vorschlag.

Mehr können Sie in der Vorbereitungszeit nicht tun, denn während der Diskussion in der Prüfung müssen Sie spontan auf Ihren Gesprächspartner / Ihre Gesprächspartnerin reagieren: Sie können den Ablauf des Gesprächs also nicht vorher festlegen.

Einstig in die Diskussion

2. Bearbeitungsschritt

Nach den beiden Vorträgen im Prüfungsteil 1 werden Sie von den Prüfern aufgefordert, die Diskussion zu beginnen.

So geht's

↳ Sie können sich per Blickkontakt darüber verständigen, wer beginnt. Sie können Ihr Gegenüber aber auch fragen. Das schafft von Anfang an ein gutes Gesprächsklima.

> Soll ich anfangen?
> Wollen Sie anfangen?

Mündlicher Ausdruck, Teil 2

⚙ Eine gelungene Diskussion folgt einem bestimmten Raster.

Raster für einen Diskussionsverlauf

Über dieses Diskussionsraster hinaus benutzen Gesprächspartner aber auch verschiedene Gesprächsstrategien wie: sich gegenüber einem dominanten Gesprächspartner behaupten, um Zustimmung werben, das Wort ergreifen, seine eigene Meinung verteidigen, nachfragen usw.

Beispiel

◯ Lesen Sie den Beginn einer Diskussion zum Thema „Besuch ausländischer Jugendlicher in unserer Stadt". Lesen Sie zunächst nur die Textspalte, dann die Spalte mit den Anmerkungen zum Gesprächsverlauf und zu den Gesprächsstrategien von S1.

Einstieg in die Diskussion, Variante 1:

	Gesprächverlauf / Gesprächsstrategien	Text
S1	– nennt die Problemstellung – äußert Meinung – übernimmt die Gesprächs-leitung – erfragt Meinung von S2	„Also, wir sollen für Jugendliche, die in eine deutsche Stadt zu einem Austausch kommen, ein Programm erstellen. Wir haben auch ein paar Anhaltspunkte bekommen. Meiner Meinung nach sind aber nicht alle diese Vorschläge gut für ein interessantes Programm für die Jugendlichen. Vielleicht sprechen wir zuerst über diese Punkte, die wir nicht gut finden, dann ist es einfacher, über die restlichen Ideen zu sprechen. Was halten Sie denn davon?"

Aufgabe 3

1. Lesen Sie den weiteren Gesprächsverlauf und kreuzen Sie die verwendeten Gesprächsstrategien an. Unterstreichen Sie die entsprechenden Redemittel und schreiben Sie die Gesprächsstrategien in die linke Spalte.

		Text
S2	....	„Mhmm, eigentlich halte ich das für falsch, aber gut, wenn Sie meinen."

a. widersprechen   b. nur bedingt zustimmen

		Text
S1	....	„Ein Vorschlag, der mir überhaupt nicht gefällt, ist, dass die Leute den ganzen Tag Unterricht haben sollen. Das ist doch ein wahnsinniger Stress für die Jugendlichen. Daran haben die bestimmt keinen Spaß. Wenn dann der Unterricht vorbei ist, sind die so müde, dass sie nicht mehr viel von der Stadt sehen wollen. Oder andere Sachen unternehmen wollen. Die gehen dann nach Hause, halt, da fällt mir ein, wo sind die überhaupt untergebracht? In einer Gastfamilie oder einem Hotel?"

a. Vorschlag ablehnen und begründen   c. neuen Punkt einführen
b. Vorschlag ablehnen   d. Frage stellen

		Text
S2	....	„Mhmm, ja, davon steht nichts da."

a. zustimmen   b. auf die Frage eingehen

Mündlicher Ausdruck, Teil 2

S1 .... „Na egal, auf jeden Fall denke ich, diesen Punkt sollten wir vergessen. Finden Sie nicht auch?"

a. Vorschlag abwägen   b. den Partner ins Gespräch bringen

S2 .... „Ja."

a. widersprechen   b. zustimmen

S1 .... „Gut, dann sind wir ja einer Meinung in diesem Punkt. Überhaupt bin ich davon überzeugt, dass die Jugendlichen keinen Deutschunterricht haben sollten. Entweder haben die doch Deutschunterricht zu Hause in der Schule und wenn nicht, dann ist die Zeit viel zu kurz, um so viel Deutsch zu lernen, dass der Austausch sinnvoll ist. Oder?"

a. Weiteren Vorschlag machen   c. den Partner ins Gespräch bringen
b. weiteren Vorschlag ablehnen

S2 .... „Na ja, eigentlich …"

a. zustimmen   b. ausweichend reagieren

S1 .... „Aber gut finde ich die Idee, dass die Jugendlichen ihr Programm selbst machen. Dann können sie sich nicht beschweren, wenn ihnen etwas nicht gefällt. Wir sollten gleich bei ihrer Ankunft zwei Stunden dafür einplanen."

a. weiteren Vorschlag machen   b. Zustimmung zu einem Vorschlag begründen

S2 .... „Ja, das wäre nicht schlecht. Dann …"

a. auf einen Vorschlag eingehen   b. einem Vorschlag vorsichtig zustimmen

S1 .... „Aber natürlich dürfen wir sie nicht endlos diskutieren lassen. Wir sagen ganz einfach, ihr habt jetzt zwei Stunden, und dann haben wir ein Programm."

a. den Gesprächspartner mit den eigenen Ideen überrumpeln
b. den anderen zu Wort kommen lassen

S2 .... „Na, ob das klappt?"

a. einem Vorschlag widersprechen   b. vorsichtig Zweifel anmelden

2. In dieser Diskussion läuft etwas schief. Was? Begründen Sie.

....

....

....

3. Welche der folgenden Redemittel können Sie benutzen, um in einem Gespräch selbst aktiv zu werden. Kreuzen Sie an.

☐ a. Mhmm, meinen Sie, …?
☐ b. Entschuldigung, dazu möchte ich Folgendes sagen:
☐ c. Darf ich auch einmal etwas sagen?
☐ d. Na, das ist schön.
☐ e. Hier muss ich Sie aber ganz entschieden unterbrechen.
☐ f. Entschuldigen Sie bitte, ich möchte dazu sagen …

4. Wie verhalten Sie sich richtig, damit das Gespräch von beiden Seiten aktiv geführt werden kann? Kreuzen Sie an.

	richtig	falsch
1. Sie antworten in kurzen Sätzen.	☐	☐
2. Sie ergreifen das Wort und zeigen, wie gut Sie reden können.	☐	☐
3. Sie achten auf ausgewogene Redeanteile.	☐	☐
4. Sie ermutigen einen zurückhaltenden Gesprächspartner zu Meinungsäußerungen.	☐	☐
5. Sie merken, die Prüfungszeit ist fast vorbei. Also ergreifen Sie das Wort und tragen Ihre Lösung vor.	☐	☐

Gesprächsstrategie: den Gesprächspartner einbeziehen

Was meinen Sie?

Finden Sie (nicht) auch, dass …

Das ist doch richtig, oder?

Wie denken Sie darüber?

5. Lesen Sie nun die folgende Variante der Diskussion. Tragen Sie die Gesprächsstrategien in Stichworten in die Spalte links ein.

Einstieg in die Diskussion, Variante 2:

	Gesprächsstrategien	
S1		„Also, wir sollen für Jugendliche, die in eine deutsche Stadt zu einem Austausch kommen, ein Programm erstellen. Wir haben auch ein paar Anhaltspunkte bekommen. Meiner Meinung nach sind aber nicht alle diese Vorschläge gut für ein interessantes Programm für die Jugendlichen. Vielleicht sprechen wir zuerst über diese Punkte, die wir nicht gut finden, dann ist es einfacher, über die restlichen Ideen zu sprechen. Was halten Sie denn davon?"
S2		„Mhmm, eigentlich dachte ich, dass wir anders vorgehen, aber Ihr Vorschlag ist gut, dann können wir besser über die wichtigen Punkte reden. Ja, also dann erklären Sie mal Ihre Meinung."
S1		„Ein Vorschlag, der mir überhaupt nicht gefällt, ist, dass die Leute den ganzen Tag Unterricht haben sollen. Das ist doch ein wahnsinniger Stress für die Jugendlichen. Daran haben die bestimmt keinen Spaß. Wenn dann der Unterricht vorbei ist, sind die so müde, dass sie nicht mehr viel von der Stadt sehen wollen. Oder andere Sachen unternehmen wollen. Die gehen dann nach Hause, halt, da fällt mir ein, wo sind die überhaupt untergebracht? In einer Gastfamilie oder einem Hotel?"
S2		„Mhmm, ja, da haben Sie recht, davon steht hier nichts. Aber das ist ja ein Austausch, ich nehme an, die sind bei Gastfamilen untergebracht. Da bekommen sie auf jeden Fall schon einmal etwas vom Leben hier mit. Ja, vergessen wir diesen Unterricht! Da bin ich ganz Ihrer Meinung."
S1		„Gut, dann können wir diesen Punkt vergessen. Überhaupt bin ich davon überzeugt, dass die Jugendlichen keinen Deutschunterricht haben sollten. Entweder haben die doch Deutschunterricht zu Hause in der Schule und wenn nicht, dann ist die Zeit viel zu kurz, um so viel Deutsch zu lernen, dass der Austausch sinnvoll ist. Was meinen Sie dazu?"
S2		„Ich gebe Ihnen voll und ganz recht. Aber gut finde ich die Idee, dass die Jugendlichen ihr Programm selbst machen. Dann können sie sich nicht beschweren, wenn ihnen etwas nicht gefällt. Wir sollten gleich bei ihrer Ankunft zwei Stunden dafür einplanen."

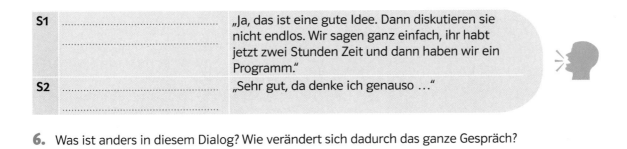

S1	....	„Ja, das ist eine gute Idee. Dann diskutieren sie nicht endlos. Wir sagen ganz einfach, ihr habt jetzt zwei Stunden Zeit und dann haben wir ein Programm."
S2	....	„Sehr gut, da denke ich genauso ..."

6. Was ist anders in diesem Dialog? Wie verändert sich dadurch das ganze Gespräch?

....

....

7. Markieren Sie Redemittel, mit denen in diesem Diskussionsabschnitt Meinungen, Einschränkungen, Zustimmung und Widerspruch ausgedrückt werden.

Sie erkennen:

⚙ Die Redeanteile in der Diskussion sollen ausgeglichen sein. Verstummen Sie nicht vor der „Redegewalt" Ihres Gegenübers und denken Sie an „Fair Play", wenn Sie selber sprechen. Beziehen Sie eine/n zurückhaltende/n Diskussionspartner/in immer wieder in die Diskussion mit ein.

Übrigens: Dieser Einstieg in die Diskussion hat etwa zwei Minuten der Gesprächszeit von 6 – 8 Minuten verbraucht.

Durchführung der Diskussion

Aufgabe 4

1. Lesen Sie die Fortsetzung der Diskussion und notieren Sie die Gesprächsstrategien in der linken Spalte.

Diskussion, Teil 3:

	Gesprächsstrategien	
S1	....	„Sehr gut, da denke ich genauso. Aber wir müssen ihnen natürlich auch Vorschläge machen, was in ihr Programm kommen könnte."
S2	....	„Richtig. Was haben wir denn hier noch. Da ist der Punkt ‚Ausbildungsplätze kennen lernen'. Das fände ich ganz gut. Denn so ein Arbeitsplatz sieht ja hier vielleicht ganz anders aus als in ihrem Heimatland."
S1	....	„Ja, aber es ist auch schwierig, Firmen zu finden, die da mitmachen. Das stört ja bei der Arbeit, denke ich."
S2	....	„Klar, anstrengen müssen auch wir uns. Aber den Punkt sollten wir auf jeden Fall ins Programm aufnehmen. Wir könnten ja vorher fragen, wer welchen Ausbildungsplatz sehen will, und dann gehen wir ganz gezielt vor. Das sollte ein Punkt für einen Vormittag sein."

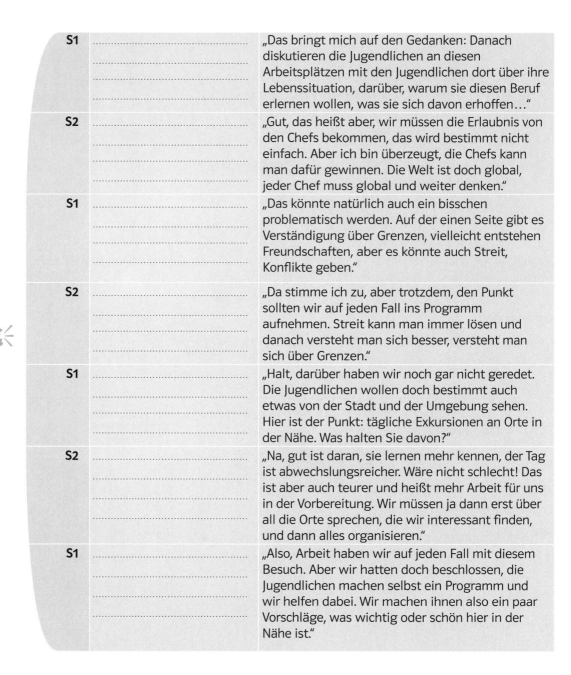

S1	....	„Das bringt mich auf den Gedanken: Danach diskutieren die Jugendlichen an diesen Arbeitsplätzen mit den Jugendlichen dort über ihre Lebenssituation, darüber, warum sie diesen Beruf erlernen wollen, was sie sich davon erhoffen…"
S2	....	„Gut, das heißt aber, wir müssen die Erlaubnis von den Chefs bekommen, das wird bestimmt nicht einfach. Aber ich bin überzeugt, die Chefs kann man dafür gewinnen. Die Welt ist doch global, jeder Chef muss global und weiter denken."
S1	....	„Das könnte natürlich auch ein bisschen problematisch werden. Auf der einen Seite gibt es Verständigung über Grenzen, vielleicht entstehen Freundschaften, aber es könnte auch Streit, Konflikte geben."
S2	....	„Da stimme ich zu, aber trotzdem, den Punkt sollten wir auf jeden Fall ins Programm aufnehmen. Streit kann man immer lösen und danach versteht man sich besser, versteht man sich über Grenzen."
S1	....	„Halt, darüber haben wir noch gar nicht geredet. Die Jugendlichen wollen doch bestimmt auch etwas von der Stadt und der Umgebung sehen. Hier ist der Punkt: tägliche Exkursionen an Orte in der Nähe. Was halten Sie davon?"
S2	....	„Na, gut ist daran, sie lernen mehr kennen, der Tag ist abwechslungsreicher. Wäre nicht schlecht! Das ist aber auch teurer und heißt mehr Arbeit für uns in der Vorbereitung. Wir müssen ja dann erst über all die Orte sprechen, die wir interessant finden, und dann alles organisieren."
S1	....	„Also, Arbeit haben wir auf jeden Fall mit diesem Besuch. Aber wir hatten doch beschlossen, die Jugendlichen machen selbst ein Programm und wir helfen dabei. Wir machen ihnen also ein paar Vorschläge, was wichtig oder schön hier in der Nähe ist."

2. Markieren Sie die Redemittel für: zustimmen, abwägen, weitere Vorschläge machen.

Mit dem dritten Dialogabschnitt sind vier Minuten Ihrer Gesprächszeit verbraucht. Nun haben Sie noch 2 – 4 Minuten Zeit, um die weiteren Punkte aus der Prüfungsaufgabe zu besprechen.

`04:00`

3. Welche Punkte aus der Prüfungsaufgabe sind noch nicht besprochen? Schauen Sie auf Ihrer Wortkarte nach.

4. Schreiben Sie die Diskussion zu Ende, wenn möglich mit einem Lernpartner / einer Lernpartnerin. Achten Sie dabei auf die noch zur Verfügung stehende Zeit. Schreiben Sie abwechselnd. Analysieren Sie jeweils die Gesprächsstrategie Ihres Lernpartners / Ihrer Lernpartnerin und reagieren Sie darauf.

Diskussion, Teil 4:

	Gesprächsstrategien	
S2		
S1		
S1		
S2		
S1		
S2		
S1		
S2 + S1		

5. Wie haben Sie Ihre Einigung auf das Programm für die Jugendlichen formuliert? Notieren Sie noch einmal.

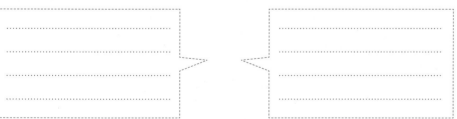

6. Lesen Sie die ganze Diskussion mit Ihrem Lernpartner / Ihrer Lernpartnerin laut. Stoppen Sie die Zeit.

Mündlicher Ausdruck, Teil 2

So sieht das Prüfungsblatt aus

Mündliche Prüfung, Teil 2
Kandidat / in 1
Dauer: 6 – 8 Minuten

In Ihrer Stadt soll in einem Neubaugebiet ein öffentlicher Platz als Treffpunkt für die Anwohner gestaltet werden. Im Internet konnten betroffene Bürgerinnen und Bürger Vorschläge für die Gestaltung des Treffpunkts einreichen.

Folgende Vorschläge gingen ein:

- kleine Restaurants mit Gerichten aus verschiedenen Ländern und Sitzplätzen im Freien
- eine grüne Liegewiese
- Denkmäler mit den wichtigsten Persönlichkeiten in der Geschichte der Stadt
- eine Sportarena mit Glasdach, das im Sommer geöffnet werden kann
- einfach nur viele Bänke zum Sitzen
- einen Abenteuerspielplatz für Kinder
- ....

Vergleichen Sie die Vorschläge und begründen Sie Ihren Standpunkt.
Gehen Sie auch auf die Äußerungen Ihres Gesprächspartners / Ihrer Gesprächspartnerin ein.
Am Ende sollten Sie zu einer Entscheidung kommen.

Simulieren Sie die Prüfung mit einem Lernpartner / einer Lernpartnerin.

So geht's

↳ Bitten Sie – wenn möglich – eine dritte Person, Ihnen zuzuhören und Notizen zu machen. Diese Person kann Ihnen dann Hinweise über Ihre Gesprächsstrategien und Ihr Verhalten während der Diskussion geben.

↳ Wenn Sie diese Möglichkeit nicht haben, sollten Sie das Gespräch aufnehmen, gemeinsam abhören und analysieren.

Während der Vorbereitungszeit

1. Bearbeitungsschritt — **Notizen machen – Wortkarte erstellen**

↳ Notieren Sie die Diskussionspunkte stichwortartig auf einer Wortkarte. Beginnen Sie mit den Ihrer Meinung nach besten Vorschlägen (1., 2.,).

↳ Notieren Sie stichwortartig Pro- und Kontra-Argumente zu jedem Diskussionspunkt.

↳ Notieren Sie eventuell weitere Ideen / Vorschläge.

Wortkarte für die Diskussion:

1.	+	–
2.	+	–
3.	+	–
4.	+	–
5.	+	–
6.	+	–
Weitere Vorschläge	+	–

Einstieg in die Diskussion

2. Bearbeitungsschritt

↳ Beginnen Sie mit der Diskussion so, wie Sie es sich in der Vorbereitungszeit überlegt haben. Fragen Sie eventuell Ihren Gesprächspartner / Ihre Gesprächspartnerin, wer anfängt / ob Sie anfangen sollen / dürfen.

↳ Wenn Sie Ihren Gesprächspartner / Ihre Gesprächspartnerin kennen und duzen: Sagen Sie den Prüfern, dass Sie sich duzen werden.

Durchführung der Diskussion

3. Bearbeitungsschritt

↳ Denken Sie daran: Dieser Teil der Mündlichen Prüfung ist kein „Einzelkampf", in dem Sie Ihr Gegenüber übertrumpfen sollen, sondern „Teamarbeit", bei der die Gesprächspartner sich gegenseitig unterstützen.

↳ Lassen Sie sich auf die Argumente Ihres Gesprächspartners / Ihrer Gesprächspartnerin ein und diskutieren Sie wirklich, d.h.: Achten Sie darauf, dass Sie das Gespräch nicht monopolisieren, wenn Sie gern und viel reden oder dass Sie auch zu Wort kommen, wenn Ihr Gegenüber zu viel redet.

↳ Wenn Sie feststellen, dass Ihr Gegenüber viel mehr redet als Sie, reagieren Sie sofort und versuchen Sie, wieder ins Gespräch zu kommen.

↳ Spricht Ihr Gesprächspartner / Ihre Gesprächspartnerin zu wenig, versuchen Sie, ihn / sie durch Fragen ins Gespräch zu bringen. Je mehr und bessere Argumente Ihr Gegenüber ins Gespräch bringt, um so mehr können auch Sie zeigen, wie gut Sie diskutieren können.

↳ Sie brauchen nicht immer alle Sätze auszuformulieren oder in „gewähltem" Deutsch zu sprechen. Sie dürfen Gedanken, Ideen auch spontan „sprudeln" lassen. Je lebendiger die Diskussion ist, um so weniger langweilen sich die Prüfer – und das ist auf jeden Fall von Vorteil.

↳ Denken Sie vor allem daran: Am Ende sollen Sie sich auf ein Ergebnis einigen. Das bedeutet: Beginnen Sie spätestens nach etwa vier Minuten Diskussion diesen Einigungsprozess, indem Sie die bisher gefundenen Ergebnisse zusammenfassen und gemeinsam in die Schlussrunde gehen.

Auf der folgenden Doppelseite finden Sie einen Überblick über gängige Redemittel für Diskussionen.

Redemittel: Diskussion

Ein Problem darstellen
Das ist der Sachverhalt: …
Das Thema lautet: …
Es geht darum, dass …
Es geht um Folgendes / folgendes Problem: …

Vorschläge nacheinander besprechen
Zuerst möchte ich etwas zu diesem Punkt sagen: …
Sprechen wir doch zuerst über …
Ich halte diesen Punkt / Aspekt für sehr / besonders wichtig / interessant.
Mit diesem Punkt sollten wir / möchte ich anfangen.
Der nächste Punkt wäre dann …
Danach / Als nächstes sollten wir / möchte ich …
Zum Schluss / Zuletzt / Abschließend …

Die eigene Überzeugung ausdrücken
Ich bin der Auffassung dass, …
Meiner Meinung nach …
Meines Erachtens …
So sieht das aus meiner Sicht aus: …
Ich sehe das so: …
Es ist doch klar, dass …
Ich denke Folgendes: …
Mir geht es darum, dass …
Für mich ist folgender Punkt wichtig: …

Positiv auf eine andere Meinung reagieren / zustimmen
Damit bin ich (im Großen und Ganzen) einverstanden.
Sie sagten, … Das halte ich auch für richtig.
Sie sagten, … Da kann ich nur zustimmen.
Sie sagten, … Das ist unbestritten.
Ich teile Ihre Auffassung / Sichtweise.
Das trifft zu.
Sie haben recht. / Ich gebe Ihnen recht.
Das überzeugt mich.
Sie sehen das ganz richtig.

Eine andere Meinung ablehnen
Ich bin nicht der Auffassung, dass …
Ich bin da (ganz) anderer Meinung.
Ich sehe das anders.
Das überzeugt mich nicht.
Das halte ich für falsch.
Dem stimme ich nicht zu.
Das lehne ich ab.
Das trifft nicht zu.
Ganz im Gegenteil!

Einer anderen Meinung nur teilweise / vorsichtig zustimmen
Ich stimme dem nur teilweise zu.
Das trifft nur teilweise zu.
Das kann man so nicht sagen.
Das überzeugt mich nicht ganz.
Das könnte man auch anders sehen, zum Beispiel …

Ich würde stattdessen …
Das kann sein, aber …
Ich bin mir da nicht so sicher. / Ich weiß nicht, ob …
Das mag ja richtig sein, aber …
Ja, wenn Sie meinen …
Vielleicht haben Sie ja recht.
Tja, von mir aus.

Argumente abwägen
einerseits … , andererseits (aber) …
teils … teils …
sowohl … als auch …
Das ist nur ein Aspekt, ein anderer Aspekt ist / wäre …
Ich möchte das vorsichtig ausdrücken …
Man könnte auch sagen, dass …
Das kann man so sehen, aber auch anders: …

Einen Gegenvorschlag machen
Sollten wir nicht lieber darüber sprechen, dass / ob …?
Ich möchte einen (anderen) Vorschlag machen …
Ich würde vorschlagen, dass …
Ich habe eine Idee: …

Auf den Gesprächspartner eingehen / nachfragen
Sind Sie nicht auch der Meinung, dass …?
Wie sehen Sie das?
Sie meinen also, …
Sehe ich das richtig, dass …?
Habe ich Sie richtig verstanden,…?
Reden wir jetzt über den Vorschlag Nr. 3, oder …?

Das Wort ergreifen
Ich möchte zu diesem Punkt auch noch etwas sagen: …
Dazu möchte ich (noch) sagen, dass …
Entschuldigen Sie, aber ich muss Sie jetzt unterbrechen.
Sie haben jetzt so lange gesprochen, ich möchte jetzt sagen, dass …
Bitte lassen Sie mich jetzt auch mal etwas sagen.

Eine Lösung präsentieren

Wir haben uns darauf geeinigt: …
Unser gemeinsamer Standpunkt ist folgender: …
Das Ergebnis unserer Diskussion ist: …
Wir sind beide der Ansicht / der Meinung, dass …
Wir sind (beide) derselben Meinung.
Wir halten das für die beste Lösung: …
Wir finden, man sollte …

Redemittel: Modalpartikeln

Modalpartikeln kommen vor allem in der mündlichen Kommunikation vor. Es sind kleine Wörter, mit denen der Sprecher seine innere, oft emotionale, Einstellung ausdrückt. Manche Modalpartikeln haben je nach Kontext unterschiedliche Bedeutung. Die Verwendung der Modalpartikeln kann man vor allem durch aktiven Gebrauch lernen.

Aufgabe 1

1. Die folgenden Sätze stammen aus der Diskussion über das Jugendprogramm (S. 185 ff.), es fehlen aber die Modalpartikeln. In Klammern steht, was die Modalpartikel im Kontext jeweils ausdrückt. Welche Modalpartikeln würden Sie hier verwenden? Notieren Sie am Rand.

1. Was halten Sie .... davon? (Freundlichkeit, Interesse)
2. Mhmm, ... dachte ich, dass wir anders vorgehen. (freundliche Kritik)
3. Ja, also, dann erklären Sie .... Ihre Meinung. (verstärkte Aufforderung)
4. Ein Vorschlag, der mir .... nicht gefällt, ist, dass die Leute den ganzen Tag Unterricht haben sollen. (= ganz und gar nicht; verstärkte Verneinung)
5. Das ist .... ein wahnsinniger Stress für Jugendliche. (deutliche Meinungsäußerung, der andere soll darauf reagieren.)
6. Da fällt mir ein, wo sind die .... untergebracht? (neuer Gedanke)
7. Aber das ist .... ein Austausch, ich nehme an, die sind bei Gastfamilien untergebracht. (bekannte Tatsache)
8. .... bin ich davon überzeugt, dass die Jugendlichen keinen Deutschunterricht haben sollten. (starke Überzeugung)
9. Entweder haben die .... Deutschunterricht zu Hause in der Schule. (bekannte Tatsache)
10. Wir sagen ganz ...., ihr habt jetzt zwei Stunden Zeit und dann haben wir ein Programm. (Verstärkung der Aussage)

2. Lesen Sie den Einstieg in die Diskussion auf S. 188 / 189. Dort finden Sie die Sätze in 1 mit Modalpartikeln. Ergänzen Sie die Sätze entsprechend.

3. Was will der Sprecher Ihrer Meinung nach mit den Modalpartikeln ausdrücken?

1. Das ist leider eine Tatsache: Wir haben nur noch zwei Minuten Zeit.
   a. Verstärkung   b. Einschränkung   c. Bedauern
2. Da kann ich Sie wohl nicht umstimmen.
   a. Bestätigung   b. Vermutung   c. Zweifel
3. Haben Sie etwa eine andere Meinung?
   a. Vermutung   b. Erleichterung   c. Überraschung
4. Das ist immerhin sicher.
   a. sicher sein   b. Zweifel   c. Einschränkung
5. Sie haben Recht, ich möchte allerdings darauf hinweisen, dass …
   a. Einwand   b. Zustimmung   c. Kommentar
6. Was haben die sich bloß dabei gedacht!
   a. Warnung   b. starkes Erstaunen   c. Wunschdenken
7. Dann diskutieren wir eben über den letzten Vorschlag.
   a. Einschränkung   b. Aufforderung   c. Kommentar

3. Lesen Sie die anderen Teile der Diskussion noch einmal. Markieren Sie die Modalpartikeln und analysieren Sie ihre Bedeutung im Kontext.

Wortschatz

Inhalt dieses Kapitels

Dieses Kapitel hat zwei Schwerpunkte.

Im Abschnitt **Wortbedeutungen erschließen** lernen Sie, wie Sie

– Wortbedeutungen aus dem Kontext erschließen können,
– die Kenntnis von Wortbildungsregeln zur Bedeutungserschließung nutzen können.

Im Abschnitt **Nomen-Verb-Verbindungen** lernen Sie, wie Sie

– die Bedeutung von Nomen-Verb-Verbindungen aus dem Kontext erschließen können,
– die Bedeutung von Nomen-Verb-Verbindungen erraten können,
– Nomen-Verb-Verbindungen leichter lernen können.

Wortschatz

Wortbedeutungen erschließen

Jeder neue Text enthält neue unbekannte Wörter. Aus Ihrem Deutschunterricht kennen Sie verschiedene Strategien für die Bedeutungserschließung unbekannter Wörter. Sie wissen aber auch, dass Sie nicht jedes Wort kennen müssen, um einen Satz / einen Text zu verstehen. Oft können Sie die ungefähre Bedeutung auch aus dem Kontext erahnen.

Für die Leseverstehensaufgaben in der Prüfung gilt: Sie müssen vor allem die Bedeutung derjenigen Wörter kennen, die für die Lösung der Aufgaben wichtig sind. Das können Nomen sein oder Verben, manchmal sind es auch Adjektive oder Präpositionen (s. z. B.: „Kampf um einen Parkplatz"/„Kampf auf einem Parkplatz", S. 44).

Bei der Erarbeitung der Lösungen zu den Leseverstehensaufgaben wurden unterschiedliche Erschließungsstrategien angewandt. Sie werden hier noch einmal beschrieben.

Bedeutungserschließung aus dem Kontext

Bei der Bedeutungserschließung aus dem Kontext ist Ihre Kombinationsfähigkeit gefragt.

Die folgenden Beispiele beziehen sich auf den Prüfungsteil Leseverstehen, Teil 1.

Beispiel 1

Sie haben einen Originaltext …

> Das Interesse in- und ausländischer Investoren an deutschen Wohnungsbeständen hat keineswegs abgenommen. Zwar ist die Zahl der verkauften Wohnungen im vergangenen Jahr auf 281 000 gesunken, nach 363 142 im Jahr 2004. Doch spiegelt der Rückgang keineswegs ein nachlassendes Interesse, sondern das eingeschränkte Angebot an Wohnungsbeständen, die erstmals auf den Markt drängen.

… und eine Kurzfassung mit einer Lücke, die Sie ergänzen sollen.

> Es gibt nicht mehr genug .... für in- und ausländische Investoren.

Sie lesen den Originaltext und stolpern dabei z. B. über die Wörter „Wohnungsbestände" (2 x), „eingeschränkt", „drängen", die Sie nicht kennen.

So geht's

Wohnungsbestände
a. ↳ Sie erkennen, dass es sich um ein zusammengesetztes Nomen, wahrscheinlich im Plural handelt. Sie kennen das Wort „Wohnung". ↳ Also: Das Wort hat auf jeden Fall etwas mit „Wohnungen" zu tun.
b. ↳ Im Text finden Sie auch: „Zahl der verkauften Wohnungen ist von … auf … gesunken" ↳ Sie vermuten: „deutsche Wohnungsbestände" = die Gesamtheit der Wohnungen, die es in Deutschland gibt, und Sie verstehen: Ihre Zahl ist gesunken.

das eingeschränkte Angebot

a. ↳ Sie fragen sich: Um welche Wortart handelt es sich? Sie erkennen das Partizip Perfekt eines Verbs, das als Adjektiv gebraucht wird: „ein**ge**schränk**te**"

b. ↳ Sie lösen die Form auf: Das Angebot an Wohnungsbeständen ist eingeschränkt. Sie verstehen immer noch nicht: Das Verb „einschränken"/„eingeschränkt sein" ist Ihnen unbekannt.

c. Die Lösung des Rätsels liegt wieder im Kontext:
„… die Zahl der verkauften Wohnungen ist <u>von</u> 363 142 <u>auf</u> 281 000 <u>gesunken</u> …"
↳ Sie schließen daraus: „eingeschränktes Angebot" bedeutet: Es gibt weniger Wohnungen.

💡 Erinnern Sie sich!

Die Analyse der Wortart ist eine wichtige Strategie bei der Suche nach der Bedeutung eines unbekannten Wortes.

Wortart analysieren

1. Strategie

Eine weitere wichtige Strategie ist die Suche nach Beziehungen des Worts zu anderen Wörtern/Textstellen, die bei der Bedeutungserschließung helfen können.

Beziehung zu anderen Wörtern / Textteilen suchen

2. Strategie

Beide Strategien haben hier zur Lösung der Aufgabe geführt:

↳ Es gibt nicht mehr genug *Wohnungen* für in- und ausländische Investoren.

„Wohnungsbestände" wäre falsch, denn es gibt noch große Wohnungsbestände, aber sie sind kleiner geworden.

Sie erkennen auch:
Das Wort „drängen" ist für die Lösung nicht wichtig. ↳ Sie beschäftigen sich nicht weiter mit diesem Wort.

Aufgabe 1

1. Lesen Sie den folgenden Text.

> Ein grob behauener Klotz am Eingang des Parks lädt zu einem ungewöhnlichen Experiment ein: Wenn man seinen Kopf in eine der Öffnungen des Steines steckt und zu summen beginnt, entstehen Vibrationen, die am ganzen Körper zu spüren sind. …

2. Vermutlich kennen Sie das Wort „Klotz" nicht. Erschließen Sie die Bedeutung aus dem Kontext. Markieren Sie die Textstelle, die Ihnen geholfen hat.

↳ „Klotz" bedeutet hier: ....

Sie wissen, dass Wörter je nach Kontext verschiedene Bedeutungen haben können. Bei Leseverstehensaufgaben kommt es immer auf die Bedeutung des Worts im Kontext an.

3. Schlagen Sie das Wort „Klotz" in einem einsprachigen Wörterbuch nach.

Wortschatz

Beispiel 2

Sie haben einen Originaltext ...

> Der hessische Ministerpräsident (CDU) will das vom Landtag beschlossene Gesetz zur Abschaffung von Studiengebühren nicht unterzeichnen, weil es verfassungswidrig sei. In einer Regierungserklärung am Donnerstag sagte Koch, der von SPD, Grünen und Linkspartei verabschiedete Gesetzentwurf sei „handwerklich unzulänglich und Unsinn."

... und eine Kurzfassung, in der Sie den folgenden Satz weiterschreiben sollen.

> Der Ministerpräsident will das Gesetz nicht unterzeichnen, weil es der Verfassung ...

So geht's

a. ↳ Sie verstehen: Es geht um ein Gesetz, das der Landtag beschlossen hat. In dem Gesetz geht es darum, dass die Studiengebühren wieder abgeschafft werden sollen. Der Ministerpräsident will das Gesetz nicht „unterzeichnen", d.h: Er will es nicht unterschreiben, weil ... Aber was ist der Grund?
Sie verstehen zwar, dass das irgendetwas mit der Verfassung zu tun hat, aber was? Was bedeutet „-widrig"? Der Text selbst hilft Ihnen bei der Auflösung dieses Rätsels nicht.

b. ↳ Sie überlegen nun mit Hilfe Ihres Weltwissens zum Thema „Politik, Gesetze": Jedes Land hat eine Verfassung. Gesetze müssen der Verfassung entsprechen.

c. ↳ „verfassungswidrig" könnte bedeuten: Das Gesetz entspricht nicht der Verfassung. Sie probieren, ob diese Äußerung in den Satz passt.
„Der Ministerpräsident will das Gesetz nicht unterzeichnen, weil es der Verfassung *nicht entspricht*." Ja, die Äußerung passt in den Satz.

d. ↳ Sie überprüfen, ob Ihre Lösung zur Gesamtaussage des Textes passt und Sie denken: Ja, passt wahrscheinlich. (Übrigens: Der Gegensatz zu „verfassungswidrig" ist „verfassungskonform".)

☼ Erinnern Sie sich!

Ihr Vorwissen, Ihr Weltwissen über bestimmte Themen helfen Ihnen, die Bedeutung eines wichtigen Wortes zu erraten. Dabei sind Sie vielleicht nicht immer ganz sicher, ob Ihre Lösung stimmt. Aber meistens stimmt sie.

3. Strategie

Vorwissen, Weltwissen aktivieren

Aufgabe 2

Der Originaltext lautet:

> Der Handel mit gefälschten Medikamenten ist äußerst lukrativ, bis zu 200% Gewinn machen Händler damit. So verwundert es nicht, dass Arzneimittelschmuggel immer mehr zunimmt und zu einem akuten Problem geworden ist: Nach Angaben der EU-Kommission haben die Zollbehörden im vergangenen Jahr 52 Prozent mehr Medikamente beschlagnahmt als im Jahr zuvor.

Sie sollen die folgende Aussage ergänzen:

> Im letzten Jahr gelang es den europäischen Zollbehörden, 52 Prozent mehr Arzneimittelschmuggel zu .... als im Jahr zuvor.

Tipp: Wenn Sie sich nicht ganz sicher sind, aber doch das Gefühl haben, dass Ihre Lösung stimmt, dann vertrauen Sie auf Ihr Gefühl.

Kennen Sie das Verb „beschlagnahmen"? Selbst wenn Sie es nicht kennen, verstehen Sie aufgrund Ihres Weltwissens, was gemeint ist und können den Satz ergänzen.

Tipp: Überlegen Sie: Wie läuft das normalerweise ab?

Beispiel 3

Den Textanfang kennen Sie schon (Aufgabe 1), die Bedeutung des Wortes „Klotz" haben Sie schon geklärt.

➲ Lesen Sie nun weiter.

> Ein grob behauener Klotz am Eingang des Parks lädt zu einem ungewöhnlichen Experiment ein: Wenn man seinen Kopf in eine der Öffnungen des Steines steckt und zu summen beginnt, entstehen Vibrationen, die am ganzen Körper zu spüren sind. Geht man weiter, kommt man auf einen Pfad, über den man barfuß laufen soll. …

So geht's

a. ↳ Sie verstehen: Es geht um ein „ungewöhnliches Experiment".
b. ↳ Worin besteht das Experiment? Sie markieren die Schlüsselwörter.

Aufgabe 3

1. Formulieren Sie kurz in eigenen Worten, was man bei diesem Experiment tun soll und warum?

↳ ....
....

2. Wie geht es weiter im Text? Spekulieren und notieren Sie.

↳ Wahrscheinlich ....
....
....

3. Lesen Sie nun den zweiten Teil des Textes.

> … Unterschiedliche Bodenbeläge wie Holzschnitzel, Sand, Kieselsteine, Stroh regen über die Fußsohlen das Nervensystem und sogar die Organe an.
> Das sind nur zwei von mehreren Stationen, die in dem kleinen Park angelegt wurden. Mit Hilfe dieser Stationen können Besucher des Parks Erfahrungen mit allen Sinnen machen. …

4. Haben Sie richtig spekuliert? Wenn ja, wie kamen Sie darauf, wie es im Text weitergeht? Wenn nein, was hat Sie in die Irre geleitet?

5. Worum wird es Ihrer Meinung nach in weiteren Textabschnitten gehen?

☐ a. um Freizeitparks in Deutschland
☐ b. um Riechen und Schmecken
☐ c. um einen Gesundheitspark

Wortschatz

6. Wissen Sie, was genau „Holzschnitzel", „Kieselsteine", „Stroh" sind? Ist es wichtig, diese Wörter <u>genau</u> zu kennen, um Aufgabe 5 zu lösen?

Immerhin erkennen Sie:
Holzschnitzel sind aus Holz, Kieselsteine sind wahrscheinlich Steine.

7. Schreiben Sie den Text aufgrund Ihrer Entscheidung in 5 weiter.

↳...

....

....

....

....

Sie erkennen:
Ihr Vorwissen hilft Ihnen, Hypothesen über den weiteren Textinhalt zu bilden. Damit wissen Sie schon etwas über den weiteren Textverlauf und können ihn schneller verstehen.

4. Strategie

Hypthesen über den weiteren Textinhalt bilden

Bedeutungserschließung aus dem Wort selbst

Nicht immer hilft Ihnen der Kontext, eine Wortbedeutung zu erkennen.
Dann müssen Sie versuchen, die Bedeutung aus dem Wort selbst zu erschließen.

In jeder Sprache gibt es so genannte „internationale Wörter", die auch in anderen Sprachen vorkommen. Diese Wörter unterscheiden sich zwar in Aussprache, Schreibweise und anderen sprachtypischen Elementen (z. B. Endungen), man erkennt sie aber am Wortstamm. So ein „internationales Wort" kennen Sie vielleicht bereits aus Ihrer Muttersprache oder anderen Fremdsprachenkenntnissen als Deutsch.

Beispiel 1

Deutsch: Technik
Englisch: technology
Französisch: technique
Spanisch: tecnología
Italienisch: tecnica

....

....

● Ergänzen Sie andere Sprachen, die Sie kennen.

Aufgabe 1

1. Wie lauten diese Wörter in Ihrer Muttersprache und anderen Sprachen, die Sie kennen.

Deutsch	Muttersprache	Andere Sprachen
a. Definition	....	....
b. Solidarität	....	....
c. Visum	....	....
d. Axiom	....	....
e. studieren	....	....

Internationale Wörter erkennen
Fremdsprachenkenntnisse aktivieren

5. Strategie

Falsche Freunde

Bei den „internationalen Wörtern" gibt es allerdings ein Problem: die so genannten „falschen Freunde". Das sind Wörter, die zwar ähnlich klingen und aussehen, aber in verschiedenen Sprachen unterschiedliche Bedeutungen haben.

Tipp: Wenn Sie ein ähnliches Wort in Ihrer Muttersprache oder einer anderen Sprache kennen, überprüfen Sie, ob die Bedeutungen wirklich identisch sind.

2. Was bedeuten diese Wörter in der deutschen Sprache? Kreuzen Sie an.

3. Wie lautet das Wort in Ihrer Sprache? Und was bedeutet es? Notieren Sie.

1. Firma
   a. Unternehmen   b. Unterschrift

   Ihre Sprache: ....

2. planieren
   a. einen Plan machen   b. eine Fläche eben machen / einebnen

   Ihre Sprache: ....

3. Professor
   a. unterrichtet in der Schule   b. lehrt an einer Universität

   Ihre Sprache: ....

4. Konkurs
   a. Wettbewerb   b. eine Firma hat kein Geld mehr

   Ihre Sprache: ....

5. Akkord
   a. musikalischer Klang   b. Abkommen

   Ihre Sprache: ....

6. Artist
   a. Künstler   b. Darsteller im Zirkus

   Ihre Sprache: ....

7. Dirigent
   a. Angestellter in hoher Funktion   b. Orchester- / Chorleiter

   Ihre Sprache: ....

8. Gymnasium
   a. Schulform   b. Sporthalle

Ihre Sprache: ....

9. Gift
   a. tödliche Subtanz   b. Geschenk

Ihre Sprache: ....

4. Finden Sie möglichst viele „internationale Wörter" in Ihrer Muttersprache und recherchieren Sie Form und Bedeutung dieser Wörter im Deutschen.

Das folgende Beispiel bezieht sich auf den Prüfungsteil Leseverstehen, Teil 3.

Beispiel 2

Sie erhalten einen Satz mit einer Lücke …

> Die … mobiler Übertragungstechniken ermöglicht allen Menschen, jederzeit erreichbar zu sein.

… und sollen entscheiden, welches der folgenden Wörter in die Lücke passt:

- ☐ a. Herstellung
- ☐ b. Bereitstellung
- ☐ c. Zustellung
- ☐ d. Einstellung

So geht's

a. ↳ Sie wissen, dass die Nomen mit dem Suffix *-ung* aus Verben gebildet werden.

b. ↳ Ihnen ist gleich klar, dass das Wort „Zustellung" nicht passt, denn Sie kennen die Verbindung „Post zustellen / bringen". Übertragungstechniken kann man nicht zustellen / bringen.

c. ↳ Die Wörter „Herstellung / herstellen" und „Einstellung / einstellen" sind Ihnen von den Wortverbindungen „ein Produkt herstellen" und „eine Person in einen Betrieb einstellen" / „die Lautstärke einstellen" bekannt. Sie probieren: *eine Übertragungstechnik herstellen / eine Übertragungstechnik einstellen* – ???????? Sie haben Zweifel.

d. Nomen und Verb „Bereitstellung / bereitstellen" sind Ihnen noch nie begegnet.
   ↳ Sie zerlegen das Verb in seine beiden Bestandteile: bereit-stellen.
   ↳ Sie kennen das Wort „bereit". *Ich bin bereit*, heißt: Ich kann mit etwas beginnen.
   ↳ Das Verb „stellen" kennen Sie natürlich: *ein Glas auf einen Tisch stellen*.
   Sie probieren „bereitstellen" in diesem Kontext aus: *ein Glas auf einem Tisch bereitstellen*, das könnte bedeuten: Das Glas zum Trinken bereitstellen ↳ Das Glas steht zum Trinken da.

e. ↳ Sie formen den Satz in der Aufgabe um: *Mobile Übertragungstechniken bereitstellen – das ermöglicht allen Menschen, jederzeit erreichbar zu sein*. Das scheint zu passen.

f. ↳ Sie probieren es mit dem Nomen im vorgegebenen Satz: „Die *Bereitstellung* mobiler Übertragungstechniken ermöglicht …". Sie finden, dass diese Lösung sinnvoll ist.

Für die Lösung dieser Aufgabe haben Sie Ihre Kenntnis von Wortbildungsregeln genutzt.

Kenntnis von Wortbildungsregeln nutzen

So geht's

Sie können zum Beispiel:

↳ **Nomen in Verb – Verb in Nomen umwandeln**
↳ **Wort in seine Bestandteile zerlegen**

Indem Sie ein unbekanntes Wort in eine andere Wortart, hier ein Nomen in ein Verb umwandeln, und / oder in seine Bestandteile zerlegen, können Sie Schritt für Schritt seine Bedeutung erschließen.

Sie müssen die gefundene Bedeutung aber auf jeden Fall im Kontext überprüfen, denn nicht immer sind die Bedeutungen von Nomen und Verb deckungsgleich.

Präfixe verändern die Bedeutungen von Verben, Nomen, Adjektiven.

↳ **Präfixe von Verben / Nomen / Adjektiven analysieren**

Aufgabe 2

1. Wie ändern die Präfixe die Bedeutung des Verbs *fallen*? Bilden Sie je einen Beispielsatz. Welche Verben sind trennbar / nicht trennbar. Kreuzen Sie an.

		trennbar	nicht trennbar
<u>aus</u>fallen:	....	☐	☐
<u>ab</u>fallen:	....	☐	☐
<u>ein</u>fallen:	....	☐	☐
miss<u>fallen</u>:	....	☐	☐
<u>um</u>fallen:	....	☐	☐
<u>über</u>fallen:	....	☐	☐
<u>zer</u>fallen:	....	☐	☐
<u>ver</u>fallen:	....	☐	☐

2. Wie lauten die Nomen zu den Verben? Haben sie immer dieselbe Bedeutung? Schlagen Sie in einem einsprachigen Wörterbuch nach.

3. Finden Sie Verben mit den folgenden Präfixen. Notieren Sie die Hauptbedeutung der Präfixe.

Bedeutung

zer-: ....

ent-: ....

ver-: ....

miss-: ....

Wortschatz

↳ **Wechselnde Bedeutung von Verben mit festen Präpositionen beachten**

4. Welche Bedeutungen von „bestehen" in Verbindung mit den Präpositionen erkennen Sie in den folgenden Sätzen?

– Ein Buch besteht aus einem Einband und Papierseiten.
– Die Kunst, ein gutes Buch zu schreiben, besteht darin, dass der Leser gefesselt ist und es nicht zur Seite legt, bevor er es ganz gelesen hat.
– Viele Autoren und Autorinnen bestehen darauf, in dieser Kunst meisterhaft zu sein.

bestehen aus: ....

bestehen in: ....

bestehen auf: ....

↳ **Die Bedeutung von Präfixen und Suffixen bei Adjektiven beachten**

5. Verdeutlichen Sie die Bedeutung der Adjektive, indem Sie die Sätze umformen.

a. Die Erschließung neuer Lebensräume auf anderen Planeten ist vorstellbar.

   ↳ Man kann sich ....

b. Neuen Lebensraum auf dem Meeresboden zu finden, ist dagegen unvorstellbar.

   ↳ Man kann sich ....

c. Dieses Bild ist leider unverkäuflich.

   ↳ Dieses Bild ....

6. Finden Sie jeweils drei Wörter mit den folgenden Suffixen / Präfixen. Welche Bedeutung tragen diese Suffixe / Präfixe?

		Bedeutung
-bar:	....	....
-los:	....	....
ir-:	....	....
un-:	....	....
miss-:	....	....

↳ **Komposita analysieren**

7. Welche Definition stimmt? Kreuzen Sie an.

1. Freizeitangebote sind Angebote
   a. aus der Freizeit   b. für die Freizeit
   c. gegen Freizeit

2. Ganztagsschulen sind Schulen,
   a. an denen jeden Tag Unterricht ist   b. an denen den ganzen Tag Unterricht ist

3. <u>Übertragungstechnik</u> ist eine Technik,
   a. die man jemandem überträgt   b. wie man etwas transportiert
   c. mit der Informationen über größere Distanzen vermittelt werden

8. Bilden Sie fünf Komposita mit dem Bestimmungswort „Prüfungs-" und formulieren Sie eine Definition.

	Definition
Prüfungs................................	....
Prüfungs................................	....
Prüfungs................................	....
Prüfungs................................	....
Prüfungs................................	....

9. Formulieren Sie fünf Komposita mit dem Grundwort „-prüfung" und formulieren Sie eine Definition.

	Definition
................................prüfung	....
................................prüfung	....
................................prüfung	....
................................prüfung	....
................................prüfung	....

Erinnern Sie sich!

Das Grundwort (an letzter Stelle) benennt die Sache / Person, um die es geht.
Das Bestimmungwort spezifiert: Form / Art und Weise / Anwendung / Zweck / …
Das Grundwort bestimmt den Artikel.

Beispiel:

<u>der</u> Prüfungsstress = Stress
Was für ein Stress? – Stress vor / bei einer Prüfung

<u>die</u> Englischprüfung = eine Prüfung
Was für eine Prüfung? – eine Prüfung in Englisch

Sie haben erkannt:

⚙ Sie brauchen sich von unbekannten Wörtern nicht erschrecken zu lassen. Kontext, Vor- und Weltwissen, Hypothesen, aber auch das Wissen um Wortbildungregularitäten helfen bei der Bedeutungserschließung unbekannter Wörter.

⚙ Aber: Klären Sie auf jeden Fall zuerst, ob Sie das unbekannte Wort für die Lösung Ihrer Prüfungsaufgabe brauchen, wenn nicht: Lassen Sie das Wort „links liegen" und gehen Sie einfach weiter.

Tipp: Lassen Sie sich von unbekannten Wörtern nicht erschrecken.

Wortschatz

Nomen-Verb-Verbindungen

Nomen-Verb-Verbindungen (N-V-V) sind feste Verbindungen aus: Nomen + Verb, eventuell + Präposition. Man findet sie vor allem in formellen Briefen, in der Sprache der Bürokratie, der Justiz, in Wissenschaftstexten.

Das Verb in diesen Verbindungen behält die grammatische Funktion des Verbs im Satz. Man nennt diese Verbindungen deshalb auch „Funktionsverbgefüge".

⚙ In den Prüfungsteilen Leseverstehen, Teil 3 sowie Schriftlicher Ausdruck, Teil 2 gibt es Aufgaben, bei denen Sie zeigen sollen, dass Sie bestimmte N-V-V kennen.

Selbst auf dem C1-Sprachniveau können Sie nicht alle diese Ausdrücke kennen. Es gibt jedoch Strategien, um ihre Bedeutung aus dem Kontext zu erschließen.

1. Strategie

Die Bedeutung am Nomen erkennen

Beispiel 1

> Die Ministerin übte Kritik an den Vorschlägen der Opposition.

So geht's

a. ↳ Sie kennen das Verb „üben"; es ergibt für sich allein in diesem Kontext jedoch keinen Sinn. Sie suchen ein Wort, das zu „üben" gehören könnte. Sie finden: „Kritik üben".

b. ↳ Sie erkennen, dass die Präposition „an" zu dieser Konstruktion gehört. Die Nomen-Verb-Verbindung heißt also: „Kritik üben an".

c. ↳ Sie überlegen: Was könnte „Sie übte Kritik an den Vorschlägen …" bedeuten: Vielleicht einfach nur „kritisieren"?

⚙ Viele Nomen-Verb-Verbindungen haben ganz einfach die Bedeutung des Verbs, aus dem das Nomen gebildet wurde (Kritik / kritisieren). Manche stehen mit einer festen Präposition, die dann einen bestimmten Kasus verlangt, andere nicht.

Tipp: Viele N-V-V haben die Bedeutung des Verbs, das dem Nomen entspricht.

Aufgabe 1

1. Notieren Sie die Verben zu den Nomen-Verb-Verbindungen.

a. eine Ahnung haben von   ....

b. die Erlaubnis erteilen   ....

c. in Zweifel ziehen   ....

d. zur Anwendung kommen   ....

e. im Recht sein   ....

f. einen Antrag stellen   ....

g. zur Einsicht kommen   ....

h. in Ordnung bringen   ....

i. Verzicht leisten auf   ....

j. Rücksicht nehmen auf   ....

k. eine Entscheidung treffen   ....

2. Ergänzen Sie die Sätze mit den passenden Nomen.

Beitrag – Berechnungen – Beschäftigung – Erfüllung – Vergleich – Verhandlung

a. Er stellte .... an über die zu erwartenden Kosten.
b. Es ist doch sinnlos, ... zwischen so unterschiedlichen Ländern anzustellen.
c. 1879 ging Th. A. Edisons Traum in ....: Endlich hatte er die Glühbirne erfunden.
d. Jonas war lange arbeitslos, aber jetzt geht er wieder einer .... nach.
e. Die Autohersteller müssen endlich einen größeren .... zum Umweltschutz leisten.
f. Es dauerte zwei Jahre, bis der Überfall zur .... kam.

3. Notieren Sie die Nomen-Verb-Verbindungen aus den Sätzen in Übung 2 und die entsprechenden Verben.

Nomen-Verb-Verbindung	**Verb**
a.	....
b.	....
c.	....
d.	....
e.	....
f.	....

4. Formulieren Sie die Sätze in Übung 2 mit den entsprechenden Verben.

a. ....
b. ....
c. ....
d. ....
e. ....
f. ....

Sie erkennen:

⚙ Mit den Verben können Sie hier genau dasselbe ausdrücken wie mit den N-V-V. Die Bedeutung verändert sich nicht, nur der Sprachstil.

Das Bild, das in der Wendung steckt, erkennen

2. Strategie

Beispiel 2

Durch das Unwetter wurden alle bisherigen Maßnahmen in Frage gestellt.

So geht's

a. ↳ Die Nomen-Verb-Verbindung lautet: „in Frage stellen". Sie glauben vielleicht, dass die Lösung hier ganz einfach ist: in Frage stellen = fragen. Aber das Verb „fragen" oder die Wendung „eine Frage stellen" passen nicht zum Kontext, weder inhaltlich noch grammatisch (≠ Maßnahmen wurden gefragt).

Wortschatz

Tipp: Versuchen Sie, das Bild zu entdecken, das in der N-V-V steckt.

b. ↳ Über das Bild, die „Metapher", die diese Verbindung ausdrückt, gelangen Sie zur Bedeutung. ↳ Sie überlegen: Welches Bild steckt dahinter, wenn ich etwas „in Frage stelle". ↳ Ich „mache ein Fragezeichen hinter die Maßnahmen", weil ich nicht mehr an den Sinn dieser Maßnahmen glaube, weil ich daran zweifle.

c. ↳ Sie versuchen, den Inhalt mit den gefundenen Ausdrücken auszudrücken: *Die Maßnahmen wurden bezweifelt. An den Sinn der Maßnahmen wurde nicht mehr geglaubt.*

Achten Sie auf die unterschiedlichen Bedeutungen dieser N-V-V:
– eine Frage stellen = fragen
– in Frage stellen = den Sinn / die Richtigkeit bezweifeln
– außer Frage stehen = es gibt keinen Zweifel

Aufgabe 2

1. Was bedeuten diese Nomen-Verb-Verbindungen?

1. jemanden zur Verzweiflung bringen
   a. jemanden so ärgern, dass er verzweifelt   b. verzweifelt sein

2. den Vorsitz führen
   a. einen Sitzplatz haben   b. eine Versammlung leiten

3. in Kauf nehmen
   a. etwas akzeptieren   b. einkaufen

4. sich im Bau befinden
   a. etwas wird gebaut   b. jemand befindet sich in einem Bau

5. zu Ansehen kommen
   a. man kann etwas Bestimmtes ansehen   b. jemand wird von anderen Leuten geschätzt

2. Was bedeuten diese Nomen-Verb-Verbindungen? Notieren Sie zur Verdeutlichung Verben / Ausdrücke, die diesen Bedeutungen entsprechen.

a. seinen Hut nehmen

b. Anstoß nehmen an

c. im Auge haben

d. in Besitz nehmen

e. in Betrieb setzen

f. unter Druck setzen

g. in Kraft treten

h. Platz nehmen

i. zur Rede stellen

j. zur Stelle sein

2 209

Ü1

Ü2

Don.

Teile von Nomen-Verb-Verbindungen erraten

Im Prüfungsteil Leseverstehen, Teil 3 kann es vorkommen, dass Sie aus drei Möglichkeiten das passende Nomen, Verb oder die entsprechende Präposition auswählen sollen.
Im Schriftlichen Ausdruck, Teil 2 müssen Sie manchmal in einer Lücke einen Teil der N-V-V ergänzen.

Beispiel 3

Der vorgegebene Satz lautet:

> In der Sitzung kamen nicht alle Tagesordnungspunkte zur ....

Sie sollen das richtige Nomen auswählen:
a. Frage
b. Sprache
c. Sache

So geht's

a. ↳ Sie finden Verb und Präposition: „kommen zur"; drei Nomen stehen zur Wahl.
b. ↳ Sie überlegen: Was macht man in Sitzungen mit Tagesordnungspunkten? ↳ Man spricht darüber ↳ Das Nomen von „sprechen" ist „Sprache".
c. ↳ Die N-V-V heißt: „zur Sprache kommen". Sie kreuzen b an.

Sie erkennen:
⁂ Mit Vorwissen und Weltwissen kann man manchmal auch bei Nomen-Verb-Verbindungen die Lösung finden.

Beispiel 4
Der vorgegebene Satz lautet:

> Dann wollte der Bürgermeister noch einen weiteren Punkt zur Sprache ....

Sie sollen das richtige Verb auswählen:
a. kommen
b. stellen
c. bringen

Tipp: Wenn Sie sich nicht sicher sind: Entscheiden Sie sich trotzdem für eine Lösung.

So geht's

↳ Sie probieren alle drei Verben aus, ob sie in den Satz passen. Aber Sie haben keine Ahnung, welches nun das richtige Verb ist. Bei „kommen" ahnen Sie, dass es nicht passt („zur Sprache kommen" = passivisch: etwas kommt zur Sprache).

↳ Sie überlegen: Der Bürgermeister will etwas aktiv tun („wollte"), und Sie denken: Es könnte heißen: „zur Sprache stellen" oder „zur Sprache bringen". Wenn Sie sich jetzt für eine der beiden Möglichkeiten entscheiden, haben Sie 50% Chancen, dass Ihre Lösung richtig (oder falsch) ist.

⁂ Im Verb der N-V-V ist meist eine aktivische oder passivische Bedeutung zu erkennen:
zur Sprache kommen = anonym; der Sprecher wird nicht genannt. (passivisch)
zur Sprache bringen = jemand spricht etwas aktiv an. (aktivisch)
Achten Sie darauf, welche Bedeutung im vorgegebenen Satz passt.

Wortschatz

◌ Manchmal können Sie Teile von N-V-V erraten, manchmal aber müssen Sie die Wendung einfach kennen. Das heißt: Sie müssen Nomen-Verb-Verbindungen lernen. Dabei hilft, dass bestimmte Funktionsverben immer wieder vorkommen.

4. Strategie

Nomen-Verb-Verbindungen lernen

Aufgabe 3

Tipp: Achten Sie beim Lesen deutscher Zeitungen auf Nomen-Verb-Verbindungen und erstellen Sie Wortkarten mit Beispielsätzen.

Tipp: Lernen Sie besonders Nomen-Verb-Verbindungen mit diesen Verben.

1. Bringen Sie die richtigen Verben und Nomen zusammen. Unterscheiden Sie bei Mehrfachzuordnungen die Bedeutungen. Überlegen Sie dabei: Hat das Verb aktivische oder passivische Bedeutung?

bringen – kommen – nehmen – stellen – treffen – stehen – sein – setzen – treten

in Kontakt	in Verbindung	zu Ende	in Anspruch	eine Forderung
–	–	–	–	– ....
–	–	–		
–	–			
zur Diskussion	zur Verfügung	eine Verabredung	in Aussicht	in Anspruch
–	–	–	–	– ....
	–		–	
einen guten / schlechen Verlauf	Vorbereitungen	Abschied	einen Antrag	zum Ausdruck
–	–	–	–	– ....
Bezug	unter Beweis	zur Auswahl	in Gebrauch	in Gefahr
–	–	–	–	– ....
auf		–		– ....
in der Lage	in Kraft	auf dem Laufenden	zur Kenntnis	Stellung
–	–	–	–	– ....
	–		–	

2. Und zum Schluss: noch mehr Nomen-Verb-Verbindungen. Ergänzen Sie und unterstreichen Sie die N-V-V.

> Können Sie mir vielleicht einen Rat ....?
> Ich ....nämlich in Verwirrung, wenn ich den Versuch ....,
> eine Regelmäßigkeit in die deutsche Grammatik zu bringen. Ich möchte damit aber keinesfalls
> zum Ausdruck ...., dass ich zu der Ansicht .... bin, zum
> Erlernen dieser Sprache müsse man nicht nur Fähigkeiten, sondern auch Ausdauer und Mut
> .... Es .... für mich außer Frage, dass jeder, der in kur-
> zer Zeit gut Deutsch gelernt hat, meinen allergrößten Respekt .... Ebenso
> möchte ich keineswegs in den Verdacht ...., wegen Vortäuschung logischer
> Tatsachen Anklage gegen die deutsche Sprache zu .... Aber ich bin zu der
> Überzeugung ...., Abschied von meiner Logik .... zu
> müssen, wenn ich eine fremde Sprache erlernen möchte.

Wichtiger Hinweis

◌ In: W. Rug / A. Tomaszewski „Grammatik mit Sinn und Verstand" (Ernst Klett Sprachen) finden Sie auf den Seiten 238 ff. zwei Listen mit vielen N-V-V.

Grammatik

Inhalt dieses Kapitels

Dieses Kapitel dient der Wiederholung einiger grammatischer Schwerpunkte, die für die Lösung verschiedener Prüfungsaufgaben beim Goethe-Zertifikat C1 nützlich sein können.

Eine allgemeine Wiederholung der deutschen Grammatik bis C1-Niveau bieten:

Grammatiken
- CH. Frandrych, U. Tallowitz: Klipp und Klar. Übungsgrammatik Grundstufe Deutsch in 99 Schritten. Ernst Klett Sprachen. (A1 – B1)
- W. Rug, A. Tomaszewski: Grammatik mit Sinn und Verstand. Neufassung. Übungsgrammatik Mittel- und Oberstufe. Ernst Klett Sprachen. (B2, C1, C2)

Lehrbücher mit ausführlichem Grammatikteil B2 / C1
A. Daniels u. a.: Mittelpunkt. Deutsch als Fremdsprache für Fortgeschrittene. Band B2 / Band C1. Ernst Klett Sprachen.

Grammatische Schwerpunkte in diesem Band

1 Artikel
2 Nominaler Stil
3 Hauptsatzkonnektoren
4 Nebensatzkonnektoren
5 Relativsätze
6 Aktiv und Passiv
7 Konjunktive
8 Modalverben
9 Verweiswörter
10 Das kleine Wörtchen „es"

Zur Arbeit mit den Grammatikkapiteln

Das Prinzip ist ganz einfach: Auf der linken Seite wird erklärt, auf der rechten Seite wird geübt. Das heißt: Während Sie die Aufgaben bearbeiten, können Sie auf der linken Seite nachlesen.

Die Erklärungen werden an Beispielsätzen illustriert, der Abschnitt „So geht's" beschreibt, worauf Sie achten müssen.

Ein Hinweis auf die Goethe-C1-Prüfung gibt an, für welchen Prüfungsteil das Grammatikkapitel wichtig ist.

Grammatik

1 Artikel

> Artikel stehen beim Nomen. Sie zeigen Genus (maskulin, neutral, feminin), Kasus (Nominativ, Akkusativ, Dativ, Genitiv) und Numerus (Singular, Plural) an. Es gibt den bestimmten und den unbestimmten Artikel. Von Nullartikel spricht man, wenn kein Artikel verwendet wird. Der Plural des unbestimmten Artikels ist immer Nullartikel.

Beispiel:

An der Straßenecke steht <u>ein</u> Mann. <u>Der</u> Mann trägt <u>eine</u> braune Hose. <u>Braune</u> Hosen sind gerade modern.

☼ In der Goethe-C1-Prüfung können Sie besonders im Schriftlichen Ausdruck zeigen, dass Sie Verwendung und Deklination des Artikels beherrschen.

So geht's

Unbestimmter Artikel	↳ Die Person / der Begriff wird in einem Kontext zum ersten Mal genannt: Draußen steht <u>ein</u> Mann. ↳ Die Zahl „1" ist gemeint: Ich habe <u>ein</u> Auto. (nicht zwei) ↳ Ein Wort wird erklärt (Definitionen): Hessen ist <u>ein</u> Bundesland von Deutschland. ↳ Eine Person oder Sache unter vielen ist gemeint: Bei den Vorstellungsgesprächen ist <u>ein</u> junger Mann aufgefallen. ↳ In Vergleichen nach *so*: So <u>ein</u> Haus gefällt mir.
Bestimmter Artikel	↳ Die Person / der Begriff sind in einem Kontext schon bekannt oder genannt: Gibt es hier ein Café? – Ja, da drüben, <u>das</u> Café Einstein. ↳ Eine bestimmte Person oder Sache ist gemeint: <u>Der</u> Bäcker in der Leopoldstraße hat das beste Vollkornbrot. ↳ Etwas existiert nur einmal: <u>Der</u> Eifelturm steht in Paris. ↳ Monate, Jahreszeiten: <u>Der</u> Mai ist der Monat der Liebe. ↳ Flüsse, Berge: <u>Der</u> Rhein ist bei Touristen beliebt. *(manche Flüsse sind „die")* ↳ Einige Länder: <u>die</u> Schweiz, <u>die</u> Niederlande, <u>der</u> Iran, <u>der</u> Libanon, <u>die</u> Ukraine, *der Irak* ↳ Bei Superlativen: Sabine ist <u>die</u> beste Sportlerin in der Klasse. ↳ In festen Wendungen: <u>das</u> Wort ergreifen, auf <u>der</u> Stelle treten
Nullartikel	↳ Plural des unbestimmten Artikels: Auf dem Marktplatz sind viele Leute. ↳ Unzählbare Begriffe: Gerlinde hat Glück, denn sie hat Arbeit. ↳ Unbestimmte Mengen: Brauchst du Geld? / Möchtest du Tee oder Kaffee? ↳ Vor Possessivpronomen: Mein Hut ist grün. ↳ Nationalität: Pedro ist Spanier. ↳ Berufe: Julia ist Verkäuferin. ↳ Namen von Personen, Städten, den meisten Ländern: Hans wohnt in Saarbrücken. (aber mit Adjektiv: das moderne China, der schöne Theo) ↳ feste Wendungen: Hast du Zeit / Lust / Hunger / Sorgen / …?

So geht's

↳ Entscheiden Sie immer aus dem Kontext heraus, welcher Artikel stehen muss.
↳ Achten Sie immer auf Genus, Numerus und Kasus (Deklination).

1. Bestimmter, unbestimmter oder Nullartikel? Markieren Sie in der Tabelle, welcher Artikel richtig ist.

Vor … 1 … afrikanischen Küste wurde von … 2 … Piraten … 3 … Schiff gekapert. Auf … 4 … Schiff befanden sich zwanzig Besatzungsmitglieder sowie … 5 … Kapitän. … 6 … Schiff gehört … 7 … australischen Reederei. … 8 … Piraten verlangen … 9 … Lösegeld in Höhe von einer Million US-Dollar, damit sie … 10 … Besatzung frei lassen.

… 11 … Goethe-Institut hat … 12 … besten Wörter mit … 13 … Migrationshintergrund in … 14 … deutschen Sprache gekürt. Auf … 15 … ersten Platz landete … 16 … aus … 17 … Ungarischen stammende Wort „Tollpatsch". Die „Currywurst" und der „Milchshake" folgen auf den Plätzen zwei und drei. Besonders an … 18 … letztgenannten Wort wird deutlich, dass Fremdwörter bisweilen besser zu … 19 … Begriff passen als heimische Wörter. Denn wer würde schon gern in einer Bar … 20 … „Milchschüttel" bestellen?

… 21 … beliebtesten Vornamen, die deutsche Eltern im ersten Jahrzehnt des zweiten Jahrtausends … 22 … ihren Kindern gegeben haben, sind … 23 … Marie und … 24 … Leon. Das wurde von … 25 … in Wiesbaden ansässigen Gesellschaft für deutsche Sprache bekannt gegeben. Bei … 26 … Jungen folgen Maximilian und Alexander, bei … 27 … Mädchen Sofie und Maria. … 28 … Wissenschaftler fanden heraus, dass sich etwa alle zehn Jahre … 29 … Beliebtheit … 30 … verschiedener Namen ändere.

1	der ✓	einer	---	16	das	ein	---
2	den	einen	--- ✓	17	dem	einem	---
3	das	ein ✓	---	18	dem	einem	---
4	dem ✓	einem	---	19	dem	einem	---
5	der ✓	ein	---	20	den	einen	---
6	Das ✓	Ein	---	21	Die	Ein	---
7	der	einer ✓	---	22	den	einen	---
8	Die ✓	Ein	---	23	die	eine	---
9	das	ein ✓	---	24	der	ein	---
10	die ✓	eine	---	25	der	einer	---
11	Das ✓	Ein	---	26	den	einen	---
12	die ✓	Ein	---	27	den	einen	---
13	dem	einem ✓	---	28	Die	Ein	---
14	der ✓	einer	---	29	die	eine	---
15	dem ✓	einem	---	30	der	einer	---

2. Bilden Sie Sätze – und eine Geschichte entsteht. Verwenden Sie die passenden Artikel.

Entenmutter – ihre zehn Küken – Hannover – stark befahrene Hauptverkehrsstraße überquert
Tiere – vor Fußgängerampel – gestanden – große Aufregung gezeigt
bei Grün – mit Passanten – Straße überquert
Anwohner – in Nähe wohnend – Tiere in Hof gelockt
Polizei – Tiere in Stadtpark zurückgebracht
Tiere wohlauf
erstaunlich – kein Tier – bei Straße überqueren verletzt

↳ *Eine Entenmutter …*

2 Nominaler Stil

Beim nominalen Stil werden statt Verben oder Adjektiven Nomen verwendet. Nominalstil findet man besonders in zwei Bereichen:
1. „Stichwortstil"
2. Formelle Sprache (z. B.: formelle Briefe, Fachsprachen: Wirtschaftsdeutsch, Juristensprache, Behördensprache, Wissenschaft)

Beispiel 1: (aus einem Fragebogen) Nennen Sie eine für einen Chef wichtige Eigenschaft! – Lösung: Pünktlichkeit (statt: Er sollte pünktlich sein.)

Beispiel 2: Nach Überprüfung Ihrer Unterlagen teilen wir Ihnen mit, dass Ihr Schulabschluss mit dem deutschen Abitur gleichgesetzt wird. (statt: Nachdem wir Ihre Unterlagen geprüft haben, teilen wir Ihnen mit, dass …)

In der Goethe-C1-Prüfung sollen Sie im Schriftlichen Ausdruck nominalen Stil verwenden. Im Leseverstehen, Teil 1 und 2 und im Hörverstehen, Teil 1 sollen Sie Stichworte notieren.

So geht's

Nominalisierte Verben

das + Infinitiv: wissen ↳ das Wissen	Verbstamm = Nomen: werfen ↳ der Wurf / spielen ↳ das Spiel	Partizip + Artikel: verlobt ↳ der / die Verlobte	Präfix *Ge-:* Artikel: *das* lachen ↳ das Gelächter
Suffix *-t:* fahren ↳ die Fahrt	Suffix *-e:* sprechen ↳ die Sprache	Suffi *-er:* reden ↳ der Redner	Suffix *-lei:* büffeln ↳ die Büffelei
Suffix *-ung:* lösen ↳ die Lösung	Suffix *-nis:* erkennen ↳ die Erkenntnis	Suffix *-tum:* wachsen ↳ das Wachstum	Suffix *-tion:* reagieren ↳ die Reaktion

Nominalisierte Adjektive

Adjektiv + *e:* ↳ das Richtige	Adjektiv + Umlaut + *e:* ↳ die Größe	Suffix *-heit:* ↳ die Klarheit	Suffix *-keit:* ↳ die Schwierigkeit	Suffix *-tum:* ↳ der Reichtum
Suffix *-tät:* ↳ die Normalität	Suffixe *-enz/-anz:* ↳ die Intelligenz	Suffix *-esse:* ↳ das Interesse	Weitere Nominalisierungen: arm ↳ die Armut	

Nomen zu Modalverben

können ↳ die Fähigkeit	müssen / sollen ↳ die Pflicht / ↳ die Vorschrift	dürfen ↳ die Erlaubnis	nicht dürfen ↳ das Verbot	wollen / möchten ↳ der Wunsch / ↳ die Absicht	mögen ↳ die Vorliebe

↳ Nomen aus reflexiven Verben: ohne *sich:* sich erinnern ↳ die Erinnerung
↳ Trennbare Verben: Nomen aus dem Infinitiv: ankommen ↳ die Ankunft
↳ Aus Nebensatzkonnektoren werden beim Nominalstil Präpositionen:

Konnektor	weil	obwohl	damit/ um … zu	nachdem	bevor	während	seitdem
↳ Präposition	wegen+ G	trotz + G	zu + D / für + A	nach + D	vor + D	während + G	seit + D
Konnektor	wenn / als	wenn / falls	wenn nicht				
↳ Präposition	bei + D	bei + D	ohne + A				

↳ Das Verb des Nebensatzes wird zum Nomen bei der Präposition (+ Kasus):
Beispiel 3: Obwohl Herr Grün arbeitet, geht er … ↳ Trotz seiner Arbeit geht Herr G.
↳ Personalpronomen werden zu Possessivpronomen:
Beispiel 4: Während ich schlafe, träume ich. ↳ Während meines Schlafs träume ich.
↳ Adverbien im Nebensatz werden Adjektive beim Nomen:
Beispiel 5: Weil der Weg lang ist, … ↳ Wegen des langen Weges …
↳ Akkusativergänzungen im Nebensatz werden Genitive beim Nomen:
Beispiel 6: Nachdem er die Arbeit beendet hatte, … ↳ Nach dem Ende der Arbeit …

1. Notieren Sie die entsprechenden Nomen mit dem Artikel.

Tipp: Suchen Sie in einem einsprachigen Wörterbuch nach Nomen aus Verben und Adjektiven.

1. herkommen ↳ *die Herkunft*
2. unterkommen ....
3. stehen ....
4. schreiben ....
5. vorlesen ....
6. durchführen ....
7. verstehen ....

8. sich einigen ....
9. auswählen ....
10. buchen ....
11. wünschen ....
12. können ....
13. ansehen ....
14. sollen ....

15. erfolglos ....
16. aufmerksam ....
17. arrogant ....
18. speziell ....
19. hoch ....
20. real ....
21. frequent ....

2. Notieren Sie die Bedeutungsunterschiede zwischen den Nomen.

Tipp: Suchen Sie in Texten gezielt nach Nomen aus Verben und Adjektiven und erstellen Sie Wortkarten.

1. das Rechnen = ...
   die Rechnung = ...

2. das Lösen = ...
   die Lösung = ...

3. das Beschriften = ...
   die Beschriftung = ...

4. das Wachsen ....
   das Wachstum ....
   der Wuchs ....

5. das Gehen ....
   der Gang   a. ....
              b. ....
              c. ....

3. Antworten oder ergänzen Sie im Nominalstil.

Beispiel 1: <u>Wenn Sie einen Text lesen</u>, bleiben Sie nicht an einzelnen Wörtern hängen!
Ergänzen Sie:
↳ *Beim Lesen eines Textes* soll man nicht an einzelnen Wörtern hängen bleiben.
Beispiel 2: <u>Wenn Sie dann weiterlesen</u>, werden Sie viele Wörter aus dem Kontext verstehen.
– Wann versteht man Wörter aus dem Kontext?
Ihre Antwort:
↳ *Beim Weiterlesen.*

1. <u>Weil</u> das Sportstudio seine Dienste <u>günstig anbietet</u>, hat es viele Mitglieder.
   – Warum hat das Sportstudio viele Mitglieder?

   ↳ ....

2. Herr Schneider geht ins Sportstudio, <u>um seinen Körper zu trainieren</u>.

   ↳ .... geht Herr Schneider ins Sportstudio.

3. <u>Bevor er die Sportübungen beginnt</u>, wärmt er seinen Körper auf.

   ↳ .... wärmt er seinen Körper auf.

4. <u>Seitdem</u> Herr Schneider <u>regelmäßig das Sportstudio besucht</u>, wird er seltener krank.
   – Seit wann wird Herr Schneider seltener krank?

   ↳ ....

5. Der Sportmediziner Dr. Herrmann warnt: <u>Wenn sich</u> ein Mensch <u>nicht regelmäßig bewegt</u>, büßt er seine Beweglichkeit ein, sowohl seine körperliche als auch seine geistige.

   ↳ Der Sportmediziner Dr. Herrmann behauptet, dass ein Mensch ....
   .... seine körperliche und geistige Beweglichkeit einbüßt.

6. <u>Obwohl sich</u> viele Menschen eine gute Figur <u>wünschen</u>, bewegen sie sich zu wenig.

   ↳ Viele Menschen bewegen sich .... nach einer guten
   Figur zu wenig.

Grammatik

3 Hauptsatzkonnektoren

Konnektoren verbinden Sätze oder Satzteile miteinander, sie drücken logische Beziehungen aus. Je nach Art des Konnektors (Konjunktion oder Adverb) ist die Wortstellung im Satz unterschiedlich.

So geht's

➤ ↳ Der Konnektor ist ein Adverb: *+ V + S*
Beispiel 1: Deshalb muss man zwischen Adverbien und Konjunktionen unterscheiden.

➤ ↳ Der Konnektor ist eine Konjunktion: *+ S + V*
Beispiel 2: Denn die Konjunktionen stehen auf der „Nullposition".

➤ ↳ Auch adverbiale Wendungen haben die Funktion von Konnektoren: *+ V + S*
Beispiel 3: Aus diesem Grund haben wir sie in dieses Kapitel aufgenommen.

◌ In der Goethe-C1-Prüfung sollen Sie im Prüfungsteil Schriftlicher Ausdruck, Teil 1 zeigen, dass Sie Sätze mit Hilfe von Konnektoren logisch miteinander verknüpfen können. Im Prüfungsteil Leseverstehen, Teil 3 müssen Sie manchmal den richtigen Konnektor auswählen.

V+S

Adverbien / adverbiale Wendungen
↳ Wortstellung: Adverb + Verb + Subjekt / Subjekt + Verb + Adverb

Abfolge *sequence*	da, dann, weiterhin, außerdem *furthermore · besides · further*, zusätzlich, schließlich, auch, ebenso *just as*
Grund / Erklärung	deshalb, deswegen, darum, also, (nämlich) aus diesem Grund, aus diesem Anlass *reason*
Widerspruch	trotzdem *nevertheless · no obstacle, sin ambargo* *nachgestellt*
Ziel, Zweck	dafür, zu diesem Zweck
Folge	folglich, infolgedessen, daher *consequently, therefore · from there*
Kontrast / Gegensatz	dagegen, stattdessen *instead · in contrast*, demgegenüber, im Gegensatz dazu, auf der anderen Seite, andererseits, vielmehr *rather*
Bedingung *condition*	(wenn) – dann, so
Zeit	damals, dann, danach, später, seitdem *since then*, davor, zuvor *before*, zur gleichen Zeit, gleichzeitig
Ort	da, dort, dahin, dorthin, daher, von dort, an diesem Ort, an dieser Stelle

S+V

Konjunktionen
↳ Wortstellung: Konjunktion + Subjekt + Verb

Aufzählung / Alternative *list, enumeration*	und, oder
Grund / Erklärung	denn
Einschränkung *limit, restriction*	aber, doch, sondern
Alternative	beziehungsweise *or rather*

S+V

Doppelkonnektoren

Variante / Alternative	sowohl … als auch, nicht nur … sondern auch, weder … noch, entweder … oder
Einschränkung	zwar … aber
Vergleiche	teils … teils *yes and no; partly..., partly...*, je* … desto (+ Komparativ)

*nach *je* folgt ein Nebensatz:
Beispiel 4: Je mehr Konnektoren Sie benutzen, desto eleganter wirkt Ihr Text.

* Entschuldigen Sie mich bitte, ich erwarte nämlich noch einen anderen Anruf.

So geht's

↳ Überlegen Sie, welche logische Be... ausdrücken wollen.
↳ Entscheiden Sie dann, welcher Kon... Beziehung ausdrückt. Oft haben Sie mehrere Möglichkeiten zur Auswahl u... ariieren.
↳ Achten Sie immer auf die Position de... n Verbs.
↳ Doppelkonnektoren verbinden Satztei... e Sätze:
Beispiel 5: <u>Sowohl</u> Adverbien <u>als auch</u> Konj... önnen Sie zur Satzverknüpfung benutzen.
Beispiel 6: Er benutzte <u>zwar</u> wenig Konnekt... ine Texte waren trotzdem gut.

1. Markieren Sie den passenden Konnekto... lle unten.

Neueste Marktrecherchen zeigen: Gutes A... wichtig – auch für Männer.

… 1 … einem Bericht des Verbands der Vertriebsf... ischer Erzeugnisse (VKE) in Frankfurt am Main zufolge greifen gerade Männer zunehmen... tiegel. … 2 … ist der Umsatz bei den Herren um über 10% gestiegen. … 3 … stagniert d... den Damen.

… 4 … ältere Männer, … 4 … die unter 20-Jährige... n Kosmetikbewussten. Die Männer von heute seien in Kosmetikfragen selbstbewusste... ißt es in dem Bericht. … 5 … sei der Tritt über die Schwelle einer Parfümerie selbstversta... den. … 6 … gebe es gerade für die Jüngeren Vorbilder wie den Sänger der Band Tokio... … sind Anti-Alterungs-Cremes bei den älteren Herren gefragt. Es trifft … 8 … nicht zu,... verden nur für Frauen ein Problem darstellt.

… 9 … Männer sind auch anspruchsvolle Konsumenten. ... n sie viel häufiger zu Bioprodukten als Frauen. … 11 … möchten auch die Herren sich g... uenden Düften verwöhnen, … 11 … es sollen natürliche Produkte sein, die auf die männ... haut gelangen. Männer als Kosmetikkonsumenten haben einen neuen Markt für kosmetis... entstehen lassen. … 12 … ist der Gesamtumsatz der Kosmetikbranche in den letzten Jahr... rück gegangen.

1.
a. Aber
b. Denn
c. Deshalb

2.
a. Aus diesem Grund
b. Demgegenüber
c. Zusätzlich

3.
a. Darum
b. Gleichzeitig
c. Trotzdem

icht nur … sondern auch
eder … noch
weder … oder

5.
a. Da
b. Danach
c. Deswegen

6.
a. Außerdem
b. Also
c. Folglich

7.
a. Deswegen
b. Demgegenüber
c. Gleichzeitig

ch

9.
a. Daher
b. Doch
c. Schließlich

10.
a. Dafür
b. Stattdessen
c. Infolgedessen

11.
a. sowohl … als auch
b. weder … noch
c. zwar … aber

sem Grund
n

2. Schreiben Sie den Text neu und verbinden Sie dabei die Sätze mit Konnektoren. Denken Sie daran: Sie müssen auch den Satzbau verändern.

China wird als Wirtschaftspartner und als Reiseland immer wichtiger. Viele Menschen wollen die chinesische Sprache erlernen. Für Kinder gibt es in Mainz ein Angebot Chinesisch lesen, schreiben und sprechen zu lernen. Die chinesische Schule Mainz wurde gegründet. Der Unterricht findet jeden Samstagvormittag statt.

Die Lehrer sind größtenteils chinesische Akademiker. Sie sind aus China nach Deutschland gekommen. Es gibt leider keine kindgerechten Schulbücher für Chinesisch in Deutschland. Die Lehrer müssen die Unterrichtsmaterialien selbst entwickeln. Das Erlernen der Schriftzeichen braucht viel Geduld. Es wird auch Kalligrafie unterrichtet. Die Sprache wird unterrichtet. Es wird auch die chinesische Kultur unterrichtet. Sprache und Kultur gehören zusammen, meint der Schulleiter.

Grammatik

4 Nebensatzkonnektoren

Nebensätze werden durch Konnektoren mit Hauptsätzen verbunden. Diese Konnektoren nennt man auch Subjunktionen. Einen Nebensatz erkennt man auch an der Wortstellung.

Beispiel 1: Auf die Nebensatzkonjunktion folgt das Subjekt, das konjugierte Verb steht am Satzende, weil <u>es</u> sich ja um einen Nebensatz <u>handelt</u>.

⚙ In der Goethe-C1-Prüfung sollen Sie im Prüfungsteil Schriftlicher Ausdruck, Teil 1 zeigen, dass Sie Sätze mit Hilfe von Konnektoren logisch miteinander verknüpfen können. Im Prüfungsteil Leseverstehen, Teil 3 müssen Sie manchmal den richtigen Konnektor auswählen.

Nebensatzkonnektoren / Subjunktionen
↳ Wortstellung: Konnektor + Subjekt + andere Satzteile + Verb(en) am Ende

Grund (Kausalsatz)	weil, da
Einschränkung (Konzessivsatz)	obwohl, obgleich, obschon; je nachdem, ob / wann / wie / …
Ziel, Zweck (Finalsatz)	damit, um … zu
Folge (Konsekutivsatz)	so (…) (,) dass
Kontrast / Gegensatz (Adversativsatz)	anstatt dass, anstatt … zu, während, wogegen
Bedingung (Konditionalsatz)	wenn, falls, selbst wenn, auch wenn
Zeit (Temporalsatz)	wenn, als, nachdem, seit, seitdem, bevor, während
indirekter Fragesatz	Ich frage mich, … wo, wohin, woher (lokal) wer, was, wann, warum, wozu, wofür, worauf, …, ob

Bei Konditionalsätzen kann die Subjunktion weggelassen werden: ↳ <u>Wird</u> die Subjunktion weggelassen, beginnt der Nebensatz mit dem konjugierten Verb.

So geht's

↳ Überlegen Sie, welche logische Beziehung Sie ausdrücken wollen.
↳ Entscheiden Sie dann, welcher Nebensatzkonnektor diese Beziehung ausdrückt. Oft haben Sie mehrere Möglichkeiten zur Auswahl und können variieren.
↳ Achten Sie immer auf die Position des konjugierten Verbs.
↳ Alle Nebensätze außer den Konsekutivsätzen können vor dem Hauptsatz stehen. Der Nebensatz steht dann auf Position 1, das konjugierte Verb des Hauptsatzes auf Position 2.
Beispiel 2: Er bleibt zu Hause, <u>weil er müde ist.</u> / <u>Weil er müde ist</u>, <u>bleibt</u> er zu Hause.
↳ Konditionalsätze stehen fast immer vor dem Hauptsatz.
Beispiel 3: <u>Wenn dir eine schwarze Katze begegnet</u>, so bedeutet das Unglück.
↳ Zwischen Haupt- und Nebensatz steht immer ein Komma.
↳ bei *zu* + Infinitiv steht kein Komma, wenn der Bezug klar ist. Sonst steht Komma.
Beispiel 4: Es hört heute den ganzen Tag nicht auf zu regnen.
Beispiel 5: Ich versuche heute, pünktlich zu sein. Oder: Ich versuche, heute pünktlich zu sein.
↳ Bei *um … zu* steht Komma.
Beispiel 6: Er redete und redete, um uns von seiner Idee zu überzeugen.
↳ Bei manchen Verben steht ein *dass*-Satz oder *zu* + Infinitiv.
Beispiel 7: <u>Ich hoffe</u>, die Arbeit <u>rechtzeitig zu schaffen</u>. (gleiches Subjekt)
Beispiel 8: <u>Ich hoffe</u>, <u>dass du</u> die Arbeit rechtzeitig <u>schaffst</u>. (verschiedene Subjekte)

1. Ergänzen Sie den Text mit passenden Nebensatzkonnektoren. Drei Konnektoren passen nicht. *HA*

> als – damit – dass – nachdem – auch wenn – obwohl – seit – so … dass –
> um … zu – während – weil – wenn – wofür – wogegen – anstatt … zu

Einen Kulturschock bekommt jemand nach heutiger Definition immer dann, … 1 … er mit
Sitten und Gebräuchen konfrontiert wird, die er nicht kennt und nicht versteht. … 2 … dies
tion heute meistens auf Einwanderer in eine neue Heimat angewendet wird, traf sie vor mehr
Jahren auf ein Volk zu, das gerade von einer fremden Kulturmacht erobert wurde. Denn …
germanischen Stämme in ihrem eigenen Land lebten, verstanden sie seit der Ankunft der R
Welt nicht mehr.

Die Römer waren, … 4 … ihr Reich … 4 … sichern und dabei vielleicht auch zu vergrößer
den Rhein und Main vorgedrungen. … 5 … das neue römische Gebiet militärisch gesichert
war, kamen zivile Siedler nach und ließen sich nieder. Aber … 6 … die Besiegten langsam a
mische Lebensart … 6 … gewöhnen, begannen die Römer sofort, Städte nach römischem V
bauen und eine prosperierende Landwirtschaft zu etablieren.

… 7 … das römische Reich zu Beginn des Mittelalters zerfiel, hinterließen die Römer Kultur
ler, die heute von unschätzbarem Wert sind. In Städten wie Köln, Mainz oder Regensburg fin
heute noch … 8 … viele archäologische Fundstücke unter der Erde, … 8 … Häuser oder ein
zu bauen oft sehr zeitaufwändig werden kann. Es sind vor allem die Theater, Tempel und Stad
die Texte römischer Dichter und Philosophen, an die man bei dem Begriff „römische Kultur
… 9 … viele andere Kulturgüter heute nicht mehr als solche wahrgenommen werden.

… 10 … auch die vielen römischen Obst- und Gemüsesorten bei den Germanen einen Kulturschock
ausgelöst haben, daran denkt heute niemand mehr. Aber … 11 … Äpfel, Pfirsiche, Weintrauben und
Sellerie bei den Germanen unbekannt waren, so fanden sie doch bald Geschmack daran. Zur Erinnerung an diese Seite der römischen Kultur wurde im Jahr 2008 bei Idstein an der ehemaligen germanisch-römischen Grenze, dem Limes, ein Baum, der eine noch original römische Apfelart trägt, gepflanzt, … 12 … die nachfolgenden Generationen an die Ursprünge dieser Obstsorte erinnert werden.

Handschriftliche Lösungen:
1. wenn (dann + wenn)
2. während (verstärke Adverbien)
3. obwohl
4. um --- zu
5. Nachdem
6. Anstatt --- zu
7. Als
8. so --- dass
9. wogegen
10. Dass
11. auch wenn
12. damit

2. Gestalten Sie aus den Stichpunkten einen zusammenhängenden Text unter Verwendung von Haupt- und Nebensatzkonnektoren.

- Konnektoren bereichern einen Text ~ grow rich
- verbinden Gedanken und Informationen
- nicht an Konnektoren sparen
- wird als guter Stil angesehen
- helfen dem Leser beim Verständnis — thread, strand, filament
- Konnektoren bauen roten Faden auf — assemble, put up
- wichtig: Position der Satzteile (besonders Verb und Subjekt)
- spielen bei der Bewertung im Prüfungsteil Schriftlicher Ausdruck, Teil 1 eine große Rolle
- Gradmesser für die Beherrschung einer Sprache — gauge, escala
- erlauben „Spiel mit der Sprache"

assessment, evaluation

Bewertung ≠ Bewegung

Grammatik

5 Relativsätze

Relativsätze sind Nebensätze, die zu einem Nomen oder Pronomen des Hauptsatzes weitere Informationen geben. Das Relativpronomen, das am Beginn des Relativsatzes steht, wird dekliniert.

Beispiel 1: Ein Bezugswort ist beispielsweise ein Nomen, **das** näher erklärt wird.

Beispiel 2: Der Relativsatz steht gleich nach dem Bezugswort, **auf das** er sich bezieht.

☺ In der Goethe-C1-Prüfung können Sie im Testteil Schriftlicher Ausdruck, Teil 1 zeigen, dass Sie Relativsätze beherrschen. In den Testteilen Leseverstehen, Teil 3 und Schriftlicher Ausdruck, Teil 2 kann ein Relativpronomen die richtige Lösung bei einer Aufgabe sein.

▶ **Relativpronomen**

	maskulin	neutral	feminin	Plural: m, n, f
Nominativ	der / welcher*	das / welches	die / welche	die / welche
Akkusativ	den / welchen	das / welches	die / welche	die / welche
Dativ	dem / welchem	dem / welchem	der / welcher	denen / welchen
Genitiv	dessen / –	dessen / –	deren /	deren / –

* Mit *welch-* kann man Doppelungen vermeiden, z. B.: München ist die Stadt, welche die höchste Lebensqualität hat. (≠ … die Stadt, die die höchste …)

So geht's

↳ Relativsätze sind Nebensätze. Sie beginnen mit einem Relativpronomen. Das konjugierte Verb steht am Satzende.

↳ Suchen Sie das Verb des Relativsatzes und fragen Sie: Welche obligatorische Kasusergänzung hat das Verb?

Verbergänzung: Deutsche Verben haben feste obligatorische Ergänzungen, ohne die kein vollständiger Satz gebildet werden kann.
Lernen Sie Verben daher immer zusammen mit ihren Ergänzungen, z. B.:
Ich schenke ihm (Dativ) ein neues Buch (Akkusativ).

Beispiel 3: In dem Turm, der dort drüben steht, war früher ein Museum.
Das Verb „stehen" braucht nur ein Subjekt (Nominativergänzung). ↳ Das Relativpronomen steht im Nominativ.

Beispiel 4: In dem Turm, den du da drüben siehst, war früher ein Museum
Das Verb „sehen" steht mit einer Akkusativergänzung. ↳ Das Relativpronomen ist im Akkusativ.

Beispiel 5: Dieser Turm, auf den man hinaufsteigen kann, ist ein beliebter Treffpunkt.
Das Verb „hinaufsteigen" steht mit einer Präpositionalergänzung (*auf* + Akkusativ). ↳ Der Relativsatz beginnt mit der Präposition und dem dazugehörigen Akkusativ.

Beispiel 6: Der alte Turm, dessen Dach du dort siehst, ist ziemlich baufällig.
Sonderfall Genitiv: Auf das Bezugswort (Turm) bezieht sich ein weiteres Nomen (Dach). Der Genitiv drückt die Zusammengehörigkeit der beiden Nomen aus.

Beispiel 7: Das Tier, das wie eine Ziege aussieht, läuft auf das Mädchen zu.
Das Bezugswort = Tier ↳ Der Relativsatz sollte immer direkt beim Bezugswort stehen.
Nicht: Das Tier läuft zu dem Mädchen, das wie eine Ziege aussieht. Das Bezugswort des Relativsatzes ist jetzt „Mädchen": Das wäre eine Beleidigung. ~offence, insult

Beispiel 8: Alles, was es über den Turm zu wissen gibt, steht im Reiseführer.
↳ Nach den Indefinitpronomen *alles, nichts* heißt das Relativpronomen „was".

Beispiel 9: In Los Angeles, wo ich im letzten Jahr war, ist es im Sommer heiß und trocken.

Beispiel 10: München, wohin es viele Filmschaffende zieht, ist die teuerste Stadt Deutschlands.
↳ Bei Orten, insbesondere Ortsnamen, stehen als Relativpronomen „wo", „wohin", „woher".

1. Verbinden Sie die Aussagen durch Relativsätze

Beispiel: Die hessische Landeshauptstadt Wiesbaden, (die Stadt befindet sich im Südwesten Deutschlands), liegt zwischen Rhein und Taunus.
↳ Die hessische Landeshauptstadt Wiesbaden, *die sich im Südwesten Deutschlands befindet*, liegt zwischen Rhein und Taunus.

1. Schon die Römer, (von den Römern wurde die erste Siedlung auf dem heutigen Wiesbadener Stadtgebiet gegründet), schätzten die heißen Quellen.

2. Plinius der Ältere, (in dem Buch des Plinius „Naturalis Historia" sind die Quellen erwähnt), nennt auch den Namen dieser Siedlung: Aquae Matthiacorum.

3. Dieser Name bezieht sich auf den Volksstamm, (der Volksstamm lebte damals in diesem Gebiet).

4. In einer Schrift Einhards aus dem Jahre 828 taucht Wiesbaden als „Wisibada" erstmals unter dem Namen auf, (unter dem Namen ist es heute noch bekannt).

5. Um das Jahr 1170 erhielten die Grafen von Nassau, (die Grafen residierten ursprünglich im nördlich gelegenen Weilburg), Herrschaftsrechte für Wiesbaden und das umliegende Gebiet zugesprochen.

6. 1232 soll Wiesbaden freie Reichsstadt geworden sein. Dadurch musste es nicht mehr an den Mainzer Erzbischof, (an den Erzbischof musste es bis dahin Abgaben entrichten), sondern an den deutschen Kaiser Steuern zahlen.

7. Der Mainzer Erzbischof, (dem Erzbischof missfiel diese neue Entwicklung), ließ daraufhin Wiesbaden im Jahr 1246 zerstören.

8. Im Mittelalter wurde Wiesbaden, (die Bedeutung Wiesbadens ging mehr und mehr zurück), mehrmals durch Kriege und Großbrände zerstört.

9. 1806 wurde Wiesbaden Regierungssitz und damit Hauptstadt der Grafen von Hessen-Nassau, (von den Grafen wurde das Stadtschloss errichtet).

10. Im 19. Jahrhundert begann der rasante Aufstieg Wiesbadens zu einer Weltkurstadt, (in der Weltkurstadt verbrachte Kaiser Wilhelm II. seinen Sommerurlaub).

11. Wegen der vielen prachtvollen Gebäude und Parks, (die Gebäude und Parks wurden nun errichtet), nannte man die Stadt auch „Nizza des Nordens".

12. Zwischen 1840 und 1910 verzehnfachte sich die Zahl der Einwohner. Alles, (das hatte Rang und Namen) traf sich in Wiesbaden.

13. Der erste Weltkrieg, (in der Folge des Weltkrieges gab es starke gesellschaftliche Veränderungen), beendete erst einmal die Blütezeit der Stadt.

14. Im zweiten Weltkrieg, (in dem Weltkrieg versanken viele Städte in Schutt und Asche), wurde der größte Teil Wiesbadens verschont.

15. Wiesbaden, die heutige Hauptstadt des Bundeslandes Hessen, lag nach 1945 in der amerikanischen Besatzungszone. Hier, (dort trafen sich die amerikanischen Soldaten in den Tanzcafés), lernte der damals noch unbekannte Elvis Presley seine spätere Frau Priscilla kennen.

Hessisches Staatstheater in Wiesbaden

Grammatik

6 Aktiv und Passiv

Aktiv und Passiv stellen verschiedene Betrachtungsweisen dar.

Beim Aktiv sieht man vor allem, **wer** etwas „tut". Die „handelnde Person"/Der „Akteur" wird genannt, ist wichtig. Aktiv steht aber auch beim unpersönlichen *man*.

Beispiel 1: Hubert Hein arbeitet in einer Schokoladefabrik. Er stellt Mischungen für verschiedene Pralinenfüllungen her.
Beispiel 2: Geld macht nicht glücklich.
Beispiel 3: Am besten lernt man, wenn man gut ausgeschlafen ist.

Beim (Vorgangs-)Passiv steht der Prozess/der Vorgang im Mittelpunkt. Die „handelnde Person" ist entweder nicht bekannt oder nicht wichtig und wird deshalb nicht genannt. Aus diesem Grund wird das Passiv auch als „unpersönliche Form" bezeichnet. Das Passiv findet man vor allem in der Beschreibung von Produktionsverfahren, in Gebrauchsanweisungen und wissenschaftlichen Texten.

Beispiel 4: In der Rösterei werden die Kaffeebohnen geröstet und gemahlen.

Das Zustandspassiv beschreibt das Ergebnis eines Prozesses/eines Vorgangs.

Beispiel 5: Nach 15 Minuten ist die Kuvertüre getrocknet. Die Praline ist nun fertig.

⚙ In der Goethe-C1-Prüfung können Sie das Passiv im Schriftlichen Ausdruck gebrauchen, um etwas zu beschreiben oder zu erklären. Im Leseverstehen, Teil 3 kann eine Passivform unter den Auswahl-Antworten die richtige Lösung sein.

So geht's

↳ Vorgangspassiv: *werden* + Partizip Perfekt
Beispiel 6: Die Kakaobohnen werden bei niedrigen Temperaturen geröstet.
↳ Die „handelnde" Person (der „Akteur") soll genannt werden: *von* + Dativ
Beispiel 7: Die Kakaobohnen werden von einem Tester per Hand verlesen.
↳ Das „Instrument", mit dessen Hilfe etwas gemacht wird, wird erwähnt: *durch* + Akkusativ
Beispiel 8: Die Jutefasern werden durch eine besondere Apparatur herausgefiltert.
(= mittels einer besonderen Apparatur)
↳ Zustandspassiv: *sein* + Partizip Perfekt
Beispiel 9: Die fertigen Pralinen sind schon verpackt. (Präsens)
Beispiel 10: Am Abend waren sie schon verkauft. (Vergangenheit)

Tipp: Das Zustandspassiv gibt es nur im Präsens und Präteritum.

Passiv ist nicht möglich bei:
- reflexiven Verben
- Verben mit *sein* im Perfekt
- den meisten Verben, die keine Akkusativergänzung haben

Präsens:
Die Praline wird hergestellt.
Präteritum:
Die Praline wurde hergestellt.
Perfekt:
Die Praline ist hergestellt worden.
Plusquamperfekt:
Die Praline war hergestellt worden.
Perfekt + Modalverb:
Die Praline hat nicht hergestellt werden können.

1. Beschreiben Sie den Vorgang der Schokoladeherstellung mit Vorgangs- oder Zustandspassiv.

Beispiel:
Zuerst – die Kakaobohnen, – nachdem sie aus den Ernteländern angekommen sind, – reinigen
und rösten.
↳ *Zuerst werden die Kakaobohnen, nachdem sie aus den Ernteländern angekommen sind,*
gereinigt und geröstet.

1. Dadurch – das typische Aroma und die braune Farbe – erzeugen

   ↳ ....

2. Die Schalen – entfernen – und die Kakaobohnen – zu einem dicken Brei – mahlen

   ↳ *Die Schalen werden entfernt und die Kakaobohnen werden*

3. Diese Kakaomasse – dann mit Kakaobutter und Zucker – vermischen

   ↳ ....

4. Auch Gewürze und Aromen – können – beigeben

   ↳ ....

5. Milchpulver und Sahne – müssen – zugeben, wenn Milchschokolade – machen soll

   ↳ ....

6. Beim „Conchieren" – die Masse mehrere Stunden lang bei niedriger Temperatur – rühren,
   bis die gewünschte Konsistenz – erreichen

   ↳ ....

7. Danach – die Masse in Formen füllen und abkühlen

   ↳ ....

8. Eine Schokoladetafel – entstehen

   ↳ *Eine Schokoladetafel ist entstanden.*

2. Beschreiben Sie das Schaubild mit Passiv-Sätzen. Verwenden Sie verschiedene Verben,
z. B.: *hassen, gern machen, schätzen, lieben.*

Welche Hausarbeit wird am am meisten gehasst / am wenigsten geliebt?

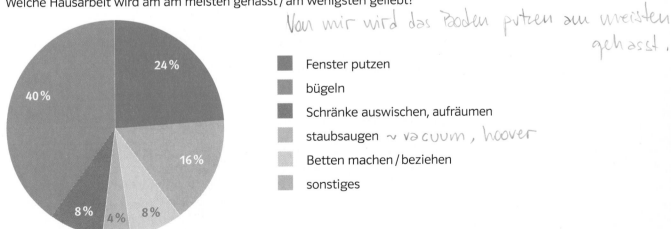

Von mir wird das Boden putzen am meisten gehasst.

- Fenster putzen
- bügeln
- Schränke auswischen, aufräumen
- staubsaugen ~ vacuum, hoover
- Betten machen / beziehen
- sonstiges

↳ *Das Fensterputzen wird von den befragten Personen …*

Grammatik

7 Konjunktive

Konjunktiv 2

> Mit dem Konjunktiv 2 wird der Bezug einer Aussage zur Wirklichkeit (Realität oder Irrealität) ausgedrückt.

Beispiel 1: Wenn ich 200 Jahre alt würde, könnte ich meinen Ururenkeln viele Ratschläge geben. (Die Aussage ist irreal.)
Beispiel 2: Der Busfahrer fuhr, als ob er der Teufel wäre / als wäre er der Teufel. (Irrealer Vergleich mit „als ob")
Beispiel 3: Es könnte bald regnen. Der Himmel ist ganz grau. (Vermutung)

> Mit dem Konjunktiv 2 kann man Wünsche äußern. (oft mit *doch*).

Beispiel 4: Hätte ich doch eine warme Jacke eingepackt! Jetzt ist mir kalt.

> Man benutzt den Konjunktiv 2 als Höflichkeitsform.

Beispiel 5: Ich hätte gern einen neuen Anzug in Größe 50. (Einkauf)
Beispiel 6: Würden / Könnten Sie bitte das Fenster öffnen? (Bitte)

> Konjunktiv 2 ist Ersatzform für fehlende Konjunktiv 1-Formen in der indirekten Rede.

Beispiel 7: Er sagte, die Leute hätten keine Chance gehabt, zu entkommen.

⚙ In der Goethe-C1-Prüfung kommen Konjunktiv 2-Formen in allen Prüfungsteilen vor.

Bildung des Konjunktiv 2

So geht's

Gegenwart:
↳ Variante 1: *würde* + Infinitiv
Beispiel 8: Ich würde kommen, wenn ich Zeit hätte.
↳ Variante 2: Präteritum-Stamm (+ Umlaut) + *e* + Personenendung
(in formeller Sprache, in Zeitungen, Fachtexten, Literatur)
Beispiel 9: Wenn alle an der Sitzung teilnähmen, käme es zur Beschlussfassung.
Vergangenheit:
haben / sein im Konjunktiv 2 + Partizip Perfekt.
Beispiel 10: Er wäre gefahren, wenn … / Sie hätte das erledigt, wenn …

Konjunktiv 1

> Konjunktiv 1 verwendet man in der formellen (meist geschriebenen) Sprache für die indirekte Rede (Redewiedergabe). In informeller und gesprochener Sprache verwendet man meist Indikativ.

Beispiel 11: Er sagte, man dürfe nicht alles glauben, was in den Zeitungen stehe.

Bildung des Konjunktiv 1

So geht's

↳ Präsens wird aus dem Infinitiv gebildet: *man dürfe / was … stehe / sie habe*
↳ Vergangenheit wird aus dem Perfekt gebildet; *haben / sein* im Konjunktiv 1.
Beispiel 12: Er sagt, er habe das nicht gewusst / sie sei das nicht gewesen.
↳ Verb *sein*: ich sei, du sei(e)st, er/sie/es sei, wir seien, (ihr wär(e)t), sie seien
(Die Form *ihr seiet* ist nicht mehr in Gebrauch.)
↳ Den Konjunktiv 1 benutzt man fast nur in der dritten Person Singular. In den anderen Formen steht meist der Konjunktiv 2.

1. Machen Sie die folgenden Aussagen höflicher, indem Sie Konjunktiv 2 verwenden.

Beispiel:
Machen Sie bitte das Fenster auf. ↳ *Würden Sie bitte das Fenster aufmachen?*

1. Erledigen Sie bitte die Korrespondenz bis morgen.
2. Kümmern Sie sich bitte darum, dass der Reparaturservice für den Kopierer bestellt wird.
3. Holen Sie bitte Herrn Klauber von der Firma XYZ am Flughafen ab.
4. Ich finde es gut, wenn Sie den Bericht heute schon fertig schreiben.
5. Ich möchte ein zweites Gutachten.

2. Schreiben Sie die folgenden irrealen Aussagen weiter.

Beispiel:
↳ Wenn ich ein Elefant wäre, *hätte ich einen Rüssel und große Ohren.*

1. Wenn ich ins Jahr 3000 sehen könnte, ...
2. Wenn es nur eine Sprache auf der Welt gäbe, ...
3. Wenn ich eine Million auf der Straße finden würde, ...
4. Wenn alle Menschen alles wüssten, ...
5. Es gäbe Frieden auf der Welt, wenn ....

3. Ergänzen Sie mit Konjunktiv 2-Formen aus dem Präteritum.

1. Der Sprecher sagte, es .... viele Berichte über erfolgreiche Rettungsarbeiten im Erdbebengebiet vor. (liegen)
2. Ich .... gern mehr über dieses Thema. (wissen)
3. Es .... uns allen besser, wenn wir uns nur noch gesund ernähren und uns viel bewegen würden. (gehen)
4. Wenn gestern ein Unfall in der Hauptstraße passiert wäre, ... etwas darüber in der Zeitung. (stehen)
5. Der Staat .... mehr Betreuungsangebote für Kinder machen, dann .... es bestimmt auch mehr berufstätige Mütter in unserem Land. (müssen) (geben)

4. Schreiben Sie den Text für eine Zeitung um. Verwenden sie indirekte Rede mit Konjunktiv 1 oder 2.

Aus einer Internet-Anzeige des Kinderhilfswerks Terre des Hommes:

> In Deutschland sind etwa 9000 Kinder und Jugendliche obdachlos. Das Schicksal dieser Straßenkinder hat die ehemalige Boxweltmeisterin Regina Halmich nicht kalt gelassen. In Zusammenarbeit mit dem Kinderhilfswerk bietet sie Trainingseinheiten im Boxen für die jungen Obdachlosen an. Damit soll deren Selbstvertrauen gestärkt werden. Gleichzeitig lernen die Jugendlichen mit Aggressionen umzugehen. Ziel der Aktion ist es, den Jugendlichen zurück in die Gesellschaft zu helfen und damit ihre Obdachlosigkeit zu beenden. Regina Halmich wurde nun offiziell zur Botschafterin des Bündnisses für Straßenkinder in Deutschland ausgerufen.

Das Kinderhilfswerk Terre des Hommes teilte mit, in Deutschland ....

Grammatik

8 Modalverben

> Modalverben stehen meist mit dem Infinitiv eines anderen Verbs. Sie haben verschiedene modale Bedeutungen.
> Modalverben charakterisieren die Beziehung zwischen Subjekt und Verb. (subjektbezogener Gebrauch)

Beispiel 1: Er / Sie kann / darf / muss / soll / will / möchte jeden Tag eine Stunde joggen.

> Mit Modalverben kann ein Sprecher seine persönliche Einstellung zur beschriebenen Realität ausdrücken. (sprecherbezogener Gebrauch)

Beispiel 2: Diese Annahme dürfte richtig sein. (Der Sprecher äußert seine Meinung.)

Indikativ

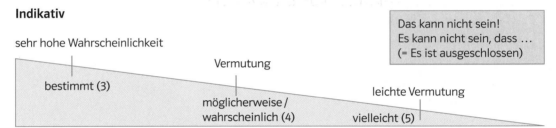

Das kann nicht sein!
Es kann nicht sein, dass …
(= Es ist ausgeschlossen)

Beispiel 3: Ich höre das Auto vorfahren. Er muss gleich da sein. (= Er ist bestimmt gleich da).
Beispiel 4: Kommt Eva auch zur Besprechung? – Es kann sein, dass sie kommt, vorausgesetzt ihr Mann holt den Jungen vom Kindergarten ab. (= Möglicherweise / Wahrscheinlich kommt sie).
Beispiel 5: Es mag sein, dass Sie Recht haben. (= Vielleicht haben Sie Recht.)

Mag sein.
Vielleicht.

Konjunktiv 2

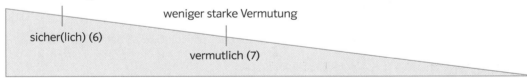

Beispiel 6: Ich habe noch 10 Euro. Das müsste / sollte für die Fahrkarte reichen. (= Das reicht sicher(lich)).
Beispiel 7: Wie viele Leute waren auf dem Empfang? – Es dürften / könnten etwa 150 Personen gewesen sein. (= Es waren vermutlich 150.)

> Mit Modalverben kann man Behauptungen anderer Personen wiedergeben.

Beispiel 8: Der Minister soll mit seiner Büroleiterin Urlaub gemacht haben. (= Es wird behauptet, dass … / Die Zeitungen schreiben, dass … es ist aber nicht bewiesen.)
Beispiel 9: Von der Polizei befragt, will der Verdächtige nicht am Tatort gewesen sein. (Der Verdächtige behauptet, er sei nicht am Tatort gewesen. Die Polizei bezweifelt das aber.)

> Mit Modalverben kann man Vorschläge machen, Empfehlungen und Kritik ausdrücken.

Beispiel 10: Du solltest dir mal was Schönes gönnen. (Empfehlung)
Beispiel 11: Du müsstest dich mehr bewegen, wenn du gesund bleiben willst. (Kritik)
Beispiel 12: Du könntest dem Parteivorsitzenden ja mal eine Mail schicken. (Vorschlag)

⚙ In der Goethe-C1 Prüfung sollen Sie im Prüfungsteil Leseverstehen zeigen, dass Sie die verschiedenen modalen Bedeutungen der Modalverben verstehen. Im Schriftlichen und Mündlichen Ausdruck können Sie Modalverben gebrauchen, um Vermutungen, Wahrscheinlichkeiten oder Meinungen auszudrücken.

1. Ergänzen Sie die Sätze mit den passenden Adjektiven / Adverbien.

(handwritten: be impossible — prudent — probable)

ausgeschlossen – bestimmt – ratsam – sicher(lich) – vermutlich – vielleicht – garantiert

Beispiel:

Die Rohstoffreserven der Erde <u>dürften</u> bald erschöpft sein. Davon gehen zahlreiche Wissenschaftler des Zukunftsforums aus.

↳ Die Rohstoffreserven der Erde sind *vermutlich* bald erschöpft.

1. Es mag zwar sein, dass vereinzelt noch neue Reservoirs gefunden werden, in denen Erdöl, Gas und Erze vor sich hin schlummern.

   ↳ .... werden noch neue Reserven gefunden.

2. Die Ausbeutung dieser Reserven sollte auch kein Problem bedeuten.

   ↳ Die Ausbeutung dieser Reserven stellt .... auch kein Problem dar.

3. Es müssten noch weitere Möglichkeiten zur Energiegewinnung zu finden sein.

   ↳ .... werden noch weitere Möglichkeiten zur Energiegewinnung gefunden.

4. Wind- und Sonnenkraft könnten als Energielieferanten der Zukunft in Frage kommen.

   ↳ Wind- und Sonnenkraft kommen ...*vermutlich*... als Energielieferanten in Frage.

   (handwritten margin: although, definitely, indeed)

5. Allerdings sollten alle Potenziale ausgeschöpft werden, um Energie einzusparen.

   ↳ Allerdings ist es ...., alle Möglichkeiten zum Energiesparen auszuschöpfen.

6. Denn es kann nicht sein, dass die Menschheit weiterhin Energie vergeudet. *(handwritten: waste)*

   ↳ Denn es ist ...., dass die Menschheit weiterhin Energie vergeudet.

7. Andererseits muss die Energiewende bald kommen, denn der Umstieg auf erneuerbare Energien geht nicht über Nacht.

   ↳ Andererseits kommt die Energiewende .... bald.

2. Drücken Sie dasselbe mit einem Modalverb aus.

1. Im Wochenmagazin steht, dass das neue Restaurant in der Waldstraße sehr gut sei.

   ↳ Das neue Restaurant in der Waldstraße ......*soll*...... sehr gut sein. ✓

2. Das Essen ist vielleicht teuer, aber das Preis/Leistungsverhältnis stimmt.

   ↳ Das Essen ...*dürfte / mag*... teuer sein, aber das Preis/Leistungsverhältnis stimmt. ✓

3. Der Koch hat sicher bei Jamie Oliver gelernt.

   ↳ Das Essen ist köstlich! Der Koch ...*muss*... bei Jamie Oliver gelernt haben! ✓

4. Das Restaurant wird vermutlich viele Gäste aus dem Umland anziehen.

   ↳ Das Restaurant ...*dürfte / könnte*... viele Gäste aus dem Umland anziehen. ✓

5. Der Wirt behauptet, dass er mit der Schlägerei am Wochenende nichts zu tun hat.

   ↳ Der Wirt ...*(will)*... mit der Schlägerei am Wochenende nichts zu tun haben. !

   (handwritten: landlord)   *(handwritten: fight)*

   (handwritten box: will ~ für sich selbst)

Grammatik

9 Verweiswörter

> Verweiswörter verbinden Sätze und Textteile. Sie weisen entweder zurück auf vorher im Text genannte Informationen oder sie weisen auf nachfolgende Informationen hin. Diese Informationen können Einzelwörter, eine Gruppe von Wörtern, ein Satz oder auch ein ganzer Textabschnitt sein. Mit Verweiswörtern kann man Wiederholungen vermeiden.

⚙ In der Goethe-C1-Prüfung wird im Prüfungsteil Schriftlicher Ausdruck, Teil 1 bewertet, wie gut Sie die Textteile miteinander verknüpfen. Der Gebrauch von Verweiswörtern kann Ihnen Punkte bringen.

Verweiswörter können sein:
– Pronomen
– Adverbien
– Pronominaladverbien

Pronomen als Verweiswörter
Beispiel 1: Die Menschen in Deutschland ernähren sich zunehmend von Fertigprodukten. Das hat eine Umfrage ergeben. (Das verweist auf den vorhergehenden Satz: Was hat eine Umfrage ergeben? – Die Menschen ernähren sich von Fertigprodukten.)
Beispiel 2: Es ist nie falsch, sich um seine Gesundheit zu kümmern. (Es verweist auf den nachfolgenden Satzteil: Was ist nie falsch? – Sich um die Gesundheit zu kümmern.)

Adverbien als Verweiswörter
Beispiel 3: Viele Menschen fahren im Urlaub an die Ostsee. Hier können sie sich gut erholen. (Hier = an der Ostsee: Wo können sich die Leute erholen? – Hier.)

Pronominaladverbien als Verweiswörter
Beispiel 4: Herr Jung lernt von jedem Land, das er besuchen möchte, die Sprache. Dadurch kann er sich gut mit den Menschen dort unterhalten. (Dadurch = durch das Lernen der Sprache)
Beispiel 5: Wir haben noch nicht darüber geredet, wer sich um die Reiseverpflegung kümmert. (darüber = Inhalt des Nebensatzes: Worüber haben sie nicht geredet?)

Pronomen	Adverbien	Pronominaladverbien
er, es, sie, …	hier, da, dort, …	da(r) + Präposition:
der, das, die, …	solch ein …	damit, davon, dazu, darin, darüber, …
dieser, dieses, diese, …	da, dann, so, …	wo(r) + Päposition:
jener, jenes, jene, …	damals, …	womit, wovon, woran, worüber …

So geht's

↳ Stellen Sie Fragen, wenn Sie eine Textstelle mit einer anderen verknüpfen und eine Textwiederholung vermeiden möchten:
Wo können sich die Leute erholen? – Hier. (s. Beispiel 3).
Worüber haben die Leute nicht geredet? – Darüber, wer sich um die Reiseverpflegung kümmert. (s. Beispiel 5)
↳ Die Pronominaladverbien mit *da(r)/wo(r)* + Präposition können sich nicht auf Personen beziehen.
Beispiel 6: Personen: Auf wen wartest du? – Auf Ricarda.
Beispiel 7: Nicht-Personen: Worauf wartest du? – Auf Ricardas Antwort.
↳ Pronominaladverbien werden aus den festen präpositionalen Ergänzungen von Verben, Nomen und Adjektiven gebildet, z. B.: sich erinnern an ↳ sich daran erinnern, abhängig von ↳ davon abhängig, der Grund für ↳ der Grund wofür?
Beispiel 8: Ich danke dir dafür, dass du mich daran erinnert hast. – Woran? – An mein Versprechen.

1. Ergänzen Sie das Pronominaladverb.

Beispiel :
Er hat kein Interesse *daran*. (= an Klatsch)

1. Das ist der Beweis	7. Ich bitte dich sehr herzlich ....
2. Ist das der Dank ....?	8. Es gibt keinen Grund ....
3. Sie ist .... einverstanden	9. Ihre Reaktion .... war heftig.
4. Wir sind nicht .... beteiligt.	10. Ich bin .... gespannt, was passiert.
5. Möchtest du .... teilnehmen?	11. Sie sind auch noch stolz ....!
6. Ihr könnt euch .... verlassen.	12. Ich habe dir doch schon .... erzählt!

2. Ergänzen Sie das passende Verweiswort.

Beispiel :
Sie sind schwarz, sie sind rund – die Schallplatten. *Damit* haben sich in der zweiten Hälfte des 20. Jahrhunderts die Leute die Musik ins Haus geholt.

1. Es gibt sie immer noch, die Liebhaber der guten, alten Schallplatten. .... sind zwar von den CDs vom Markt verdrängt worden, es gibt sie aber immer noch zu kaufen.

2. Wie zum Beispiel in einem kleinen Schallplattenladen in Berlin. .... treffen sich regelmäßig Schallplattenliebhaber aus ganz Deutschland und stöbern in den Regalen.

3. Was macht die alte Schallplatte immer noch bei so vielen Liebhabern interessant? .... hat sich eine Untersuchung befasst.

4. Einer der befragten Schallplattenliebhaber äußert sich .... folgendermaßen: Es ist das Ritual des Plattenauflegens, das die Schallplatte von der CD unterscheidet.

5. Die Schallplatte wird abgebürstet, aufgelegt, dann wird der Tonarm aufgelegt. .... alles wird mit viel Liebe zu der Platte durchgeführt.

6. Schließlich unterscheidet sich der Plattenspieler von den meisten CD-Spielern auch ...., dass man zuschauen kann, wie sich die Schallplatte dreht.

7. Die erste Langspiel-Schallplatte der Welt rotierte am 21. Juni 1948. .... war sie eine Revolution auf dem Musikmarkt, denn die Vorgängerin aus Schellack konnte nur ein Musikstück aufnehmen.

8. Jetzt war es möglich, etwa 25 Minuten Musik auf einer Schallplattenseite unterzubringen. .... eröffneten sich viele Möglichkeiten.

9. Mit den heutigen computergestützten Speichermöglichkeiten für Musikstücke ist die Schallplatte natürlich nicht vergleichbar. Trotzdem hat .... in den Herzen von Musikliebhabern einen festen Platz.

10. Viele sind sich sogar .... einig: Die Musik von der Schallplatte klinge, trotz fehlender Computertechnik, viel besser und, vor allem, wärmer als die CD und die anderen Nachfolger der schwarzen Scheibe.

Grammatik

10 Das kleine Wörtchen „es"

Es hat verschiedene grammatische Funktionen.

↳ 1. *es* als Verweiswort

1. *Es* bezieht sich auf ein neutrales Nomen oder Pronomen im Singular	2. *Es* verweist auf einen vorausgehenden Textabschnitt. Statt *es* könnte man auch *das / dies* oder *alles* sagen.	3. *Es* bezieht sich auf eine nachfolgende Textstelle. Statt *es* könnte man auch *das / dies* oder *alles* sagen.	4. *Es* als unbestimmtes Pronomen

Beispiele:
1. Geld ist vielen Menschen wichtig. <u>Es</u> bestimmt sogar ihr Leben.
2. Anna hat Karl darum gebeten, für das Abendessen Brot und Käse aus dem Supermarkt mitzubringen. Bis zum Abend hat er <u>es</u> aber längst vergessen.
3. <u>Es</u> hat lange gedauert, bis ich dich verstanden habe.
4. Wir haben die Koffer gepackt. <u>Es</u> kann losgehen.

↳ 2. *es* ist obligatorisch bei bestimmten Verben

1. Wetter: es regnet es schneit es hagelt es blitzt es donnert es stürmt	2. Geräusche es klingelt es brummt es knallt es kracht	3. Gefühle es geht mir gut es riecht gut es schmeckt mir es gefällt mir	4. Themen es geht um es handelt sich um es dreht sich um	5. Umschreibung Modalverb es ist nötig / möglich / nützlich / verboten / erlaubt / umsonst / empfehlenswert / gefährlich	6. Ereignis es passiert es gelingt es geschieht es misslingt 7. es gibt

Beispiele:
1. Draußen stürmte <u>es</u> den ganzen Tag.
2. Plötzlich knallte und krachte <u>es</u> fürchterlich: Ein Blitz war in den Baum gefahren.
3. Hier riecht <u>es</u> aber gut!
4. Worum geht <u>es</u> überhaupt in dieser Erzählung?
5. <u>Es</u> ist verboten, in diesem See zu schwimmen.
6. Manchmal gelingt <u>es</u> mir nicht, den ganzen Tag freundlich zu sein.
7. Was gibt <u>es</u> heute zu essen?

↳ 3. *Es* als Ersatzwort auf Position 1.

1. Position 1 in einem Satz ist unbesetzt, der Satz hat kein Subjekt: es ist mir warm / mir ist warm es friert mich / mich friert	2. häufig bei Passivsätzen auf Position 1: Es kann bald mit der Arbeit begonnen werden	3. *es* bei Verben mit Präposition, wenn sie ohne Präposition verwendet werden (Empfindungsverben"): es ärgert mich / es interessiert mich es freut mich / es wundert mich es langweilt mich

Beispiele:
1. <u>Es</u> ist mir warm. Ihm aber ist kalt. (anderes Verb auf Position 1 ↳ kein *es*)
2. <u>Es</u> wurde viel diskutiert. Getanzt wurde nicht. (anderes Verb auf Position 1 ↳ kein *es*)
3. <u>Es</u> interessiert mich, was du machst. Aber: Mich interessiert, was du machst.
   <u>Es</u> freut mich, wenn du kommst. Aber: Mich freut (es), wenn du kommst.

1. Warum steht *es* in den Sätzen? Welche Regel (1–3) trifft zu? Geben Sie auch den Unterpunkt an.

Beispiel:

<u>Es</u> freut mich, Sie wieder zu sehen. (*3.3*)

1. Viele Kinder sind glücklich, wenn <u>es</u> schneit. (…) Autofahrer hingegen halten *es* für eine Katastrophe. (…)
2. <u>Es</u> ist mir unverständlich, warum es wetterfühlige Menschen gibt. (…)
3. Herr Arend hat <u>es</u> darauf abgesehen, die Stelle des Redaktionsleiters zu bekommen. (…)
4. <u>Es</u> stimmt nicht, dass Frauen keine Männerberufe ausüben können. (…)
5. Im folgenden Aufsatz geht <u>es</u> um das Thema „Gleichberechtigung". (…)
6. Die Lebensmittel sollen schon wieder teurer werden. Jedenfalls steht <u>es</u> so in der Zeitung. (…)
7. <u>Es</u> klappt schon wieder nicht, dass wir uns treffen. (…) – <u>Es</u> ist bei mir etwas dazwischen gekommen. (…)
8. Wenn Sie heute Abend gehen, ist <u>es</u> nicht nötig, dass Sie den Computer ausschalten. Ich komme noch mal ins Büro. (…)
9. Eine bekannte humoristische Fernsehsendung in den 1980er-Jahren hieß: <u>Es</u> darf gelacht werden. (…)

2. *Es* oder nicht *es*: Setzen Sie *es* ein, wo es nötig ist.

1. Ist schwierig, ohne Vorbereitung einen Test zu machen.

2. Wenn man beim Kuchenbacken die Eier vergisst, ist wahrscheinlich, dass er misslingt.

3. Mit der Probe kann begonnen werden, sobald Ansgar hier ist.

4. Ich wundere mich die ganze Zeit darüber, dass du so wenig sagst.

5. Kinder sind, auch wenn sie noch sehr klein sind, dankbar für jede Förderung, die sie durch Erwachsene erhalten. Maria Montessori hat in ihren Büchern beschrieben.

6. Wird behauptet, dass kleine Kinder mühelos viele Sprachen gleichzeitig lernen können.

7. Morgen ist Prüfung, und du gehst in die Disco. Machst du dir nicht zu leicht?

8. Sie haben den Zusammenhang immer noch nicht verstanden? Soll ich Ihnen noch einmal erklären?

9. Für morgen ist besseres Wetter angesagt. Soll nicht mehr regnen.

10. Diese Regel ist zwar nützlich, aber auch ziemlich kompliziert.

> *Es* kann in folgenden Wendungen nicht auf Position 1 stehen:
> Ich habe <u>es</u> eilig.
> Er hat <u>es</u> in seinem Leben weit gebracht.
> Er hat <u>es</u> auf sie abgesehen.
> Sie macht <u>es</u> sich leicht / schwer.

Lösungen

Leseverstehen, Teil 1

Aufgabe 1   S. 12/13
Ü 2   b
Ü 3   Schlüsselwörter: Senioren – Anteil – wächst
Ü 4   Senioren = Ältere; auf dem langen Marsch = wächst langsam; zur Mehrheit = Anteil wächst immer mehr
Ü 5   Zum Beispiel: Es gibt immer mehr ältere und immer weniger junge Menschen.
Ü 6a   (1) Anteil (2) Senioren (3) Jungen
Ü 6b   (1) Alt (2) ändern (3) Anstieg
Ü 7   In Ü 6a konnten Sie Schlüsselwörter aus der Überschrift ohne grammatische Änderungen verwenden, in Ü 6b mussten Sie andere Wörter verwenden. Diese mussten der Aussage der Überschrift entsprechen und in die grammatische Struktur eingepasst werden.

Aufgabe 2   S. 14
Ü 2   Die Hauptaussage steht meistens am Ende (als Schlussfolgerung) oder am Anfang eines Abschnitts (mit folgender Erläuterung).
Ü 3   Unterstreichen: … eigentlicher Forschungsgegenstand der beiden war das „Deutsche Wörterbuch".
Ü 4   Die Aussage in a trifft die Hauptaussage am besten. Diese Aussage findet sich ganz am Ende des Textes: Ihr eigentlicher Forschungsgegenstand … war das „Deutsche Wörterbuch".
Ü 5   Die vier wichtigsten Schlüsselwörter: vier Jahre – größter Irrtum – eigentlicher Forschungsgegenstand – Deutsches Wörterbuch

Aufgabe 3   S. 14
Ü 2   1. Verb 2. Nomen 3. Adjektiv

Aufgabe 4   S. 15
Ü 1   entstehen, die Entstehung, entstanden; die Zersplitterung, zersplittern, zersplittert; zugesagt, die Zusage, zusagen; vorgeschlagen, der Vorschlag, vorschlagen; die Herausgabe, herausgeben, herausgegeben
Ü 2   1. entstand 2. zersplittert 3. Zusage 4. Vorschlag

Prüfungsbeispiel: Die Freiburger Schule   S. 19/20
Die Hauptaussagen und die Schlüsselwörter (markiert):

Zweiter Abschnitt:
Zehn Schüler lernen seit September auf eigene Faust für das Abitur, weil sie unzufrieden mit dem Schulsystem waren.

Dritter Abschnitt:
Die Schüler lernen den Stoff nicht in Stunden, sondern in Blöcken von mehreren Wochen. Den Stoff vermitteln sie sich selbst. Ein Lehrer überprüft schließlich, ob sie das Richtige gelernt haben.

Vierter Abschnitt:
Das Modell wird viel diskutiert und gelobt.

Fünfter Abschnitt:
Das Kultusministerium sagt, das Modell ist nicht zu empfehlen und der Philologenverband erklärt, es sei zwar mutig, aber ein unnötiger Irrweg, denn die Schüler haben ein falsches Bild von der Schule.

Sechster Abschnitt:
Einer der Lehrer lobt: Die Schüler lernen sehr schnell. Aber es ist eine neue Erfahrung.

Lücke (9):
Lösung *Betreuung*   S. 24
Kommentar
a. Sie erkennen am vorangehenden Artikel, dass hier ein Nomen fehlt.
b. Im fünften Abschnitt finden Sie das Wort „Vorbereitungsphase" in dem Satz: „Die Betreuung in der Vorbereitungsphase ist keinesfalls so gut wie auf konventionellem Wege." Die Betreuung wird kritisiert, sie ist nicht gut = es fehlt/mangelt an guter Betreuung.
c. Im Prüfungssatz steht: „ … warnen vor den Mängeln in der … in der Vorbereitungsphase." Selbst wenn Sie die Wörter *der Mangel/mangeln* nicht kennen, können Sie aus den Schlüsselwörtern „warnen" und „Vorbereitungsphase" schließen, dass hier das Wort *Betreuung* einzusetzen ist.

Lücke (10):   S. 25
Lösung *Unterricht*
Kommentar
a. Sie erkennen am Artikel, dass ein Nomen fehlt.
b. Sie überlegen: Was gibt es an Schulen? ↳ Unterricht.
c. Sie probieren die Lösung: ↳ „… sei der *Unterricht* an den Schulen viel attraktiver geworden."
d. Sie finden, das könnte passen, überprüfen aber noch einmal am Text und finden dort am Ende des fünften Abschnitts eine Beschreibung der „neuen" Schule: kein Frontalunterricht mehr, lernen in Arbeitsgruppen: = der Unterricht ist attraktiver geworden.

Antwortbogen   S. 25

1	*Abitur*
2	*Stoff*
3	*nicht*
4	*mehrere*
5	*Lehrer*
6	*bezahlten*
7	*(Methodos)-Modell*
8	*loben*
9	*Betreuung*
10	*Unterricht*

Leseverstehen, Teil 2

Aufgabe 1   S. 30/31
Ü 1   Thema: Angaben zu einem Kurs
Ü 2   b, b, a, c, a

Ü 3 a. Was essen die Politiker am liebsten? b. Welche Ziele hat der Verein? c. Warum wird gestritten? / Worum geht es in dem Streit?

Ü 4 a. Was muss bei der Planung berücksichtigt werden? b. Welche Vorteile hat / sieht die Person für sich? c. Welche Vorstellungen hat er / sie über die Zukunft?

Ü 5 a. Vorstellungen der Deutschen über die Zukunft ganz allgemein b. Vorstellungen der Deutschen über ihre eigene Zukunft c. Überlegungen der Architekten bei weiteren Planungen

Aufgabe 2   S. 32
Ü 2 Kanzlerin, b
Ü 4 a. Karriere b. umzuziehen c. sicher d. Sorgen e. Arbeit
Ü 5 c
Ü 6 4c

Aufgabe 3   S. 33
Ü 1 a. würde gern einen Sprung nach oben machen b. stellt keine Forderungen an die Zukunft c. Bankenkrise macht Angst / Bankenarbeitsplätze sind nicht sicher d. Gute Leute finden immer Arbeit

Prüfungsbeispiel   S. 37
Stichpunkte 2 – 5 als Fragen:
2. Welche Gründe für die Aufnahme eines Studiums nennen die Personen?
3. Was bezeichnen die Personen als ideale Wohnform für Studierende?
4. Welche Erwartungen haben die Eltern?
5. c

Lösungsweg 1

1. Bewertung von Studiengebühren   S. 38 / 39
Schlüsselwort: Studiengebühren
Text A: a
Text B: b (mit Abkürzung, um Zeit zu sparen)
Text C: b
Text D: b + d
2. Gründe für ein Studium   S. 40 / 41
Text A: b
Text B: will Kinderärztin werden
Text D: ohne Studium kommt man nicht weit
3. Ideale Wohnform für Studierende   S. 41
Aussagen zu diesem Thema gibt es nur in Text C: preist die Vorzüge ihrer Wohngemeinschaft
4. Erwartungen der Eltern   S. 41
Aussagen zu diesem Thema gibt es nur in Text C: Tochter soll Studium (ohne zu trödeln) durchziehen
5. Eigene Finanzierung des Lebensunterhalts   S. 42
Text B: arbeitet täglich zwei bis vier Stunden
arbeitet in den Ferien: kommt in keinem Text vor
Text D: arbeitet im Geschäft des Onkels mit
Text C: will Computerkurse anbieten

Lösungsraster zum Prüfungsbeispiel   S. 36

1. Bewertung von Studiengebühren	
Text A	-------
Text B	*S. ist nicht begeistert.*
Text C	-------
Text D	*sieht (Notwendigkeit von) Studiengebühren ein / hätte lieber studiert, als es noch keine gab*

2. Gründe für ein Studium	
Text A	*Erfüllung seines Traums (Amerikanistik und Pädagogik zu studieren)*
Text B	*will Kinderärztin werden*
Text C	--------
Text D	*ohne Studium kommt man nicht weit / will gute Zukunft für Kinder*

3. Ideale Wohnform für Studierende	
Text A	------
Text B	-----
Text C	*preist die Vorzüge ihrer Wohngemeinschaft*
Text D	-----

4. Erwartungen der Eltern	
Text A	-----
Text B	-----
Text C	*Tochter soll (ohne zu trödeln) Studium durchziehen*
Text D	-----

5. Eigene Finanzierung des Lebensunterhalts	
Text A	-----
Text B	*arbeitet täglich zwei bis vier Stunden (Werbeagentur)*
Text C	*will demnächst Computerkurse anbieten*
Text D	*arbeitet im Geschäft seines Onkels mit*

Leseverstehen, Teil 3

Aufgabe 1   S. 45
Überschrift 1: Sicherheit von kleinen Autos / Auto, Verkehr
Überschrift 2. Fitness von Dorfbewohnern / Sport, Sportverein
Überschrift 3: Konzept eines Kaffeehauses (Café Central in Wien) / Kultur, Literatur
Überschrift 4. Gebärdensprache / Sprache

Aufgabe 2   S. 46
Ü 1 Thema: Wie der Kaffee nach Wien kam
     Themenbereich: Geschichte
Ü 22 Lücke (25)   S. 50
Lösung *Wirkung*
Kommentar
a. Der unbestimmte Artikel „eine" und das Adjektiv vor der Lücke weisen darauf hin, dass es sich um ein Nomen handeln muss.
b. Artikel und Adjektivendung lassen nur ein feminines Nomen zu.

Lösungen

c. Ein Getränk kann anregend <u>wirken</u> ↳ das Nomen lautet: *die Wirkung*

Ü: 23 Lücke (26)

Lösung *seit*

Kommentar

a. Die Zeitangabe „17. Jahrhundert" fordert eine temporale Präposition.

b. „dem" weist auf eine Präposition mit Dativ.

c. Auch inhaltlich ist klar, dass es eine Präposition sein muss, die „Dauer" ausdrückt.

Aufgabe 3   S. 52

Lücke (22)

Lösung: a. *berichtet*

Kommentar: Nur eines der vier genannten Verben hat die Präposition *von*: berichten von

Lücke (23)

Lösung: b. *dass*

Kommentar: Was fand der Ziegenhirte heraus? ↳ Objektsatz mit *dass*

Lücke (24)

Lösung: c. *damit*

Kommentar: a., b., d. ergeben keinen Sinn; *damit* = Verweiswort: mit dem abgeschnittenen Zweig (s. Grammatikkapitel 9, S. 230)

Lücke (25)   S. 53

Lösung: d. *Wirkung* (s. oben)

Kommentar: *der Effekt, der Erfolg* = maskulin: Diese Wörter passen daher nicht, *die Aktion* ist zwar feminin, passt aber nicht in den Kontext: „eine anregende … <u>auf</u> den Geist hatte". Dagegen: eine Wirkung haben <u>auf</u> ↳ präpositionale Ergänzung.

Lücke (26)

Lösung: c. *seit* (s. oben)

Kommentar: bis: passt inhaltlich nicht; es müsste *bis … zum* heißen.

von: steht zwar mit Dativ, aber passt inhaltlich nicht.

nach: steht auch mit Dativ, aber bezeichnet einen Zeitpunkt, keine Dauer

Die Auswahl-Antworten   S. 53

Ü 1: Lösung: c. *miteinander* (Gespräche führen)

Aufgabe 4   S. 55

Ü 1: Lücke (1)

Lösung: b. *an*

Kommentar: Es geht um Wortschatz und Grammatik: Man muss wissen, dass es um das Verb *fehlen an* geht, d.h. dass das Verb eine präpositionale Ergänzung mit der Präposition *an* erfordert.

Lücke (2)

Lösung: *geschlossen*

Kommentar: Es geht um Wortschatz: Alle vier Verben stehen im Partizip Perfekt, die zum Plusquamperfekt passende

Form (hatten gebaut / hergestellt / eröffnet / geschlossen). Man muss also vom Inhalt her (= keine Kommunikation zwischen den Heerführern möglich) erkennen, dass es darum geht, dass die Türken den (Belagerungs-)<u>Ring</u> um die Stadt <u>geschlossen</u> hatten.

Lücke (3)

Lösung: a. *berechtigte*

Kommentar: Es geht um Grammatik: Das verlangte Verb erfordert eine Akkusativ-Ergänzung: „der Wiener Stadtrat … <u>ihn</u>, … zu eröffnen". Nur das Verb *berechtigen* steht mit Akkusativ, die anderen drei Verben verlangen eine Dativ-Ergänzung.

Lücke (4)

Lösung: b. *soll*

Kommentar: Es geht um Grammatik: Man muss erkennen, dass das Modalverb *sollen* verwendet wird, um etwas wiederzugeben, das behauptet (überliefert) wird. (s. Grammatikkapitel 8, S. 228)

Prüfungsbeispiel   S. 56

Lücke (21)

Lösung: c. *vorgelegt*

Kommentar: Es geht um Wortschatz: Eine <u>Studie</u> wird <u>vorgelegt</u>.

a. z.B.: einem Bewerbungsschreiben einen Lebenslauf / Zeugniskopien beilegen

b. z.B.: den Telefonhörer hinlegen, um etwas aufzuschreiben

d. z.B.: sich einen neuen Computer zulegen (= anschaffen, kaufen)

Lücke (22)

Lösung: b. *finden*

Kommentar: Es geht um Wortschatz und Grammatik: *jemand oder etwas findet sich* = unpersönliche Form für: Man kann jemanden oder etwas finden.

a. *Gibt* passt grammatisch nicht zu *sich*. Der Satz müsste heißen: Ausgesprochene Wandermuffel gibt es nur bei …

b. *sich treffen* passt zwar grammatisch, aber nicht zum Kontext.

c. *sich ergehen* passt zwar grammatisch, aber ergibt im Kontext keinen Sinn.

Lücke (23)

Lösung: d. *wesentliche*

Kommentar: Es geht um Wortschatz (Kollokation): Das Nomen *Grund* kann nicht jedes beliebige Adjektiv annehmen: Es gibt <u>wichtige</u> Gründe, <u>wesentliche</u> Gründe, <u>triftige</u> Gründe, …. Aus den Lösungsvorschlägen ist nur *wesentliche Gründe* möglich.

a. Es gibt: *vermeidbare* Folgen, *vermeidbare* Fehler

b. + c. drastisch / erheblich = sehr stark (drückt hohen Grad aus), z.B.: drastische Preissteigerungen, erhebliches Verkehrsaufkommen, passt im Kontext nicht.

Lücke (24)

Lösung: b. *gilt*

Kommentar: Es geht um Wortschatz und Grammatik: *etwas gilt als* …= etwas wird als … angesehen; die Partikel *als* ist obligatorisch.

b. + c. *ist* und *hält* passen nicht zu *als: Es müsste heißen:* Wandern ist nicht spießig. / Wandern hält man nicht für spießig.

d. *etwas als (spießig) erachten* passt zwar zu *als*; es fehlt jedoch ein passendes Subjekt: Wandern erachtet man nicht mehr als spießig.

Lücke (25)
Lösung: a. *bewege*
Kommentar: Es geht um Wortschatz und Grammatik: Zu dem Reflexivpronomen *sich* passen nur *sich bewegen* und *sich aufhalten*. Hier muss erkannt werden, dass nur eine Verbform des Konjunktiv 1 in den Kontext passt: Es wird wiedergegeben, was der Wanderforscher Brämer sagt. Die Verbform *könne* im Hauptsatz weist in diese Richtung. (s. Grammatikkapitel 7, S. 226)

Lücke (26)
Lösung: b. *obwohl*
Kommentar: Es geht um Grammatik: Hier wird der passende Konnektor gesucht. Im Kontext geht es um einen Gegensatz (*obwohl*), und nicht um eine Begründung (*weil, da*) oder Bedingung (*falls*). (s. Grammatikkapitel 4, S. 220)

Lücke (27)
Lösung: a. *geschätzt wird*
Kommentar: Es geht um Grammatik: Aufgrund der grammatischen Struktur des Satzes ist nur Lösung a möglich, denn es handelt sich um einen Satz mit Vorgangspassiv: Das Wandern *wird* durch … *übertroffen*, … *wird* von allen Jungakademikern *geschätzt*.

b. ist ein Zustandspassiv (*geliebt ist*), das im Kontext keinen Sinn macht.

c. passt nur in einen Aktiv-Satz.

d. erfordert eine andere Präposition, z.B.: das … *bei* fast allen Jungakademikern *beliebt ist*.

Lücke (28)
Lösung: d. *Dazu*
Kommentar: Es geht um Grammatik: Verb + Präposition *passen zu*. Daraus ergibt sich das Pronominaladverb *dazu*. (s. Grammatikkapitel 9, S. 230)

Lücke (29)
Lösung: c. *vermeiden*
Kommentar: Es geht um Wortschatz: Die jungen Menschen möchten zwar die Aussicht genießen, den steilen Aufstieg aber *vermeiden* (= nicht machen).

a. *Verhindern* können sie den steilen Aufstieg nicht, das könnte allenfalls eine Straßensperrung.

b. *verleugnen* passt nicht in den Kontext: *verleugnen* = so tun, als ob man etwas nicht weiß / jemanden nicht kennt.

d. *verursachen* (= der Grund für etwas sein) passt im Kontext nicht: Allenfalls der Berg selbst könnte den mühsamen Aufstieg durch seine Topografie verursachen.

Lücke (30)
Lösung: a. *nämlich*
Kommentar: Es geht um Wortschatz: Mit *nämlich* wird hier eine Zahlenangabe zur Begründung der Aussage nachgeschoben: „Erstaunlich viele Hochschüler, *nämlich* 40 % …"

b. + c. *allerdings* oder *eigentlich* ergeben hier keinen Sinn, da sie Einschränkung, Einwand oder Kritik ausdrücken (s. den Abschnitt „Redemittel: Modalpartikeln" auf S. 196).

Hörverstehen, Teil 1

Aufgabe 1   S. 64
Einleitung 1: Sprecher: Herr Lehmann, Frau Pfisterer, Angestellte eines Reisebüros.
Herr Lehmann möchte sich über Urlaubsangebote informieren. Themenbereich: Urlaub
Einleitung 2: Sprecher: Herr Klar, Leiter einer Software-Firma; Herr Scholz, Angestellter dieser Firma. Herr Scholz informiert Herrn Klar, dass er soeben einen Autounfall hatte und nicht zur Arbeit kommen kann. Ort: Herr Klar ist in der Firma, Herr Scholz am Unfallort. Themenbereich: Autounfall
Einleitung 3: Frau Fischer möchte ihr Kind in einem Kindergarten anmelden. Themenbereich: Kind, Kindergarten.
Einleitung 4: Sprecher: Frau Weidner, die vor kurzem in die Stadt gezogen ist; Frau Murmel, Angestellte der KfZ (Kraftfahrzeug)-Zulassungsstelle. Frau Weidner ist umgezogen und möchte ihr Auto ummelden. Themenbereich: Öffnungszeiten; Autoanmeldung
Einleitung 5: Sprecher: Interviewer (Journalist), Freizeitforscher; Themenbereich: Freizeit- und Urlaubsverhalten

Aufgabe 2   S. 65 / 66
Ü 1 Die drei Aufgabentypen sind: Frage (a, c, g), Satz ergänzen (b), Satz weiterschreiben (c, d, e, f)
Ü 2 Bei einer Frage / Bei einer Lücke / Wenn man einen Satz weiterschreiben soll

Aufgabe 3   S. 66
Ü 1 Schlüsselwörter: b. Möbel – keine – Produkte c. Argument – Verkäufer – überzeugen d. Deutschland – nicht ohne e. Kunden – im Geschäft f. Hersteller – platzieren – Küchen g. Für wen – ausgefallene Küche

Aufgabe 4   S. 67
Ü 1 Sprecher: Herr Mercks von der Firma ETBT, Herr Ehrbrecht, Journalist; Es geht um die neue Geschäftspolitik von ETBD; Wirschaft
Ü 2 Schlüsselwörter: Warum – Interview
Ü 3 c

Aufgabe 4   S. 68 – 70
Ü 6 Schlüsselwörter: französischer Staat
Ü 8 b
Ü 10 Schlüsselwörter: Arbeitsgruppe – Ergebnisse
Ü 12 b, c
Ü 14 Schlüsselwörter: Zweite Aufgabe
Ü 16 d
Ü 17 Lösung: *Sie soll dafür sorgen, dass es auch in Zukunft*

Lösungen

ein Gleichgewicht zwischen den deutschen und franzö-
sischen Aktionären gibt./dass das Gleichgewicht ... er-
halten bleibt.

Ü 18 Sie haben gehört: „Wir wollen ... Gleichgewicht zwischen deutschen und französischen ... behalten. ...
Ziel: Balance ... erhalten. Darum kümmert sich die Arbeitsgruppe.

Ü 19 gut – dass Politik

Ü 21 Lösung: *Herr Mercks findet es gut, dass die Politik sich*
nicht in die Entscheidungen der Firma einmischt.

Ü 22 Sie haben gehört: „Im Übrigen habe ich nie erlebt, weder in Paris noch in Berlin, dass die Politik versucht
hätte, unsere Entscheidungen zu beeinflussen. ... In
unseren Entscheidungen sind wir unabhängig." Aus
dem Kontext ist klar, dass Herr Mercks das gut findet.

Aufgabe 5   S. 71/72

Ü 1 Stichwörter genügen bei a, c, e, f.

Ü 2 – den Satz mit einem Nebensatz ergänzen: Beispiele a,
d (nach dem Komma)
– den Satz mit einem Nomen ergänzen: Beispiele b, e
(Akkusativergänzung fehlt)
– den Satz mit einem Verb ergänzen: Beispiel c (Infinitiv nach Modalverb *kann* fehlt)

Antwortbogen   S. 74

1	*(Er) will ein Signal (nach außen und in das Unterneh-men hinein) geben*
2	*Hauptaktionäre*
3	*Mai*
4	*Gleichgewicht zwischen deutschen und französischen Großaktionären erhalten*
5	*nicht versucht, Entscheidungen der Firma zu beeinflus-sen*

Prüfungsbeispiel
Antwortbogen   S. 76

1	*die (hier) eine neue Heimat suchen*
2	*die Leiterin des Erikaffees*
3	*Integration*
4	*Kompetenzen*
5	*Das Sozialwerk Katholischer Frauen in Hamburg.*
6	*Hausmeisterwohnung*
7	*Draußen auf dem Spielplatz oder im Innenhof des Erikahauses.*
8	*andere Frauen zu treffen/sich mit anderen Frauen zu unterhalten*
9	*dreimal in der Woche am Vormittag und zweimal am Nachmittag/dreimal vormittags und zweimal nach-mittags*
10	*Sie sollen bei Problemen helfen./Weil sie bei Proble-men helfen sollen.*

Hörverstehen, Teil 2

Aufgabe 1   S. 81

Einleitung 1: Thema: Gartenarbeiten im Frühjahr; Sprecher:
Journalist, Gärtner
Einleitung 2: Thema: Sport im Alter; Sprecher: Interviewer,
Sportmedizinerin / Ernährungsberaterin
Einleitung 3: Thema: Entspannung und Erholung vom Alltag;
Sprecher: Vertreterin einer Yoga-Schule, Ärztin einer Kurkli-
kik

Aufgabe 3   S. 83

Ü 3   1c, 2a, 3b

Aufgabe 4   S. 84/85

Ü 1   1b, 2a, 3c

Aufgabe 5   S. 86

1b, 2a, 3b

Prüfungsbeispiel   S. 87/88

Lösungen: 11b, 12c, 13b, 14a, 15c, 16b, 17b, 18c, 19b, 20a

Schriftlicher Ausdruck: einen Text
schreiben – einen Text gestalten

Aufgabe 1   S. 97

Ü 3   a: Z. 1-5, b: Z. 6-9, c: Z. 15-17, d: Z. 17-19, e: Z. 9-14
Ü 4   a = 1, b = 2, c = 4, d = 5, e = 3

Aufgabe 2   S. 98/99

Ü 1: während = einen Gegensatz ausdrücken; denn = einen
Grund nennen

Aufgabe 3   S. 99

Ü 1   einen Grund nennen: *weil*; einschränken: *obwohl, je*
nachdem; vergleichen: *während*; eine Bedingung
nennen: *wenn*; eine Zeitabfolge darstellen: *bevor*; einen Gegensatz ausdrücken: *aber, während*; abwägen:
selbst wenn; eine indirekte Frage stellen: *ob*

Aufgabe 4   S. 100/101

Ü 1: eine Zeitabfolge darstellen: *zuerst, plötzlich, dann, da-*
nach, schließlich, zuletzt; einen Grund nennen: *deshalb*;
einen Gegensatz ausdrücken: *vielmehr*; eine Gegenposition nennen: *trotzdem*; eine Aussage präzisieren: *und*
zwar

Aufgabe 5   S. 102

Ü 1   einen Gegensatz nennen: *nicht nur ... sondern auch*;
eine Aussage einschränken: *zwar – aber*; zwei Sachverhalte ändern sich gleichermaßen: *je ... desto*; zwei Alternativen nennen: *entweder ... oder*; keine von beiden: *weder ... noch*

Ü 3   Zwar – aber; Je ..., desto; Entweder ... oder; weder ...
noch; Nicht nur ... sondern auch

Aufgabe 6 S. 105 / 106

Ü 2 Z. 1: *dies* verweist auf: „Fremdenfeindlichkeit in Deutschland"

Z. 2: *die* verweist auf: „eine Thematik"

Z. 2: *dami*t verweist auf: „Fremdenfeindlichkeit"

Z. 7: *ihnen* verweist auf: „diesen anderen"

Z. 7: *Das* verweist auf: „schließt man sich in Gruppen zusammen, um sich gegenseitig Mut zu machen" usw.

Z. 8: *diese Verhaltensweise* (s. oben)

Z. 8: *die* verweist auf: „Verhaltensweise"

Z. 10: *das* verweist auf: „dass es zu Ausschreitungen und Angriffen auf Ausländer kommt"

Z. 12: *sie* verweist auf: „diese Angst"

Z. 12: *dies* verweist auf: „Darum muss sich jeder selbst fragen …: Warum spüre ich diese Angst. Ist sie berechtigt?"

Ü 3 Z. 1: *Das* bezieht sich auf die folgende Aussage (Z. 1 – 3).

Z. 6: *das* bezieht sich auf den zweiten Abschnitt.

Z. 14: *dies* bezieht sich auf den vierten Abschnitt.

Ü 4 Es, Das / Dies, Sie, Sie, dorthin / dahin, dort, dies / das, sie, dort

Aufgabe 7 S. 108 / 109

Ü 1 <u>Machen Sie</u> auch so gern …? (Frage)

<u>Dreimal am Tag</u> würden Sie am liebsten unter der Dusche stehen? (temporale Angabe in Anfangsstellung: stark hervorgehoben)

<u>Solch ein Sommergefühl</u> haben Deutsche nicht. (an Genanntes anknüpfen, emphatisch)

<u>(Und) deshalb</u> fahren sie so gern nach Spanien und Italien, nach Griechenland und in die Türkei. (Begründung)

<u>In ihrem Heimatland</u> wissen sie ja nie: … (Anknüpfen an Genanntes)

<u>Doch wie jede Pflanze</u> braucht auch der Mensch … (Begründung)

<u>Aber halt, ein wenig Angst</u> beschleicht den Bundesbürger, die Bundesbürgerin schon, wenn … (Akkusativ-Ergänzung in Anfangsstellung: starke Hervorhebung, um Aufmerksamkeit aufrechtzuerhalten)

<u>Deren Bürger</u> suchen im Sommer auch … (Relativpronomen Genitiv Plural; knüpft an Vorhergehendes an)

<u>Herrlich</u> könnte man da die Sonne mit einem Drink in der Hand genießen. (Adjektiv in Anfangsstellung: emphatisch hervorgehoben)

Ü 5 Satz 1: emotionaler Ausruf; Satz 2: sachliche Feststellung

Aufgabe 8 S. 110

Ü 1 a. <u>Im Schaubild</u> kann man auch erkennen, dass die Motoren genau geprüft werden. / <u>Erkennen</u> kann man auch im Schaubild, dass … / <u>Dass die Motoren genau geprüft werden</u>, kann man auch im Schaubild erkennen.

b. <u>An Techniken für erneuerbare Energien</u> wird intensiv gearbeitet.

c. <u>Viele Anleger</u> meiden das Risiko wegen der drohenden Rezession. / <u>Das Risiko</u> meiden viele Anleger wegen der drohenden Rezession.

d. <u>Nach einer in der vergangenen Woche veröffentlichten Statistik</u> sind die Autobahnen in der Schweiz die sichersten in Europa. / <u>Die sichersten Autobahnen in Europa</u> sind nach einer in der vergangenen Woche veröffentlichten Statistik die Autobahnen in der Schweiz.

e. <u>Der Betreiber</u> will an der Idee eines Flughafensystems Frankfurt-Hahn weiter festhalten. / <u>Weiter festhalten</u> will der Betreiber an der Idee eines Flughafensystems Frankfurt-Hahn.

Ü 2: a. <u>Genau geprüft</u> werden auch die Motoren, wie man im Schaubild erkennen kann.

c. <u>Der drohenden Rezension wegen</u> meiden viele Anleger das Risiko.

d. <u>In Europa</u> sind – nach einer in der vergangenen Woche veröffentlichten Statistik – die Autobahnen in der Schweiz die sichersten. / <u>In Europa</u> sind die Autobahnen in der Schweiz nach einer in der vergangenen Woche veröffentlichten Statistik die sichersten.

Schriftlicher Ausdruck, Teil 1

Aufgabe 2 S. 115 / 116

Aufgabenstellung 1:
b. beschreiben c. vergleichen d. Meinung äußern
Aufgabenstellung 2:
a. informieren b. beschreiben
Aufgabenstellung 3:
b. beschreiben d. Meinung äußern / Stellung nehmen
Aufgabenstellung 4:
c. vergleichen b. beschreiben

Aufgabe 3 S. 117

Ü 1 1b (a), 2a (b), 3b, 4d, 5c, 6a (b), 7d, 8d, 9d

Aufgabe 4 S. 118 / 119

Ü 1 B: falsch, A: richtig, C: richtig, E: richtig, D1: falsch, D2: richtig

Ü 2 A: Was sind die Unterschiede im Freizeitverhalten von Männern und Frauen? C: Welche Informationen finden Sie / finde ich überraschend? E: Was machen ältere Menschen in meinem Heimatland in ihrer Freizeit? D: Wie entwickeln sich zukünftig die Freizeitangebote für ältere Menschen?

Ü 3 Die Punkte B, A, C beziehen sich direkt auf das Schaubild.

Ü 4 D: Meinungsäußerung, Stellungnahme; E: Vergleich

Lösungen

Aufgabe 8   **S. 125**

Im Jahr 1960 studierten insgesamt 15.000 Studenten an der Universität Wien, knapp 40% davon waren Frauen. Bis 1970 stieg die Gesamtzahl der Studenten um 10.000 auf 20.000 an, die Quote der Frauen blieb relativ gleich. Bis 1980 gab es einen steilen Anstieg/Zuwachs sowohl bei der Gesamtzahl der Studenten um 20.000 als auch bei den Frauen: Ihr Anteil stieg um 10% auf über 40%. 1990 zählte die Universität knapp 90.000 Studierende, etwa 60% davon waren Frauen.

Aufgabe 9   **S. 126**

Ü 2   (Modelltext)

Der linke Teil des Schaubilds gibt Informationen zur Entwicklung des Umsatzes mit Öko-Produkten in Deutschland in den Jahren 2001 bis 2006. Im Jahr 2000 wurden für insgesamt 2,1 Milliarden Euro Öko-Lebensmittel verkauft. Der Umsatz stieg im Jahr 2001 auf 2,7 Milliarden Euro an. In den Jahren 2002 und 2003 war nur ein geringer Umsatzanstieg auf 3,1 Milliarden Euro zu verzeichnen. 2004 und 2005 wuchsen die Verkäufe von Öko-Produkten wieder stark: um jeweils 400 Millionen Euro auf 3,9 Milliarden Euro. Einen großen Sprung machte der Umsatz im Jahr 2006: Er stieg um 700 Millionen Euro auf 4,6 Milliarden. Damit hat sich der Umsatz zwischen 2001 und 2006 mehr als verdoppelt.

Aufgabe 11   **S. 128**

(Modelltext)

Im vorliegenden Schaubild wird die Frage beantwortet, warum Studenten arbeiten. Für die meisten, nämlich 56%, ist das für die Erhaltung Ihres Lebensstandards notwendig. Immerhin 32% arbeiten, weil sie sich einen höheren Lebensstandard wünschen. 26% möchten von den Eltern unabhängig sein. Nur 22% gehen arbeiten, um praktische Erfahrungen zu sammeln. 13% nutzen den Nebenjob, um Kontakte zu knüpfen und Leute kennen zu lernen.

Aufgabe 13   **S. 130**

c. und f. sind richtig.

Aufgabe 14   **S. 132**

1. meiner … nach 2. überzeugt 3. klar 4. Ich halte es für 5. Das trifft meiner Meinung nach 6. Dem … zustimmen 7. trifft … zu 8. Das/Es kommt darauf 9. finde 10. Es … darum

Schriftlicher Ausdruck, Teil 2

Aufgabe 2   **S. 146**

Ü 1   Abschnitt 1:

Peter ärgert sich darüber, dass er Geld an die Städtische Müllabfuhr bezahlt, weil er erfahren hat, dass es Firmen gibt, die mit Altpapier viel Geld verdienen.

Abschnitt 2:

In Berlin kann man alte Zeitungen auf eine „Papierbank" bringen und bekommt Geld dafür.

Abschnitt 3:

Peter will sein Papier jetzt selber entsorgen.

Ü 2   Richtig: 3, 5, 6, 7 Falsch: 1, 2, 4

Aufgabe 3   **S. 150**

Lücke (3)

a. Wortart, die fehlt ↳ Nomen

b. *Dieses* ↳ neutrales Nomen

c. *Ihrerseits* bezieht sich auf die Städtischen Müllbetriebe. Diese tun/machen etwas: Sie verlangen Geld für eine Leistung, mit der sie Gewinne erzielen.

d. ↳ Es gibt das Nomen: *das Tun*, aber es passt nicht in ein formelles Schreiben.

e. ↳ entsprechende Verben für ein formelles Schreiben können sein: sich verhalten, vorgehen ↳ Nomen: das Verhalten/das Vorgehen: ↳ Dieses *Verhalten* / *Vorgehen* Ihrerseits …

Antwortbogen   **S. 153**

An die
Städtischen Entsorgungsbetriebe

Sehr (0) Damen und Herren,   (Beispiel: geehrte)

gestern sah ich eine (1) *Sendung* im Fernsehen, in der gezeigt wurde, dass Sie an der (2) *Entsorgung* von Altpapier viel Geld verdienen, da die Preise für recycelbares Papier drastisch gestiegen sind. Gleichzeitig erhöhen Sie aber jährlich Ihre Gebühren!
Dieses (3) *Verhalten/Vorgehen* Ihrerseits, uns Kosten für eine Leistung aufzubürden, mit der Sie Gewinne erzielen, finde ich ungerechtfertigt. Überlegen Sie bitte, (4) *ob* es gerechtfertigt ist, dass Sie weiterhin für das Bereitstellen Ihrer Altpapiertonnen Gebühren (5) *erheben/verlangen/einziehen*.
Sollten Sie für solche Überlegungen keinen Anlass (6) *sehen*, werde ich die Abholung meines Papiermülls durch Sie kündigen und mein Papier selbst zu einem Altpapierverwerter bringen.
(7) *Dort* erhalte ich zurzeit 4 bis 5 Cent für das Kilogramm, was bei meinem Verbrauch (8) *von* statistisch 283 Kilogramm jährlich etwa 12–15 Euro einbringt. Das scheint nicht viel, zieht man aber in (9) *Betracht*, wie viel Sie in all den Jahren mit meinem Papier verdient haben, dann nehme ich diese geringe (10) *Mühe** gerne in Kauf.

Mit freundlichen Grüßen
Peter Wertmann

* Hier könnte man auch das Wort „Summe" einsetzen; „geringe *Summe*" würde sich dann auf den geringen Preis beziehen, den Herr Wertmann mit seinem Altpapier erzielt. „geringe *Mühe*" bezieht sich darauf, dass es ihm nicht viel Mühe machen würde, sein Altpapier selbst zu einem Altpapierentsorger zu bringen.

Prüfungsbeispiel, Antwortbogen S. 155

> Darmstadt, 15.10. 20..
>
> Sehr (0) Damen und Herren, (Beispiel: geehrte)
>
> vor genau sechs Wochen (1) *unterschrieb* / *unterzeichnete* ich einen Vertrag mit Ihrer Firma. Der Auftragseingang (2) *wurde* bestätigt und ein erster Anschlusstermin genannt. Doch nun warte ich noch immer auf die Freischaltung meines Internetanschlusses, (3) *obwohl* Sie einen raschen Termin in Aussicht (4) *gestellt* haben.
>
> Ich halte Ihr Geschäftgebaren (5) *für* höchst unseriös. Sie werben mit vielversprechenden Konditionen, (6) *die* Sie jedoch bisher nicht eingehalten haben. Mir scheint, dass Sie aufgrund Ihres hohen Auftragsvolumens nicht in (7) *der Lage* sind, neuen Kunden die zugesagten Leistungen tatsächlich zukommen zu lassen.
>
> Da ich jedoch meinen Internetanschluss (8) *beruflich* nutze, benötige ich den sofortigen Zugang zum Netz. Deshalb möchte ich Sie hiermit definitiv auffordern, (9) *innerhalb* der nächsten zwei Wochen Ihren vertraglichen Pflichten nachzukommen. (10) *Sollten* Sie sich dazu außerstande sehen, werde ich meinen Vertrag mit Ihnen kündigen.
>
> Mit freundlichen Grüßen
> Susanne Lüttgers

Kommentar

(1) Die Wendung lautet: einen Vertrag *unterschreiben* / *unterzeichnen*

(2) Verbformen: „bestätigt … genannt" = Partizip Perfekt; es wird nicht gesagt, wer den Auftragseingang bestätigt hat = unpersönliche Form ↳ Passiv Präteritum *wurde*

(3) Gegensatz: „warte immer noch auf Freischaltung" ↔ „raschen Termin"; der zweite Teil des Satzes ist ein Nebensatz (Verb am Ende); ↳ Konnektor, der einen Gegensatz ausdrückt: *obwohl*

(4) Nomen-Verb-Verbindung: etwas in Aussicht *stellen*; Tempus: Perfekt

(5) Verb mit Präposition: halten *für*

(6) Inhalt Nebensatz: Sie haben die Konditionen nicht eingehalten; es fehlt das Relativpronomen zum Anschluss an „vielversprechende Konditionen".

(7) Nomen-Verb-Verbindung: in *der Lage* sein

(8) In ihrem Brief an ihren Freund schreibt S. Lüttgers, dass Sie „als freie Lektorin zu Hause" arbeitet. Diese Information aus dem privaten Brief muss hier übertragen werden: Sie braucht den Internetanschluss zur Ausübung ihres Berufs. Hier ist grammatisch ein Adverb (Adjektiv) erforderlich: Wie nutzt sie den Anschluss? ↳ *beruflich*

(9) „in zwei Wochen" passt grammatisch nicht; „innerhalb" = Präposition mit Genitiv: *innerhalb* der nächsten zwei Wochen (Genitiv Plural).

(10) Ausdruck einer Möglichkeit (Konjunktiv 2); der Konnektor *Wenn* wäre grammatisch auch möglich, inhaltlich nicht falsch. Aber im Kontext nicht üblich: Häufig verwendete Formel zur Aufforderung (und „Drohung") in formellen Schreiben: *Sollten Sie …*

Mündlicher Ausdruck, Teil 1

Aufgabe 2 S. 164

Ü 1 a. Meiner Meinung nach … b. Ich halte es für falsch, dass … c. Ich finde es richtig, wenn …. d. Es scheint mir fraglich … e. Es ist doch klar, dass … f. Für mein Heimatland trifft das auch zu. g. Ich teile Ihre Meinung / Ansicht / Sichtweise … h. Ich meine / denke / finde, dass … i. Aus meiner Sicht

Aufgabe 3 S. 166

Ü 2 Zum Beispiel: C: Billigflieger: Vor- und Nachteile. D: Reiseziele. E: Vorteile des Internethandels. F: Rentnerarbeit. G: Das Ende der Höflichkeit. H: Telefonieren weltweit. I: Gastwirte gegen das Rauchverbot.

Aufgabe 4 S. 167

Ü 1 Zum Beispiel: – Was spricht für Streiks? – Was spricht gegen Streiks? – Vergleichen Sie mit der Situation in Ihrem Heimatland – Was bedeutet Streik von Bahn, Müll, Post für Sie persönlich?

Aufgabe 8 S. 171

Ü 1 Das Thema lautet – Dann möchte ich – und zwar … Danach werde ich … aber auch – Schließlich

Ü 2 erklären, verstehen unter, sprechen über, Argumente nennen, Gründe aufzeigen, erzählen von

Aufgabe 9 S. 172

Ü 2 1: Umgang mit Zeitplanung in Ihrer Heimat (Abschnitte 1, 2, 3)
2: Bedeutung von Zeitmanagement (Abschnitt 4; wird später noch einmal aufgegriffen)
3: Argumente für die Planung von Tagesabläufen: (Abschnitt 4)
4: Argumente gegen die Planung von Tagesabläufen (Abschnitt 5)
5: (erneut aufgegriffen) Bedeutung von Zeitmanagement (Abschnitte 6, 7)
6: die ideale Planung der Zeit, wie Sie es sehen (Abschnitt 8)

Ü 3 S. 174
Überleitung von Punkt 1 zu 2: Hier in Deutschland: Vergleichskategorie wird genannt.
Überleitung von Punkt 2 zu 3: Das ist … der wichtigste Punkt …: Zusammenfassung und Abschluss des vorher Gesagten.
Überleitung von Punkt 3 zu 4: Aber dieses Planen ist auch … Gegensatz wird mit „aber" eingeführt.
Überleitung von Punkt 4 erneut zu Punkt 2: Das ist meiner Meinung nach schon ein Nachteil – Ich habe gemerkt: von der persönlichen Meinungsäußerung zur persönlichen Erfahrung.

Ü 4 Und abschließend möchte ich noch sagen: …

Ü 5 Z. 6: *Anders* bezieht sich auf die Ausführungen zum privaten Zeitmanagement in Italien in Abschnitt 1.
Z. 14: *anders* bezieht sich auf alle Äußerungen über das Zeitmanagement in Italien in den Abschnitten 1–3.

Lösungen

Z. 21: *Aber dieses Planen* bezieht sich auf den ganzen Abschnitt 4.

Z. 28: *auch* bezieht sich auf die Leute in Deutschland, die ihren Tag planen: Der Verfasser muss wie sie seinen Tag mehr planen.

Z. 34: *Das* bezieht sich auf den letzten Satz in Abschnitt 6: „Als ich dann in die Arztpraxis kam, gab es böse Gesichter und einen neuen Termin …"

Mündlicher Ausdruck, Teil 2

Aufgabe 3   **S. 185 – 189**

Ü 1 S2: b. S1: a., c. S2: a. S1: b. S2: b. S1: c. S2: b. S1: a. S2: b. S1: a. S2: b.

Ü 2 S1 dominiert eindeutig das Gespräch, S2 äußert sich nur sehr vorsichtig, überlässt S1 die Gesprächsführung.

Ü 3 b, c, e, f

Ü 4 3, 4

Ü 6 S 1 ergreift zwar als Erster das Wort, fragt aber nach seinen Ausführungen gleich nach der Meinung des Gesprächspartners. S2 macht deutlich, dass er sich das Vorgehen eigentlich anders vorgestellt hat, gesteht dem Gesprächspartner aber zu, dass sein Vorschlag gut ist. Durch seine selbstbewusste Reaktion ist das Gleichgewicht zwischen den Gesprächspartnern gewahrt. S1 und S2 diskutieren auch im Folgenden ausgewogen.

Redemittel: Modalpartikeln   **S. 196**

Ü 3 1c, 2b, 3c, 4c, 5a, 6b, 7b

Wortschatz

Bedeutungserschließung aus dem Kontext

Aufgabe 1   **S. 199**

Ü 2 „Klotz" bedeutet hier: große Form aus Stein.
In Wörterbüchern findet man für „Klotz" häufig die Bedeutungserklärung: „Holzklotz", also: große Form aus Holz; Grundbedeutung: etwas Großes, Schweres

Aufgabe 2   **S. 200**

Lösung: Im letzten Jahr gelang es den europäischen Zollbehörden, 52 Prozent mehr Arzneimittelschmuggel zu *verhindern* als im Jahr zuvor.

Aufgabe 3   **S. 201 / 202**

Ü 5/7 So geht der Originaltext weiter:

Die einzelnen Stationen des Gesundheitsparks liegen entlang eines Rundwegs um ein 100 Meter langes und 10 Meter hohes historisches Gradierwerk, das von Grund auf saniert worden ist. In Zusammenarbeit mit dem Kurbetrieb, Ärzten und Landschaftsarchitekten verwirklichte die Stadt ein Projekt, das die Einheimischen sowie die Gäste dazu animieren soll, im Einklang mit der Natur etwas für ihre Gesundheit zu tun und dabei den eigenen Körper neu zu entdecken, z. B. beim Klettern oder beim Balancieren auf Baumstämmen.

Gesunde können auf dem Rundweg mit Lauf- oder Walking-Training ihre Kondition verbessern oder durch Heben und Bewegen von Steinen und Holzstücken, die entlang des Weges aufgestellt sind, ihre Muskeln stärken. Patienten in der Rekonvaleszenz können im Garten unter Aufsicht von Therapeuten an den einzelnen Stationen Kraft, Ausdauer, Beweglichkeit und Koordination zurückerlangen.

Aber auch an die Entspannung wurde gedacht. Strandkörbe laden zum Ausruhen ein. Eine Arena mit Stufen und Sitzplätzen aus verschiedenen natürlichen Materialien steht für Schulunterricht im Freien oder für Konzerte und Theateraufführungen zur Verfügung.

Über eine Million Euro wurden investiert, neben der Stadt beteiligten sich daran auch das Land und private Geldgeber, und morgen ist es so weit, dann wird um 10 Uhr der Gesundheitspark offiziell eröffnet.

Bedeutungserschließung aus dem Wort selbst

Falsche Freunde   **S. 203 / 204**

Ü 2 1a, 2b, 3b, 4b, 5a, 6b, 7b, 8a, 9a

Aufgabe 2   **S. 205 / 206**

Ü 1 Trennbar: Der Unterricht fällt aus. Im Herbst fallen alle Blätter ab. Mir fällt nichts ein. Plötzlich fiel er um und war tot.
Untrennbar: Was du da sagst, missfällt mir sehr. Er wurde letzte Nacht überfallen. Die leerstehenden Häuser zerfallen / verfallen. Er ist ihr mit Haut und Haar verfallen.

Ü 2 ausfallen: der Ausfall, z. B.: Unterrichtsausfall; abfallen: der Abfall = Müll (andere Bedeutung); einfallen: der Einfall; missfallen: das Missfallen; umfallen: kein Nomen; überfallen: der Überfall (anderer Wortakzent); zerfallen: der Zerfall; verfallen (= zerfallen): der Verfall; jemandem verfallen sein: kein Nomen

Ü 3 zer-: zerstören, zerbrechen, zerdrücken = „kaputt machen"
ent-: entbehren, entkommen, entdecken, enttäuschen = „weg" / „befreit"
ver-: verhungern, verstehen, verschieben, vertreiben, vergrößern (verschiedene Bedeutungen)
miss-: missverstehen, misslingen, missbrauchen missachten = „Gegenteil", „schlecht", „mit Fehlern"

Ü 4 bestehen aus: „ist gemacht aus / hat die Teile"
bestehen in (übertragen): „ist"
bestehen auf: „die feste Überzeugung haben / fordern"

Ü 5 a: Man kann sich *vorstellen, neue Lebensräume auf anderen Planeten zu erschließen.*
b. Man kann sich *dagegen nicht vorstellen, dass auf dem Meeresboden neuer Lebensraum zu finden ist / auf dem Meeresboden neuen Lebensraum zu finden.*
c. Dieses Bild *wird leider nicht verkauft.*

Ü 6 -bar: essbar, machbar, sichtbar; (man kann das essen, machen, sehen)
-los: arbeitslos, sinnlos, machtlos (ohne Arbeit, Sinn, Macht)
ir-: irgendwer, irgendwo, irgendwann (es ist unbestimmt)

un-: unglücklich, unmöglich, ungewöhnlich (Gegenteil)

miss-: missverständlich, missglücken, missgelaunt, Misston, Missgeschick (Gegenteil, schlecht, mit Fehlern)

Ü 7 1b, 2a, 3c

Ü 8 Zum Beispiel: die Prüfungsangst (= Angst vor der Prüfung), der Prüfungstag (= Tag der Prüfung), die Prüfungsaufgaben (= Aufgaben, die in der Prüfung gelöst werden müssen), das Prüfungsergebnis (Ergebnis der Prüfung), die Prüfungsaufsicht (Person, die die Prüfung beaufsichtig), der Prüfungsraum (= Raum, in dem die Prüfung stattfindet)

die Deutschprüfung (Prüfung in Deutsch), die Warenprüfung (Prüfung von Waren), die Führerscheinprüfung (Prüfung für den Erhalt des Führerscheins), die Gewissensprüfung (jemand erforscht sein Gewissen, ob er gut / richtig gehandelt hat), die Magisterprüfung (Prüfung zur Errreichung des wissenschaftlichen Grades „Magister").

Nomen-Verb-Verbindungen

Aufgabe 1   S. 208 / 209

Ü 1 ahnen, erlauben, zweifeln an / bezweifeln, anwenden, Recht haben, beantragen, einsehen, ordnen, verzichten, berücksichtigen, entscheiden

Ü 2 a. Berechnungen, b. Vergleiche, c. Erfüllung, d. Beschäftigung, e. Beitrag, f. Verhandlung

Ü 3 Berechnungen anstellen (berechnen), Vergleiche anstellen (vergleichen), in Erfüllung gehen (sich erfüllen), einer Beschäftigung nachgehen (beschäftigt sein), einen Beitrag leisten (beitragen), zur Verhandlung kommen (verhandelt werden)

Ü 4 a. Er berechnete die zu erwartenden Kosten. b. Es ist doch sinnlos, so unterschiedliche Länder zu vergleichen. c. 1879 erfüllte sich Th. A. Edisons Traum. d. … , aber jetzt ist er wieder beschäftigt. e. Die Autohersteller müssen endlich mehr zum Umweltschutz beitragen. f. Es dauerte zwei Jahre, bis der Überfall verhandelt wurde.

Aufgabe 2   S. 210

Ü 1 1a, 2b, 3a, 4a, 5b

Ü 2 a. kündigen, b. sich empören, c. planen / beobachten, d. sich aneignen, e. (eine Maschine) starten, f. Einfluss ausüben / bedrängen, g. (ein Gesetz) wird gültig, h. sich setzen, i. jemanden auffordern, Stellung zu nehmen, j. da / bereit sein

Aufgabe 3   S. 212

Ü 1 in Kontakt sein (passivisch) / kommen (aktivisch) / treten (aktivisch), in Verbindung sein (passivisch) / stehen (passivisch) / kommen (aktivisch), zu Ende sein (passivisch) / bringen (aktivisch), in Anspruch nehmen, eine Forderung stellen, zur Diskussion stellen, zur Verfügung stehen (passivisch) / stellen (aktivisch), eine Verabredung treffen, in Aussicht stehen (passivisch) / stellen (aktivisch), in Anspruch nehmen, einen guten / schlechten Verlauf nehmen, Vorbereitungen treffen, Abschied

nehmen, einen Antrag stellen, zum Ausdruck bringen, Bezug nehmen auf, unter Beweis stellen, zur Auswahl stehen (passivisch) / stellen (aktivisch), in Gebrauch nehmen, in Gefahr sein (passivisch) / bringen (aktivisch), in der Lage sein, in Kraft sein (passivisch) / treten (aktivisch), auf dem Laufenden sein, zur Kenntnis nehmen (passivisch) / bringen (aktivisch), Stellung nehmen

Ü 2 geben, gerate, unternehme, bringen, gelangt, haben, steht, verdient, kommen / geraten, erheben, gekommen / gelangt, nehmen

Grammatik

Kapitel 1: Artikel   S. 215

Ü 1 Vor der afrikanischen Küste wurde von Piraten ein Schiff gekapert. Auf dem Schiff befanden sich 20 Besatzungsmitglieder sowie der Kapitän. Das Schiff gehört einer australischen Reederei. Die Piraten verlangen ein Lösegeld in Höhe von einer Millionen US-Dollar, damit sie die Besatzung frei lassen.

Das Goethe-Institut hat die besten Wörter mit Migrationshintergrund in der deutschen Sprache gekürt. Auf dem ersten Platz landete das aus dem Ungarischen stammende Wort „Tollpatsch". Die „Currywurst" und der „Milchshake" folgen auf den Plätzen zwei und drei. Besonders an dem letztgenannten Wort wird deutlich, dass Fremdwörter bisweilen besser zu einem Begriff passen als heimische Wörter. Denn wer würde schon gern in einer Bar einen „Milchschüttel" bestellen?

Die beliebtesten Vornamen, die deutsche Eltern im ersten Jahrzehnt des zweiten Jahrtausends ihren Kindern gegeben haben, sind Marie und Leon. Das wurde von der in Wiesbaden ansässigen Gesellschaft für deutsche Sprache bekannt gegeben. Bei den Jungen folgen Maximilian und Alexander, bei den Mädchen Sofie und Maria. Die Wissenschaftler fanden heraus, dass sich etwa alle zehn Jahre die Beliebtheit verschiedener Namen ändere.

Ü 2 **Mögliche Lösung:**

Eine Entenmutter und ihre zehn Küken haben in Hannover eine stark befahrene Hauptverkehrsstraße überquert. Die Tiere haben vor einer Fußgängerampel gestanden und große Aufregung gezeigt. Bei Grün haben sie mit Passanten die Straße überquert. In der Nähe wohnende Anwohner haben die Tiere in einen Hof gelockt. Die Polizei hat die Tiere in den Stadtpark zurückgebracht. Die Tiere sind wohlauf. Es ist erstaunlich, dass kein Tier beim Überqueren der Straße verletzt wurde.

Lösungen

Kapitel 2: Nominaler Stil S. 217

Ü 1 1. die Ankunft* 2. die Herkunft 3. der Stand 4. die Schrift 5. die Vorlesung 6. die Durchführung* 7. das Verständnis 8. die Einigung 9. die Auswahl 10. die Buchung* 11. der Wunsch 12. die Fähigkeit 13. das Ansehen / die Ansicht 14. die Pflicht / die Vorschrift 15. die Erfolglosigkeit 16. die Aufmerksamkeit 17. die Arroganz 18. die Spezialität 19. die Höhe 20. die Realität 21. die Frequenz

Bei den mit * gekennzeichneten Wörtern ist auch die Nomenbildung „das + Infinitiv" ohne Bedeutungsunterschied möglich.

Ü 2 1. das Rechnen (Vorgang), die Rechnung (Resultat)

2. das Lösen (Vorgang), die Lösung (Resultat)

3. das Beschriften (Vorgang), die Beschriftung (Resultat)

4. das Wachsen (Vorgang: das Wachsen der Pflanzen), das Wachstum (Vorgang / berechenbare Größe: Wirtschaftswachstum), der Wuchs (Biologie)

5. das Gehen (Vorgang), der Gang (Beschreibung der Fortbewegung / Schaltung beim Auto / ein Korridor)

Ü 3 1. Wegen des günstigen Angebots.

2. Zum Trainieren / Zum Training seines Körpers

3. Vor (dem) Beginn der Sportübungen

4. Seit dem regelmäßigen Besuch des Sportstudios.

5. ohne Bewegung

6. trotz ihres Wunsches

Kapitel 3: Hauptsatzkonnektoren S. 219

Ü 1 Gutes Aussehen ist wichtig – auch für Männer. Denn (1b) in einem Bericht des Verbands der Vertriebsfirmen kosmetischer Erzeugnisse (VKE) in Frankfurt am Main zufolge greifen gerade Männer zunehmend zum Cremetiegel. Aus diesem Grund (2a) ist der Umsatz bei den Herren um über 10% gestiegen. Gleichzeitig (3b) stagniert der Verkauf bei den Damen.
Nicht nur (4a) ältere Männer, sondern auch die unter 20-Jährigen zählen zu den Kosmetikbewussten. Die Männer von heute seien in Kosmetikfragen selbstbewusster als früher, heißt es in dem Bericht. Deswegen (5c) sei der Tritt über die Schwelle einer Parfümerie selbstverständlich geworden. Außerdem (6a) gebe es gerade für die Jüngeren Vorbilder wie den Sänger der Band *Tokio Hotel*. Demgegenüber (7b) sind Anti-Alterungs-Cremes bei den älteren Herren gefragt. Es trifft nämlich (8c) nicht zu, dass das Älterwerden nur für Frauen ein Problem darstellt.
Doch (9b) Männer sind auch anspruchsvolle Konsumenten. Infolgedessen (10c) greifen sie viel häufiger zu Bioprodukten als Frauen. Zwar (11c) möchten auch die Herren sich gern mit wohltuenden Düften verwöhnen, aber es sollen natürliche Produkte sein, die auf die männliche Gesichtshaut gelangen.
Männer als Kosmetikkonsumenten haben einen neuen Markt für kosmetische Produkte entstehen lassen. Trotzdem (12b) ist aber der Gesamtumsatz der Kosmetikbranche in den letzten Jahren deutlich zurückgegangen.

Ü 2 **Mögliche Lösung:**

China wird als Wirtschaftspartner und als Reiseland immer wichtiger. Daher wollen viele Menschen die chinesische Sprache erlernen. Dazu gibt es für Kinder in Mainz ein Angebot, Chinesisch lesen, schreiben und sprechen zu lernen. Aus diesem Grund wurde die chinesische Schule Mainz gegründet. Hier findet der Unterricht jeden Samstagvormittag statt.
Die Lehrer sind größtenteils chinesische Akademiker und sind aus China nach Deutschland gekommen. Es gibt leider keine kindgerechten Schulbücher für Chinesisch in Deutschland. Deswegen müssen die Lehrer die Unterrichtsmaterialien selbst entwickeln. Auch das Erlernen der Schriftzeichen braucht viel Geduld. Es wird daher auch Kalligrafie unterrichtet.
Nicht nur die Sprache wird unterrichtet, sondern auch die chinesische Kultur. Sprache und Kultur gehören nämlich zusammen, meint der Schulleiter.

Kapitel 4: Nebensatzkonnektoren S. 221

Ü 1 Einen Kulturschock bekommt jemand nach heutiger Definition immer dann, wenn (1) er mit fremden Sitten und Gebräuchen konfrontiert wird, die er nicht kennt und nicht versteht. Während (2) diese Definition heute meistens auf Einwanderer in eine neue Heimat angewendet wird, traf sie vor mehr als 2000 Jahren auf ein Volk zu, das gerade von einer fremden Kulturmacht erobert wurde. Denn obwohl (3) die germanischen Stämme in ihrem eigenen Land lebten, verstanden sie seit der Ankunft der Römer die Welt nicht mehr.
Die Römer waren, um (4) ihr Reich zu sichern und dabei vielleicht auch zu vergrößern, bis an den Rhein und Main vorgedrungen. Nachdem (5) das neue römische Gebiet militärisch gesichert worden war, kamen zivile Siedler nach und ließen sich nieder. Anstatt (6) die Besiegten langsam an die römische Lebensart zu gewöhnen, erbauten die Römer Städte nach italienischem Vorbild und etablierten eine prosperierende Landwirtschaft.
Als (7) das römische Reich zu Beginn des Mittelalters zerfiel, hinterließen die Römer Kulturdenkmäler, die heute von unschätzbarem Wert sind. In Städten wie Köln, Mainz oder Regensburg findet man heute noch so (8) viele archäologische Fundstücke unter der Erde, dass (8) Häuser oder eine Straße zu bauen oft sehr zeitaufwändig werden kann. Es sind vor allem die Theater, Tempel und Stadthäuser, die Texte römischer Dichter und Philosophen, an die man bei dem Begriff „römische Kultur" denkt, wogegen (9) viele andere Kulturgüter heute nicht mehr als solche wahrgenommen werden.
Dass (10) auch die vielen römischen Obst- und Gemüsesorten bei den Germanen einen Kulturschock ausgelöst haben, daran denkt heute niemand mehr. Aber auch wenn (11) Äpfel, Pfirsiche, Weintrauben und Sellerie bei den Germanen unbekannt waren, so fanden sie doch bald Geschmack daran. Zur Erinnerung an diese Seite der römischen Kultur wurde im Jahr 2008 bei Idstein an der ehemaligen germanisch-römischen Grenze, dem Limes, ein Baum, der eine noch original römische Ap-

felart trägt, gepflanzt, <u>damit</u> (12) die nachfolgenden Generationen an die Ursprünge dieser Obstsorte erinnert werden.

Kapitel 5: Relativsätze S. 223

Ü 1 1. Schon die Römer, <u>von denen</u> die erste Siedlung auf dem heutigen Wiesbadener Stadtgebiet gegründet <u>wurde</u>, schätzten die heißen Quellen.
2. Plinius der Ältere, <u>in dessen Buch</u> „Naturalis Historia" die Quellen erwähnt <u>sind</u>, nennt auch den Namen dieser Siedlung: Aquae Matthiacorum.
3. Dieser Name bezieht sich auf den Volksstamm, <u>der</u> damals in diesem Gebiet <u>lebte</u>.
4. In einer Schrift Einhards aus dem Jahre 828 taucht Wiesbaden als „Wisibada" erstmals unter dem Namen auf, <u>unter dem</u> es heute noch bekannt <u>ist</u>.
5. Um das Jahr 1170 erhielten die Grafen von Nassau, <u>die</u> ursprünglich im nördlich gelegenen Weilburg <u>residierten</u>, Herrschaftsrechte für Wiesbaden und das umliegende Gebiet zugesprochen.
6. 1232 soll Wiesbaden freie Reichsstadt geworden sein. Dadurch musste es nicht mehr an den Mainzer Erzbischof, <u>an den</u> es bis dahin Abgaben entrichten <u>musste</u>, sondern an den deutschen Kaiser Steuern bezahlen.
7. Der Mainzer Erzbischof, <u>dem</u> diese neue Entwicklung <u>missfiel</u>, ließ daraufhin Wiesbaden im Jahr 1246 zerstören.
8. Im Mittelalter wurde Wiesbaden, <u>dessen Bedeutung</u> mehr und mehr zurück <u>ging</u>, mehrmals durch Kriege und Großbrände zerstört.
9. 1806 wurde Wiesbaden Regierungssitz und damit Hauptstadt der Grafen von Hessen-Nassau, <u>von denen</u> das Stadtschloss <u>errichtet wurde</u>.
10. Im 19. Jahrhundert begann der rasante Aufstieg Wiesbadens zu einer Weltkurstadt, <u>in der</u> Kaiser Wilhelm II. seinen Sommerurlaub <u>verbrachte</u>.
11. Wegen der vielen prachtvollen Gebäude und Parks, <u>die</u> nun errichtet <u>wurden</u>, nannte man die Stadt auch „Nizza des Nordens".
12. Zwischen 1840 und 1910 verzehnfachte sich die Zahl der Einwohner. Alles, <u>was</u> Rang und Namen <u>hatte</u>, traf sich in Wiesbaden.
13. Der erste Weltkrieg, <u>in dessen Folge</u> es starke gesellschaftliche Veränderungen <u>gab</u>, beendete erst einmal die Blütezeit der Stadt.
14. Im zweiten Weltkrieg, <u>in dem</u> viele Städte in Schutt und Asche <u>versanken</u>, wurde der größte Teil Wiesbadens verschont.
15. Wiesbaden, die heutige Hauptstadt des Bundeslandes Hessen, lag nach 1945 in der amerikanischen Besatzungszone. Hier, <u>wo</u> sich die amerikanischen Soldaten in den Tanzcafés <u>trafen</u>, lernte der damals noch unbekannte Elvis Presley seine spätere Frau Priscilla kennen.

Kapitel 6: Aktiv und Passiv S. 225

Ü 1 1. Dadurch <u>werden</u> das typische Aroma und die braune Farbe <u>erzeugt</u>. 2. Die Schalen <u>werden</u> <u>entfernt</u> und die Kakaobohnen werden zu einem dicken Brei <u>gemahlen</u>. 3. Diese Kakaomasse <u>wird</u> dann mit Kakaobutter und Zucker <u>vermischt</u>. 4. Auch Gewürze und Aromen <u>können beigegeben werden</u>. 5. Milchpulver und Sahne <u>müssen zugegeben werden</u>, wenn Milchschokolade <u>gemacht werden soll</u>. 6. Beim „Conchieren" <u>wird</u> die Masse mehrere Stunden lang bei niedriger Temperatur <u>gerührt</u>, bis die gewünschte Konsistenz <u>erreicht ist</u>. 7. Danach <u>wird</u> die Masse in Formen <u>gefüllt</u> und <u>abgekühlt</u>. 8. Eine Schokoladetafel ist entstanden.

Ü 2 Zum Beispiel: Das Fensterputzen <u>wird</u> am meisten, also von 40 % der gefragten Personen, <u>gehasst</u>, das Bügeln <u>wird</u> schon etwas mehr <u>geschätzt</u>, nur 24 % hassen es. Bettenmachen und -beziehen sowie Schränkeauswischen und aufräumen sind bei je 8 % nicht besonders beliebt. Staubsaugen mögen nur 4 % nicht, wird also von 96 % gern gemacht.

Kapitel 7: Konjunktive S. 227

Ü 1 1. <u>Würden / Könnten</u> Sie bitte die Korrespondenz bis morgen <u>erledigen</u>.
2. <u>Könnten / Würden</u> Sie sich bitte darum <u>kümmern</u>, dass der Reparaturservice für den Kopierer bestellt wird.
3. <u>Würden / Könnten</u> Sie bitte Herrn Klauber von der Firma XYZ am Flughafen <u>abholen</u>.
4. Ich <u>fände</u> es gut, wenn Sie den Bericht heute schon fertig schreiben <u>würden</u>.
5. Ich <u>hätte gern</u> ein zweites Gutachten.

Ü 2 **Mögliche Lösungen:**
1. … <u>wäre</u> ich ein Hellseher.
2. … <u>müsste man</u> keine Fremdsprachen <u>lernen</u>.
3. … <u>würde ich</u> damit arme Leute <u>beschenken</u>.
4. … <u>bräuchten wir</u> keine Schulen mehr.
5. … sich alle Staaten / Politiker <u>einig wären</u>.

Ü 3 1. lägen 2. wüsste 3. ginge 4. stände / stünde 5. müsste, gäbe

Ü 4 Das Kinderhilfswerk Terre des Hommes teilte mit, dass in Deutschland etwa 9000 Kinder und Jugendliche obdachlos <u>seien</u>. Das Schicksal dieser Straßenkinder <u>habe</u> die ehemalige Boxweltmeisterin Regina Halmich nicht kalt gelassen. In Zusammenarbeit mit dem Kinderhilfswerk <u>biete</u> sie Trainingseinheiten im Boxen für die jungen Obdachlosen an. Damit <u>solle</u> deren Selbstvertrauen gestärkt werden. Gleichzeitig <u>lernten</u> (würden) die Jugendlichen mit Aggressionen umzugehen (<u>lernen</u>). Ziel der Aktion <u>sei</u> es, den Jugendlichen zurück in die Gesellschaft zu helfen und damit ihre Obdachlosigkeit zu beenden. Regina Halmich <u>sei</u> nun offiziell zur Botschafterin des Bündnisses für Straßenkinder in Deutschland <u>ausgerufen worden</u>.

Lösungen

Kapitel 8: Modalverben   **S. 229**

Ü 1 1. vielleicht, 2. sicherlich, 3. bestimmt 4. vermutlich
5. ratsam 6. ausgeschlossen 7. garantiert

Ü 2 1. soll 2. mag 3. muss 4. könnte 5. will

Kapitel 9: Verweiswörter   **S. 231**

Ü 1 1. dafür 2. dafür 3. damit 4. daran 5. daran 6. darauf 7. darum 8. dafür 9. darauf 10. darauf 11. darauf 12. davon

Ü 2 1. Die / Sie 2. Hier / Da / Dort 3. Damit 4. dazu 5. Dies / Das 6. dadurch 7. Damals 8. Damit / Dadurch 9. sie 10. darin

Kapitel 10: Das kleine Wörtchen „es"   **S. 233**

Ü 1 1. „es schneit": Regel 2.1: Wetterverb
„Autofahrer halten es" … Regel 1.2: Bezug auf vorausgehende Textstelle: „es schneit"

2. Regel 2.3: obligatorisch, weil der Satz sonst kein Subjekt hat

3. Regel 1.3: Bezug auf folgende Textstelle: „ die Stelle des Redaktionsleiters zu bekommen"

4. Regel 2.6: obligatorisch

5. Regel 2.4: obligatorisch

6. Regel 1.2: Bezug auf vorausgehende Textstelle

7. „Es klappt": Regel 2.6: obligatorisch; „Es ist bei mir etwas dazwischen gekommen": Regel 3.1: Ersatzwort auf Position 1. (dagegen: Bei mir ist etwas dazwischengekommen = es fällt weg, da Position 1 besetzt ist)

8. Regel 2.5: Umschreibung Modalverb

9. Regel 3.2: Passivsatz

Ü 2 1. Es ist schwierig, ohne Vorbereitung einen Test zu machen.

2. Wenn man beim Kuchenbacken die Eier vergisst, ist es wahrscheinlich, dass er misslingt.

3. Mit der Probe kann begonnen werden, sobald Ansgar hier ist. (kein es)

4. Ich wundere mich die ganze Zeit darüber, dass du so wenig sagst. (kein es)

5. Kinder sind, auch wenn sie noch sehr klein sind, dankbar für jede Förderung, die sie durch Erwachsene erhalten. Maria Montessori hat es in ihren Büchern beschrieben.

6. Es wird behauptet, dass kleine Kinder mühelos viele Sprachen gleichzeitig lernen können.

7. Morgen ist Prüfung, und du gehst in die Disco. Machst du es dir nicht zu leicht?

8. Sie haben den Zusammenhang immer noch nicht verstanden? Soll ich es Ihnen noch einmal erklären?

9. Für morgen ist besseres Wetter angesagt. Es soll nicht mehr regnen.

10. Diese Regel ist zwar nützlich aber auch ziemlich kompliziert. (kein es)

Transkription der Hörtexte

 Hörtext 3: Interview mit Herrn Mustermann
(Interviewerin: I; Herr Mustermann: Mustermann)

I: Herr Mustermann, ▼ wir sind hier auf der Möbelmesse in Köln und da natürlich gleich meine erste Frage, warum sind Sie hier?

Mustermann: Das ist schnell erklärt. Ich bin beruflich hier. Ich verkaufe Küchen. Ich habe in München ein Kücheneinrichtungsgeschäft und muss mich über die neuesten Trends informieren, Kontakte mit den Herstellern pflegen oder – wenn da etwa ein neuer Name auftaucht, und die Produkte gefallen mir – dann muss ich da natürlich ganz schnell am Ball sein.

I: Wie meinen Sie das? Schnell am Ball sein. ▼ Möbel sind doch keine kurzlebigen Produkte, heute da und morgen wieder vom Markt verschwunden. Ich erinnere mich noch an meinen letzten Einkauf. War eine Couch. ▼ Eines der Argumente des Verkäufers war, da sitzen Sie nicht nur fünf Jahre drauf, die haben Sie für Ihr ganzes Leben.

Mustermann: Klar, aber schauen Sie, je unbekannter ein Hersteller ist, desto bessere Konditionen bekomme ich beim Einkauf. Ist er erst mal am Markt, und erfolgreich am Markt platziert, dann sind die EK natürlich ganz anders.

I: EK? Sie meinen die Einkaufspreise?

Mustermann: Ja ja.

I: Das leuchtet mir ein. Und haben Sie denn schon etwas Neues gesehen hier in diesem Jahr, gibt es einen Trend?

Mustermann: Oh ja, Design wird immer wichtiger. ▼ In Mailand ist das ja schon lange so, aber auch bei uns geht es ohne Design und große Namen längst nicht mehr.

I: Design, da denke ich aber gleich an meinen Geldbeutel. Sind denn solche Küchen überhaupt erschwinglich für Familie Meier mit zwei Kindern, einem Verdienst? Den Raten fürs Auto, dem Urlaub, und so weiter? Das Leben wird ja immer teurer. Die Preise für Strom und Gas, Wasser, all die Nebenkosten!

Mustermann: Oh, Sie würden sich wundern. Nein, nein, ich kann nicht klagen. Ich kann zwar nicht behaupten, dass meine Umsätze explosionsartig steigen, aber beklagen kann ich mich auch nicht. Wichtig ist für unsere Branche, den Kunden das zu bieten, was sie wollen, ▼ das muss man von der Straße aus in den Geschäftsräumen sehen –, dann kommt man rein und informiert sich. Und sind sie erst einmal drin, dann kann man in einem guten Verkaufsgespräch schon überzeugen. Gekocht wird immer, geheiratet wird immer ...

I: ... und nach zwanzig Ehejahren will man auch mal etwas Neues haben, mit einem Auto will man ja auch nicht zwanzig Jahre fahren ...

Mustermann: Genau so ist es. Deswegen ist es ja so wichtig für mich zu wissen, wohin geht der Trend. Das ist aber andererseits gar nicht so schwer zu erkennen. Dafür alleine müsste ich nicht hier den ganzen Rummel mitmachen. Auf jedem Sender sehe ich eine Bruzelshow, da wird rund um die Uhr gekocht. Und natürlich in den tollsten Küchen. Und genau so eine Küche wie der Kerner hat, will Frau XY natürlich auch.

I: Sie meinen also, in diesen Fernsehkochshows werden – wenn ich das so formulieren darf – die Küchen verkauft?

Mustermann: Aber klar, das heißt natürlich, dort wird der Trend gemacht. Der Geschmack! ▼ Dort platzieren die Küchenhersteller ihre Produkte. TV und ein großer Name, zum Beispiel ein beliebter Moderator.

I: Gut, aber jetzt mal zurück zu den neuen Produkten hier, also den neuen Küchen. Haben Sie denn schon etwas gesehen, das wirklich innovativ ist, den Hit also? Die Küche, die das Herz jeder Hausfrau hochschlagen lässt?

Mustermann: Halt, es geht heutzutage nicht nur um die Herzen der Hausfrauen, die wahren Köche sind doch heute die Männer.

I: Aber hören Sie mal, da muss ich aber protestieren!

Mustermann: Na, nehmen Sie das nicht so ernst. Aber es gibt doch viele Männer, die gerne kochen. Die machen eine Wissenschaft draus. Schließen sich in der Küche ein, und nach zwei, drei Stunden geht die Tür auf, und dann wird praktisch à la Carte serviert.

I: Mhmm, ja, wenn ich Sie jetzt richtig verstanden habe, ist die Frage, wer kocht, ganz wichtig für den Verkauf. Kocht Frau alleine, kocht nur der Mann, kochen beide gemeinsam ...

Mustermann: Ja. So ist es. Sie fragten mich aber vorhin, ob ich hier schon etwas entdeckt hätte, eine Küche, die das Herz höher schlagen lässt. Ja, da vorne steht eine Küche, die werde ich auf jeden Fall ausstellen in meinem Geschäft. Da hat ein Hersteller, Namen will ich jetzt keine nennen, von einem Sportwagenhersteller etwas entwickeln lassen, das geht nicht besser. Hochwertiger, ausgeklügelter, ausgefallener geht es nicht mehr.

I: Und teurer wahrscheinlich auch nicht.

Mustermann: Werte Dame, Gutes hat schon immer seinen Preis, klar, kostet die Hälfte von so einem Auto. Ist aber jeden Euro wert, jeden! ▼ Eine Küche für den Mann, der sie sich leisten kann.

I: Und was ist das Besondere daran? Was macht eine Küche zu einer Küche für den Mann? So ganz verstehe ich nicht ...

Mustermann: Na, Sachlichkeit in den Formen, technisch auf dem neuesten Stand und eben – idiotensicher. Da kocht nichts an, da verbrennt nichts. Keine Griffe und Knöpfe. Ein leichtes Antippen genügt, und Türen, Klappen, Schubkästen gehen auf. Und automatisch, die Zeit ist einstellbar, gehen sie wieder zu ...

Hörtext 4: Interview mit Herrn Mercks von ETBD

Sie hören jetzt ein Gespräch zwischen Herrn Mercks, Vorsitzender von ETBD und Herrn Ehrbrecht, Journalist, der etwas über die veränderte Geschäftspolitik des Großkonzerns ETBD erfahren will. Angaben zum Gespräch finden Sie in den Aufgaben.

(Journalist: J, Herr Mercks: Mercks)

Abschnitt 1:

Mercks: Es geht nicht um nationalen Einfluss, sondern den Erfolg von ETBD. Herr Boudier und ich kennen uns schon seit mehr als 25 Jahren. Dass wir für dieses Interview hier zusammensitzen, ist ein Signal nach außen und in das

Transkriptionen

Unternehmen hinein. In der Vergangenheit wurde zu viel von deutschen oder französischen Interessen gesprochen. Das ist vorbei. Wir haben beide dasselbe Verständnis und schon einiges erreicht. ETBD ist ein europäisches Unternehmen.

 Abschnitt 2:
J: Warum erwägen Sie, mit goldenen Aktien das Gewicht der Hauptaktionäre – der französische Staat und die Lambert-Gruppe sowie Basler – zu bewahren?

Abschnitt 3:
Mercks: Die Hauptaktionäre haben eine Arbeitsgruppe gebildet. Sie hat zwei Aufgaben und soll zur Hauptversammlung im Mai Ergebnisse vorlegen. Solange wir unseren Aktionärspakt haben, ist die Mehrheit geregelt, und wir müssen nicht über eine goldene Aktie sprechen. Das wäre erst dann ein Thema, wenn die Großaktionäre zusammen weniger als 50 Prozent der Anteile hätten. Für diesen Fall würden wir gerne wissen, wie wir das Unternehmen vor unerwünschten Eingriffen schützen können.

Abschnitt 4:
J: Und was ist die zweite Aufgabe der Arbeitsgruppe?
Mercks: Wir wollen das Gleichgewicht zwischen deutschen und französischen Großaktionären beibehalten. Wir sind zwar – wie schon gesagt – ein europäisches Unternehmen, aber über allem steht das Ziel, die Balance zwischen den beiden Großaktionären zu erhalten. Darum kümmert sich die Arbeitsgruppe.

Abschnitt 5:
J: Sie betonen immer wieder, ETBD sei ein europäisches Unternehmen.
Mercks: Europäisch ist unser operatives und strategisches Geschäft. Aktionäre haben wir überall in der Welt, aber vor allem in Frankreich, Deutschland und Spanien. Im Übrigen habe ich nie erlebt, weder in Paris noch in Berlin, dass die Politik versucht hätte, unsere Entscheidungen zu beeinflussen. Die Politiker wollen informiert werden, und sie äußern ihre Ansichten. Das ist ihr gutes Recht. Aber in unseren Entscheidungen sind wir unabhängig.
J: Meine Herren, ich danke Ihnen für das Gespräch.

Hörtext 5: Ansage zum Telefongespräch

Sie hören jetzt ein Telefongespräch zwischen Frau Morak, Leiterin des Erikaffees in Hamburg, und einer Journalistin, die über das Café berichten will.
Angaben zum Inhalt des Gesprächs finden Sie in der Aufgabe. Notieren Sie während des Hörens die Informationen, die Frau Morak auf die Fragen der Journalistin gibt.
Zu diesem Gespräch sollen Sie zehn Aufgaben lösen. Sie hören das Gespräch einmal. Sehen Sie sich jetzt die Aufgaben auf dem Aufgabenblatt an. Lesen Sie bitte auch die Beispiele 01 und 02.

Hörtext 5: Telefoninterview mit Frau Morak, der Leiterin des Erikaffees
(Journalistin: J, Frau Morak: Morak)

J: Guten Tag, Frau Morak. Ich habe diesen Bericht über das Erikaffee im Hansaviertel in der Zeitung gelesen. Das hat mir sehr gefallen, und ich würde gerne für den Norddeutschen Rundfunk darüber berichten. Wären Sie damit einverstanden und würden Sie mir vorab einige Fragen beantworten?
Morak: Gerne, wir freuen uns ja sehr über das Interesse an unserer Einrichtung. Legen Sie los!
J: Fein, dann komme ich doch gleich zu meiner ersten Frage. Das Erikaffee wurde vor einem Jahr gegründet und hat sich schon zu einem wichtigen Treffpunkt entwickelt. Was macht Ihr Café so erfolgreich?
Morak: Ja, das kann man schon sagen, das Erikaffee ist ein Riesenerfolg. Ich denke, weil es eine erste Anlaufstelle für viele ist, wenn sie hier ihre neue Heimat suchen. Zu uns ins Café kommen sie von überall her: aus Syrien, aus der Türkei, aus Eritrea und Afghanistan, aus Polen, Russland, Südamerika, ach, ich könnte noch weiter aufzählen. Ja, aber natürlich kommen auch Deutsche hierher, alle kommen eben.
J: Frau Morak, Sie sind ja die Leiterin dieser Einrichtung, was ist das Konzept, das dahinter steckt?
Morak: Na, wie ich schon sagte, das Café soll eine erste Anlaufstelle zum Heimischwerden sein. Hier sollen sich alle wohlfühlen, alle, ohne Ausnahme.
J: Also ein Ort der Integration.
Morak: Ja, und ein Ort des Lernens und der Beratung. Deshalb bieten wir auch Kurse zu allem Möglichen an, z. B. Kurse über Säuglingspflege oder für Kinder, wie man sich die Zähne richtig putzt.
J: Frau Morak, ist das Ihr Ernst? Beleidigt man damit nicht die Leute?
Morak: Nein, keinesfalls! Die, die so einen Kurs besuchen, kommen ja gerne, weil sie es eben nicht richtig gelernt haben. Aber wir bieten ja auch Sprachkurse an für Erwachsene und für Kinder und Jugendliche. Wir wollen Kompetenzen stärken, Kompetenzen der Eltern, z. B. durch Schreibkurse, und der Kinder, und wir wollen die Kinder auch fördern. Damit sie mehr Chancen haben, später.
J: Frau Morak, wenn ich mir das Bild in der Zeitung anschaue, muss ich doch sagen, nach einem Nobelcafé sieht das Erikaffee ja nicht gerade aus. Die Einrichtung ist sehr schlicht: einfache Tische und Stühle, in der Ecke ein altes Küchenbuffett …
Morak: Ja, wir wollen auch kein Nobelcafé sein! Und trotzdem ist es bei uns voll, voller als in vielen anderen Cafés in unserem Viertel. Zu uns kommen die Leute eben gerne her, weil sie sich hier wohlfühlen. Das Erikaffee, das ist ein erstes Stück Heimat für sie.
J: Und wer finanziert das Erikaffee eigentlich? Gewinn machen Sie damit ja sicher nicht.
Morak: Nein, oder halt, doch – wir, die wir hier arbeiten, gewinnen schon etwas, jeden Tag, etwas, das uns zufrieden nach Hause gehen lässt. Hier ein Lächeln, da ein neues Kuchenrezept, dort ein glückliches Kindergesicht. Also, finanziert, getragen werden wir vom Sozialwerk Katholischer Frauen in Hamburg.

J: Trägt das nicht auch das Erikahaus mit seinem Kinder- und Jugendheim und der Schule für Erziehungshilfe?

Morak: Ganz recht. Und wo heute unser Café ist, war früher die Hausmeisterwohnung für das Erikahaus.

J: Eine andere Frage, Frau Morak, auf dem Bild in der Zeitung sieht man nur Frauen und Kinder. Wo sind die Männer?

Morak: Ja, die Männer trauen sich noch nicht so recht hierher, sie sind aber auch herzlich willkommen. Auch wenn es dann noch enger wird im Winter, denn groß ist der Raum hier ja nicht gerade. Aber dafür ist es dann um so gemütlicher. Und wenn es wieder wärmer wird, können die Kinder draußen auf dem Spielplatz spielen oder im Innenhof des Erikahauses.

J: Können Sie noch etwas über die Besucherinnen des Erikaffees sagen?

Morak: Aber natürlich! Zu uns kommen auch Frauen, die schon ziemlich gut Deutsch sprechen, die brauchen also keinen Deutschkurs. Sie kommen einfach wegen der Gemeinschaft hier. Sie wollen ihre Kinder nicht in die Kinderkrippe schicken, sie wollen aber auch nicht mit den Kindern zu Hause sitzen, die wollen vor allem andere Frauen treffen. Hier im Café können ihre Kleinen mit anderen Kindern spielen, und die Frauen können sich mit anderen Frauen unterhalten.

J: Wann hat das Café denn geöffnet? Jeden Tag?

Morak: Nein, das geht leider nicht, dazu haben wir nicht die Mittel. Wir haben dreimal in der Woche am Vormittag geöffnet und zweimal am Nachmittag. Das schaffen wir gerade so, vor allem dank unserer ehrenamtlichen Mitarbeiter und Mitarbeiterinnen, zum Beispiel Neslin. Sie wird bald 70 und organisiert das so genannte Eri-Frühstück. Das bedeutet, sie kauft alles ein, was man für ein schönes Frühstück braucht und jeder, der will, kann noch etwas mitbringen. Neslin macht das so toll, sie sagte mir einmal, sie komme gern hierher, weil sie immer einen Ansprechpartner findet. Ja, wir sind als Familiencafé konzipiert, das heißt auch, dass wir schon mal aufgefordert werden, als Berater oder Beraterinnen in die Familien mitzugehen, um bei Problemen zu schlichten, zu helfen.

J: Das ist natürlich entschieden mehr als in vielen anderen Einrichtungen geboten wird.

Morak: Ja, und jeder darf zu uns kommen. Bei uns sind wirklich alle herzlich willkommen, ohne Anmeldung. Wer will, der schaut einfach mal rein.

J: Frau Morak, danke für dieses erste Gespräch. Ich freue mich auf meinen Besuch im Erikaffee. Wann passt es Ihnen denn am besten?

Morak: Wann Sie wollen, jederzeit, – bis bald also!

J: Dann komme ich nächste Woche vorbei, bis dann und auf Wiedersehen.

13 **Hörtext 7: Beispiel für eine Ansage**
Sie hören jetzt ein Gespräch zwischen einem Journalisten und dem Gärtner Theo Blume. Es geht um das Thema: Das Frühjahr steht vor der Tür: Was ist zu tun im eigenen Garten? Zu diesem Text sollen Sie 10 Aufgaben lösen. Sie hören den Text zweimal. Lesen Sie jetzt die Aufgaben mit den Nummern 11 – 20.

Hörtext 8: Interview zum Thema „Lernen und Bewegung"   🎧 14
(Journalist: J, Melanie Fischer, 23: Fischer, Prof. Denker: Denker)

J: In unserer heutigen Sendung geht es um das Thema „Geistig fit bleiben". Wir haben eine Studentin, einen Deutschlehrer an einer Volkshochschule und einen Lernforscher interviewt.
Ja, meine Damen und Herren, meine erste Gesprächspartnerin ist Melanie Fischer, 23 Jahre alt und Sportstudentin an der Uni Heidelberg. Frau Fischer, was tun Sie, um sich das Lernen zu erleichtern?

Fischer: Für mich ist es wichtig, dass ich mich beim Lernen bewegen kann. Ich kann mir nur schlecht etwas behalten, wenn ich beim Memorieren still sitzen muss. Das war früher in der Schule ein ganz großes Problem für mich, denn die Lehrer hatten kein Verständnis dafür, dass ich im Unterricht öfter mal aufgestanden bin oder mich hin und her bewegt habe, wenn etwas besonders interessant und damit für mich behaltenswert war.
Zu Hause habe ich oft Gymnastik gemacht, wenn ich etwas Wichtiges zu lernen hatte, oder habe mir eine Musik-CD aufgelegt und dazu getanzt. Erst danach war mein Kopf frei für die Aufnahme des neuen Lernstoffs.

J: Herr Professor Denker, Sie sind Experte für Lernforschung. Was sagen Sie zu diesem Thema?

Denker: Die Lernforschung weiß heute, dass Bewegung gut dafür geeignet ist, Lernblockaden aufzulösen und allgemein das Gedächtnis für neues Lernen aufnahmebereit zu machen. Das bedeutet nicht, dass man unbedingt Leistungssport treiben muss, um geistig fit zu werden, man denkt nicht unbedingt besser, weil man vorher zwei Stunden lang gejoggt hat und jetzt vom Joggen fix und fertig auf dem Sofa liegt.
Aber gerade das von Frau Fischer erwähnte Tanzen ist eine Sportart, die bestens zum Gehirnjogging, das heißt also zum Fitmachen für das Lernen, geeignet ist. Denn besonders beim Tanzen muss das Gehirn Rhythmus, Feinmotorik und Balance koordinieren. Durch diese sportliche Koordinationsleistung wird parallel im Gehirn die Koordination der Leistung der Nervenzellen angeregt, was zu wesentlich besseren Denk- und Behaltensleistungen führt.

J: Also soll man in die Disco gehen, bevor man etwas lernt.

Denker: Das wäre übertrieben. Ein Tanz zur aktuellen Lieblingsmusik von ca. fünf Minuten Länge ist optimal. Mehr würde am Ziel der sportlichen Übung vorbeigehen.

J: Hilft es allen Menschen, sich vor dem Lernen sportlich zu betätigen?

Denker: Grundsätzlich einmal ja. Denn Bewegung macht den Geist frei. Deshalb sollte auch in der Schule, bevor ein Lehrer mit einem wichtigen Lernstoff beginnt, eine kurze Bewegungspause durchgeführt werden.
Im Fall von Frau Fischer scheint mir aber noch ein weiterer Aspekt hinzuzukommen. Frau Fischer hat erwähnt, dass sie auch im Schulunterricht als Schülerin immer dann, wenn etwas für sie sehr interessant war, nicht still sitzen konnte und sich hin und her bewegt hat. Diese Schüler werden von der Lernforschung heute als Kinästheten bezeichnet. Darunter

versteht man Lerner, die sich etwas immer dann besser merken können, wenn sie sich beim Lernen bewegen. Das ist an sich nichts Negatives, sondern ein Phänomen, das man als Lehrer unbedingt akzeptieren sollte, denn sonst unterdrückt man das Potenzial an Leistung, zu dem der Schüler tatsächlich fähig wäre. Ich möchte auch betonen, dass …

15 Hörtext 9: Interview zum Thema „Lerntipps"
(Journalist: J, Hans-Jürgen Hantschel: Hantschel)

J: Mein nächster Gesprächspartner ist Hans-Jürgen Hantschel, Deutschlehrer an der Volkshochschule in Wiesbaden. Herr Hantschel, welche Tipps geben Sie Ihren Kursteilnehmerinnen und Kursteilnehmern zum effektiven Lernen?
Hantschel: Wer sich neuen Lernstoff einprägen möchte, sollte auf jeden Fall das ganze Potenzial nutzen, das das Gehirn bietet. Stures Auswendiglernen führt zwar bei manchen Lernenden auch zum Ziel, ist aber eine sehr mühselige Methode. Ich möchte Ihnen zwei Beispiele nennen, wie man sein Gehirn beim Lernen besser nutzen und zu guten Lernresultaten kommen kann.
Da sind zuerst die Lerngeschichten. Der oder die Lernende schreibt am Ende einer Lernphase eine pure Phantasie-Geschichte, in der der neue Lernstoff angewandt wird. Das kann zum Beispiel der neue Wortschatz sein, das können aber auch bestimmte neue grammatische Strukturen sein, die in die Geschichte eingebracht werden. Die Lerngeschichte muss keinen literarischen Wert haben. Im Gegenteil: Je abstruser und komischer die Lerngeschichte ist, desto besser ist das für den Lerneffekt. Wenn ich beim Schreiben einer Lerngeschichte über den Inhalt lachen kann, oder wenn ich andere, denen ich die Geschichte vielleicht vorlese, zum Lachen bringe oder in Erstaunen versetze, dann festigt sich der Inhalt der Lerngeschichte und damit der Wortschatz oder die Strukturen. Denn beim Ausdenken arbeite ich im Gehirn mit dem neuen Lernstoff, und so bleibt er im Gedächtnis. Ist eine Lerngeschichte jedoch langweilig oder sogar mühselig, vergesse ich den Lernstoff schnell wieder.
Ein zweiter wichtiger Aspekt beim Lernen ist der Einsatz von visuellen Hilfsmitteln, zum Beispiel von Bildern oder Farben. Neuer Wortschatz lässt sich besser im Gedächtnis behalten, wenn ich die Wörter mit Bildern oder Symbolen versehe, oder wenn ich ein Bild beschrifte. Ich kann zum Beispiel ein Bild von einem menschlichen Körper nehmen und zum Beispiel zehn Punkte mit zehn neuen Wörtern beschriften. Die Wörter müssen nicht mit den Körperteilen in Zusammenhang stehen, das Beschriften erfolgt rein assoziativ. Danach denke ich mir Begründungen aus, warum ein bestimmtes Wort an einer bestimmten Körperstelle steht. Gerade dadurch – durch das Um-die-Ecke-Denken – werden im Gehirn Energien freigesetzt, die helfen, sich an den neuen Lernstoff zu erinnern. Lernforscher nennen dieses Verfahren Loci-Technik.
Farben sind natürlich ein sehr wirksames Instrument, sich bestimmte Regelmäßigkeiten, zum Beispiel in der Grammatik, einzuprägen. Viele Lernende haben zum Beispiel keine Vorstellung davon, warum im Deutschen bei bestimmten Verben ein bestimmter Kasus – sprich: Dativ oder Akkusa-

tiv – stehen muss. Wenn die Lernenden nun in ihren Wortschatzlisten alle Verben farbig markieren – je nachdem, welchen Kasus sie bedingen – sagen wir gelb für den Akkusativ, grün für den Dativ, braun für den Genitiv, und grün-gelb gestreift für Verben mit Dativ und Akkusativergänzung – dann würden sie sich die Verben zusammen mit den Farben einprägen und sich viel leichter an die Kasusergänzung erinnern können. Bei den Nomen könnte man z. B. alle maskulinen Nomen blau, alle femininen rot, alle neutralen mit grau markieren. Auch hier würde sich dann das Genus, also der Artikel, über die Farbe wesentlich leichter einprägen als ohne. Allerdings sollte man eine Farbe nur für jeweils ein semantisches oder grammatisches Phänomen verwenden und dann bei diesem Farbschema bleiben. Sonst besteht nämlich die Gefahr, mit den Farben auch die Lerninhalte zu verwechseln.

Hörtext 10: Interview zum Thema „Lernen und Ernährung" **16**
(Journalist: J, Frau Dr. Vogel, 35: Vogel)

J: Welche Rolle spielt die Ernährung für optimales Lernen? Es ist doch egal, was ich vor dem Lernen esse, werden Sie vielleicht denken. Doch dem ist nicht so. Frau Dr. Vogel ist Sportmedizinerin und Ernährungsberaterin in Leipzig.
Frau Dr. Vogel, Was sagen Sie zum Thema Lernen und Ernährung?
Vogel: Wer fit im Kopf bleiben will, braucht gute Hirnnahrung. Der Einfluss der Ernährung auf die Intelligenzleistung wird häufig unterschätzt. So essen viele Menschen in den Industrieländern heute viel zu fett und zu süß. Auch das gerade bei jungen Menschen beliebte Fast-Food wirkt sich auf die Gehirnleistung eher negativ aus. Fast-Food, also Fertigprodukte, Chips, Hamburger – übrigens auch viele Light-Produkte befinden sich darunter – enthält z. B. viel Glutamat als Geschmacksverstärker. Glutamat greift in das körpereigene System der Botenstoffe ein. Es bringt damit Körperfunktionen durcheinander. Ebenso vertragen die Hirnzellen, die der Mensch für das Denken braucht, kein Glutamat. Glutamat kann das Denkvermögen und das Gedächtnis eines Menschen sehr stark beeinträchtigen. Nicht umsonst sagen manche Mediziner: Glutamat macht dumm.
Naturbelassenes Essen, wie es in vielen traditionell geprägten Gesellschaften bevorzugt wird, mit frischem Gemüse, frischen Kräutern usw. führt nachweislich zu einer Erhöhung der Intelligenz. Eine spanische Studie belegt, dass sich in drei Jahrzehnten bei Menschen aus unteren sozialen Schichten der IQ durch bessere Ernährung um über 10 Punkte erhöht hat. In Industrieländern wie Deutschland geht dagegen der IQ-Wert zurzeit um durchschnittlich zwei Punkte im Jahrzehnt zurück.
Um geistig fit zu bleiben, sollte man auf das Frühstück nicht verzichten. Denn nachts verliert der Körper im Schlaf viele Kohlenhydrate. Die müssen mit dem Frühstück wieder zugeführt werden, wenn man geistig arbeiten will. Ideale Kohlenhydratlieferanten sind dunkle Vollkornbrote, Fruchtaufstriche, Honig und Obst, aber auch Kartoffeln, Ei oder Hülsenfrüchte sind gut geeignet. Fleisch, Wurst oder Käse machen das Hirn dagegen eher schlaff und träge.

Besonders wichtig für das Lernen ist jedoch eine reichliche Zufuhr von Flüssigkeit. Zwei bis drei Liter täglich sollte man trinken, um sein Gehirn ausreichend zu versorgen. Das ideale Getränk ist dabei einfaches Wasser oder Mineralwasser. Auch koffeinfreie Teesorten oder Fruchtschorle kommen infrage. Stark zuckerhaltige Colagetränke, Limonaden oder unverdünnte Fruchtsäfte, koffeinhaltige Getränke wie der Kaffee oder gar Alkohol sind dem Lernvermögen eher abträglich.

J: Frau Dr. Vogel, Frau Fischer, Herr Hantschel, Herr Professor Denker, vielen Dank für diese wichtigen Ausführungen. Wir machen weiter mit …

17 **Hörtext 11: Interview zum Thema „Gedächtnis"**

Sie hören jetzt ein Interview mit Herrn Professor Denker, Experte für Lernforschung. Das Thema des Interviews lautet: „Mehr behalten und weniger vergessen".
Zu diesem Text sollen Sie 10 Aufgaben lösen. Sie hören den Text zweimal. Lesen Sie jetzt die Aufgaben mit den Nummern 11 – 20.

(90 Sekunden Pause)

J: Guten Tag, meine Damen und Herren … sind wir auf Sendung? Sind wir auf Sendung? – Ja, auf Sendung:
Eine Schülerin, nennen wir sie einmal Silvia, muss sich auf eine wichtige Sprachprüfung vorbereiten. Sie lernt zwei Wochen vor der Prüfung jeden Tag von morgens bis abends. Am Abend vor der Prüfung glaubt sie den Lernstoff zu beherrschen. Doch dann in der Prüfung sind plötzlich viele Details einfach weg, wie aus dem Gedächtnis herausradiert, verschwunden. Dabei hat Silvia doch vor der Prüfung so eifrig und gut gelernt. Was ist passiert?
So wie in dem gerade beschriebenen Beispiel geht es vielen Menschen, die sich etwas behalten wollen oder müssen, aber es nur schlecht behalten können.
Fragen wir also einen Experten: Herr Professor Denker, schön, dass Sie zu uns ins Studio gekommen sind. Beginnen wir mit einer Frage, die viele Hörerinnen und Hörer bewegt: Warum können wir nicht alles behalten, was wir behalten möchten?

Denker: Ja, das ist eine gute Frage. Im Prinzip können wir sogar alles behalten, was wir behalten möchten. Wir müssen dazu aber unser Gedächtnis kennen: Wie es funktioniert und warum wir einige Dinge schnell behalten, andere nicht. Wenn wir das Funktionieren unseres Gedächtnisses genau kennen, dann können wir dieses Wissen nutzen, um unsere Gedächtnisleistung so zu steigern, dass wir alles, was wir behalten möchten, auch behalten können.

J: Das klingt sehr vielversprechend, gleichzeitig aber auch sehr kompliziert …

Denker: Ist es aber nicht. Lassen Sie mich unser Gehirn mit einem Computer vergleichen – wir nennen die Computer ja auch elektronische Gehirne. Wenn eine zu große Datenmenge auf einen Computer geladen wird, stürzt in der Regel das System ab. Die Datenmenge war zu groß, so groß, dass sie nicht mehr verarbeitet werden konnte und zum Crash führt.

Beim menschlichen Gedächtnis ist es ähnlich. Die Anzahl der Informationen, die wir innerhalb einer bestimmten Zeit aufnehmen können, ist sehr begrenzt. Wenn Sie sich einmal vorstellen, dass in jeder Sekunde eine Menge an Informationsteilchen in Millionengröße auf unsere Wahrnehmungsrezeptoren – also: Auge, Ohr, Nase, Mund, Haut usw. einwirken: verschiedene Farbabstufungen, Helligkeit und Dunkelheit, Licht und Schatten, Geräusche, Gerüche und vieles mehr, dann ist es doch unmöglich sich das, was in jeder Sekunde passiert, merken zu können. Dann wäre, um wieder auf den Computer als Vergleich zurückzukommen, wenige Minuten nach der Geburt der Speicher voll gewesen.
Dass wir die meisten dieser Informationen schnell wieder vergessen, ist also ein natürlicher Vorgang, der dazu dient, das Gedächtnis nicht zu überlasten und damit funktionsfähig zu erhalten.

J: Das ist ja interessant. Es ist also völlig natürlich, dass wir vergessen?

Denker: Ja, so könnte man meinen. Aber wir vergessen ja nicht alles. Das geht nämlich so: Alle Wahrnehmungen, die wir über Auge, Ohr, Nase, Mund, Haut usw. aufnehmen, lösen im Gehirn kleine elektrische Impulse aus, wobei sich diese Impulse spiralförmig bewegen und zumeist nach etwa 20 Sekunden „verglühen". Diese Informationen sind dann wieder vergessen.
Andere Impulse werden mithilfe von Ribonukleinsäure zu Proteinketten umgewandelt. Erst diese Proteinketten sind in der Lage, an Nervenzellen anzudocken und sicherzustellen, dass eine Information behalten wird. Man sagt dann, eine Information sei ins Langzeitgedächtnis aufgenommen. Dieser Verwandlungsvorgang von einem elektrischen Impuls bis hin zur – an eine Nervenzelle angehängten Proteinkette – dauert übrigens um die 20 Minuten.

J: Schön. Aber welche Informationen werden aufgenommen, welche nicht?

Denker: Von Natur aus hilft das Gedächtnis dem Menschen zu überleben. Das heißt: Alles, was überlebenswichtig ist, behalten wir automatisch – wie man läuft, schwimmt, Rad fährt zum Beispiel, müssen wir nur einmal in unserem Leben lernen. Das gehört in die Kategorie: überlebenswichtig.
Dann merken wir uns besonders gut, was wir mögen, was uns Spaß macht, wofür wir uns interessieren. Wer zum Beispiel gern kocht oder Autos repariert, wird die notwendigen Handgriffe schnell erlernen und sich einprägen können. Wer keinen Spaß an solchen Tätigkeiten hat oder es ablehnt, solche Tätigkeiten auszuführen, wird auch die dazu notwendigen Handgriffe und Techniken niemals wirklich lernen können.

J: Das heißt, wenn ich gegen eine Tätigkeit oder gegen einen Lernstoff eine Abneigung habe, …

Denker: … dann ist es unheimlich schwer, diesen Lernstoff zu behalten oder gar sich einzuprägen. Auch ist es natürlich so, dass wir uns besser merken können, wozu wir schon Vorwissen haben, wofür es Anknüpfungspunkte für die neuen Informationen gibt. Es gibt deshalb Menschen, die eine bestimmte Sprache sehr schnell erlernen können, weil sie eine ihr verwandte Sprache bereits gut beherrschen und viele Parallelen – Anknüpfungspunkte eben – finden.

J: Da fällt mir aber gerade ein: Ich habe vor zwei Jahren angefangen, Spanisch zu lernen. Jetzt habe ich auch noch mit Italienisch angefangen. Beide Sprachen sind sich sehr ähnlich. Nach Ihrer Theorie hätte ich also jede Menge Anknüpfungspunkte für mein Italienisch gehabt. Trotzdem bringe ich Italienisch immer mit Spanisch durcheinander. Ich fange einen Satz Italienisch an – und am Ende kommt Spanisch dabei heraus.

Denker: Auch das ist ganz normal. Man nennt das „Ähnlichkeitshemmung". Wenn eine neue Information einer bereits vorhandenen zu ähnlich ist, dann ist die bereits vorhandene so stark, dass sie die neue Information – in Ihrem Fall also das Italienische – regelrecht unterdrückt. Man findet das übrigens auch oft bei Sprachlernenden, die beim Erlernen einer neuen Sprache immer wieder auf ihre Muttersprache als Muster zurückgreifen. Ein deutscher Satz erhält dann plötzlich eine polnische oder eine englische Struktur. Mit der Folge, dass im deutschen Satz das Verb plötzlich auf der dritten anstatt auf der zweiten Position steht.

J: Sie haben vorhin gesagt, es dauere etwa 20 Minuten, bis eine neue Information im Langzeitgedächtnis angekommen sei. Stimmt das immer?

Denker: Nein, denn es gibt Situationen, die mit sehr starken Emotionen verknüpft sind. Wenn ich mich über etwas sehr freue, zum Beispiel eine unerwartete tolle Überraschung, oder aber, wenn ich mich sehr ärgere oder andere negative Emotionen angesprochen werden, zum Beispiel eine Katastrophe oder eine peinliche Situation, dann kann es zu einer Sofortverknüpfung im Gedächtnis kommen. Das heißt: Diese Dinge merken wir uns sofort. So braucht ein Kind z. B. keine 20 Minuten, um zu lernen, was ,heiß' bedeutet, wenn es eine heiße Herdplatte berührt.

J: Wie viele Informationen können wir uns eigentlich merken?

Denker: Es gibt da eine magische Zahl: Das ist die Sieben. Um die sieben Informationseinheiten kann unser Gedächtnis nämlich innerhalb von 20 Minuten verarbeiten. Wobei es natürlich leichte Abweichungen von Mensch zu Mensch und von Situation zu Situation gibt.

J: Nur sieben? Also maximal sieben neue Vokabeln in 20 Minuten? Das ist aber ein bisschen wenig.

Denker: Ja, da haben Sie Recht. Ich sagte ja auch nicht sieben Informationen, sondern sieben Informationseinheiten. Das können sieben Wörter sein. Aber auch sieben Sätze. Oder sieben Abschnitte. Wichtig ist, dass man die Menge des zu erlernenden Stoffes organisiert. Dass man Informationspakete schnürt, Zusammenhänge herstellt. Ein Einzelwort, das ohne Zusammenhang gelernt wird, kann man sich nur schlecht merken. Im Kontext aber, wenn man einen Beispielsatz gebildet hat, in dem dieses Wort vorkommt, merkt man es sich bedeutend besser. Bei Vokabellisten hilft es oft schon, alle Wörter in Kategorien zu sortieren, d. h. alle Wörter, die thematisch zusammenhängen, in einen gemeinsamen Block zu fassen.

Und äußerst wichtig ist es, an die 20 Minuten zu denken, die das Gehirn benötigt, um Informationen ins Langzeitgedächtnis aufzunehmen. Das heißt: 20 Minuten lang sollte man mit den neuen sieben Informationspaketen arbeiten: neue Kontexte herstellen zum Beispiel – wobei es sogar eine sehr gute Idee ist, besonders komische Kontexte herzustellen, die merkt man sich nämlich besser als „trockene".

Man sollte auch die Wahrnehmungswege abwechseln: nicht nur lesen, sondern auch dazu Grafiken entwerfen, aufschreiben, laut lesen beim Memorieren, verschiedene Farben als Markierungen benutzen, je kreativer desto besser. Aber Vorsicht: Eine Farbe sollte immer für das gleiche Phänomen stehen, sonst kommen Sie schnell durcheinander.

Eine andere, allerdings weniger kreative Technik ist es, den Lernstoff immer wieder zu wiederholen, 20 Minuten lang. Erst dann kann man mit neuem Lernstoff starten. Sonst blockiert der neue Lernstoff die Verarbeitung der vorangehenden Informationen – und sie werden wieder vergessen.

J: Das sind ja viele interessante Vorschläge, die Sie uns da machen, Herr Professor. Aber wie war das bei der eingangs erwähnten Silvia? Warum konnte sie sich nicht mehr an das Gelernte erinnern? Sie hatte doch alles so toll gelernt?

Denker: Silvia hat sich vermutlich viel Stress gemacht. Denn bei Stress stellt das Gehirn urplötzlich seine Arbeit ein, um dem Menschen zu ermöglichen, aus der Situation, die ihm Stress macht, zu fliehen. Auch das ist ein uralter Mechanismus, der den Menschen in der Frühzeit das Leben gerettet hat. Denn in einer Gefahrensituation – und genau das ist Stress: eine Reaktion auf eine als gefährlich angesehene Situation – musste der Mensch schnell reagieren können. Wenn er sich zum Beispiel mit einem Bären konfrontiert sah, dann musste er sich gegen das Tier wehren oder abhauen. Langes Nachdenken über die Situation hätte vermutlich den sicheren Tod bedeutet.

Unter Stress kann das Gehirn also nicht arbeiten. Deshalb ist es wichtig, Stress abzubauen, z. B. Entspannungsübungen zu machen oder zu joggen, was dem natürlichen Stressabbau – dem Fliehen aus der Gefahr – am nächsten kommt.

J: Eine letzte Frage noch, Herr Professor Denker! Funktioniert das Gedächtnis bei jungen und alten Menschen gleich gut?

Denker: Im Prinzip ja. Es hängt natürlich sehr davon ab, in welchem Maße der Mensch in seinem Leben geistig aktiv bleibt. Jemand, der immer geistig rege bleibt, sich für vieles Neue interessiert, sich stetig weiterbildet, wird auch im hohen Alter noch eine fremde Sprache erlernen können, ohne dass ihm sein Gedächtnis dabei im Wege steht.

J: Herr Professor Denker, ich danke Ihnen für dieses interessante Gespräch.

Inhalt der Audio-CD

Track	Name	Länge
1	Hörtext 1: Beispiel Gesprächseinleitung	00:27:73
2	Hörtext 2: Fünf Gesprächseinleitungen	01:29:45
3	Hörtext 3: Interview mit Herrn Mustermann	05:56:36
4	Hörtext 4: Einleitung zum Interview mit Herrn Mercks von ETBD	00:28:36
5	Hörtext 4: Interview mit Herrn Mercks, Abschnitt 1	00:40:52
6	Hörtext 4: Interview mit Herrn Mercks, Abschnitt 2	00:21:08
7	Hörtext 4: Interview mit Herrn Mercks, Abschnitt 3	00:41:50
8	Hörtext 4: Interview mit Herrn Mercks, Abschnitt 4	00:29:22
9	Hörtext 4: Interview mit Herrn Mercks, Abschnitt 5	00:47:65
10	Hörtext 5: Ansage zum Telefongespräch „Erikaffee"	00:52:23
11	Hörtext 5: Telefoninterview mit Frau Morak, der Leiterin des Erikaffes	05:57:08
12	Hörtext 6: Drei Gesprächseinleitungen	01:14:41
13	Hörtext 7: Beispiel für eine Ansage	00:33:33
14	Hörtext 8: Interview zum Thema „Lernen und Bewegung"	03:27:18
15	Hörtext 9: Interview zum Thema „Lerntipps"	04:03:73
16	Hörtext 10: Interview zum Thema „Lernen und Ernährung"	03:26:58
17	Hörtext 11: Interview zum Thema „Gedächtnis"	14:11:45
18	Hörtext 11 in Abschnitten	18:10:34
Gesamt		**63:22:45**

CD-Impressum

Autoren der Hörtexte: Paul Krieger: Hörtexte 1 – 5, Hans-Jürgen Hantschel: Hörtexte 6 – 11
Redaktion: Eva-Maria Jenkins-Krumm
Produktionsleitung: Hede Beck
Aufnahmeleitung: Ernst Klett Sprachen GmbH, Stuttgart
Produktion: Bauer Studios GmbH, Ludwigsburg
Sprecher: Natalie Fischer, Michael Holz, Natascha Kuch, Regina Lebherz, Stephan Moos, Götz Schneyder, Michael Speer, Henrik van Ypsilon, Christiane Weiss, Luise Wunderlich
Musik: „44th Street" © Apple; „Chaise Lounge" © Apple
Tontechnik: Michael Vermathen, Bauer Studios GmbH, Ludwigsburg
Presswerk: P+O Compact Disc GmbH & Co.KG, Diepholz

© Ernst Klett Sprachen GmbH, Stuttgart, 2008
Alle Rechte vorbehalten

Quellen

Textquellen

S. 14: Brüder Grimm © Dieter Wulf, Berlin (FAZ 9.11.2007)
S. 17: Freiburger Schule © Christian Parth, Köln (FAZ, 29.9.2007)
S. 56: Köpfe befreien © Gesa Coordes, Marburg (Frankfurter Rundschau, Beilage Rhein-Main, 9.10.2007)

Bildquellen

S. 60: avenue Images GmbH (stock disc), Hamburg
S. 92: Image 100, Berlin
S. 114: Picture-Alliance (Globus Infografik), Frankfurt
S. 120 und 125: Universität (Archiv der Universität Wien), Wien
S. 126 und 128 oben: Picture-Alliance, Frankfurt
S. 127: Hans-Böckler-Stiftung, Düsseldorf
S. 128 unten und S. 225: Klett-Archiv, Stuttgart
S. 135: Picture-Alliance (Globus Infografik) Frankfurt
S. 197: Creative Collection, Mankato (USA)
S. 223: Klett-Archiv (Hans-Jürgen Hanschtel), Stuttgart

Mittelpunkt
Deutsch als Fremdsprache für Fortgeschrittene

- Lernerfolg durch überschaubare und motivierende Lernziele
- Praxisorientierte Themen aus Alltag, Beruf, Kultur und Wissenschaft
- Ideale Vorbereitung auf die Prüfungen zum Goethe-Zertifikat B2/C1, telc Deutsch B2/C1 sowie DSH und TestDaF
- Zu 100 % am Gemeinsamen europäischen Referenzrahmen orientiert

eu: jetzt auch in Teilbänden it integriertem Arbeitsbuch hältlich!

Lehrbuch B2
978-3-12-676600-5

Arbeitsbuch B2 mit Audio-CD
978-3-12-676601-2

3 Audio-CDs B2
978-3-12-676606-7

Lehrerhandbuch B2
978-3-12-676602-9

Lehrbuch C1
978-3-12-676610-4

Arbeitsbuch C1 mit Audio-CD
978-3-12-676611-1

4 Audio-CDs C1
978-3-12-676616-6

Lehrerhandbuch C1
978-3-12-676612-8

Diese Titel erhalten Sie in Ihrer Buchhandlung oder im Internet unter **www.klett.de**

Weitere Informationen unter: **www.klett.de/mittelpunkt**